国家出版基金项目
NATIONAL PUBLICATION FOUNDATION

“十四五”
国家重点出版物
出版规划项目
—
中国国家治理
现代化研究丛书

国家治理现代化与现代化经济体系建设

杨英杰　杨全社　等　著

中国工人出版社

序　言

2018年1月30日，中共中央政治局就建设现代化经济体系进行第三次集体学习。中共中央总书记习近平在主持学习时强调，建设现代化经济体系是一篇大文章，既是一个重大理论命题，更是一个重大实践课题，需要从理论和实践的结合上进行深入探讨。

建设现代化经济体系，这是党中央从党和国家事业全局出发，着眼于实现“两个一百年”奋斗目标、顺应中国特色社会主义进入新时代的新要求作出的重大决策部署。国家强，经济体系必须强。只有形成现代化经济体系，才能更好顺应现代化发展潮流和赢得国际竞争主动，也才能为其他领域现代化提供有力支撑。我们要按照建设社会主义现代化强国的要求，加快建设现代化经济体系，确保社会主义现代化强国目标如期实现。

习近平总书记在讲话中特别对现代化经济体系的内涵进行了科学概括，从七个方面进行了全面论述，并强调，现代化经济体系，是由社会经济活动各个环节、各个层面、各个领域的相互关系和内在联系构成的一个有机整体。这七个方面分别是：

一是要建设创新引领、协同发展的产业体系，实现实体经济、科技创新、现代金融、人力资源协同发展，使科技创新在实体经济发展中的贡献份额不断提高，现代金融服务实体经济的能力不断增强，人力资源支撑实体经济发展的作用不断优化。

二是要建设统一开放、竞争有序的市场体系，实现市场准入畅通、市场开放有序、市场竞争充分、市场秩序规范，加快形成企业自主经营公平竞争、消费者自由选择自主消费、商品和要素自由流动平等交换的现代市场体系。

三是要建设体现效率、促进公平的收入分配体系，实现收入分配合理、社会公平正义、全体人民共同富裕，推进基本公共服务均等化，逐步缩小收入分配差距。

四是要建设彰显优势、协调联动的城乡区域发展体系，实现区域良性互动、城乡融合发展、陆海统筹整体优化，培育和发挥区域比较优势，加强区域优势互补，塑造区域协调发展新格局。

五是要建设资源节约、环境友好的绿色发展体系，实现绿色循环低碳发展、人与自然和谐共生，牢固树立和践行绿水青山就是金山银山理念，形成人与自然和谐发展现代化建设新格局。

六是要建设多元平衡、安全高效的全面开放体系，发展更高层次开放型经济，推动开放朝着优化结构、拓展深度、提高效益方向转变。

七是要建设充分发挥市场作用、更好发挥政府作用的经济体制，实现市场机制有效、微观主体有活力、宏观调控有度。

本书即根据习近平总书记的重要讲话精神就现代化经济体系建设进行深入论述，并就习近平总书记关于现代化经济体系建设重要讲话精神进行了较为深入的分析和探讨，将之作为第一章引领全书；同时，也对我国传统社会治国理政中的经济思想及其传承和当代影响进行深入分析，以期从中探索现代化经济体系建设中的传统承继性和中国特色，为中国式现代化道路提供相应的借鉴和立论参考。

本书的最大特点，即在于强调产业体系、市场体系、收入分配体系、城乡区域发展体系、绿色发展体系、全面开放体系以及经济体制这七个方面作为现代化经济体系重要内涵，必须和开辟中国式现代化道路紧密结合起来。中国式现代化创造了人类文明新形态，这种新形态体现于中国的经济体系和经济体制之中，体现于中国的现代化经济体系之中，便形成了鲜活的动态的经济演化进程。本书在充分论证和展开现代化经济体系内涵之同时，必然也相应地勾勒出中国式现代化的经济画卷。

习近平总书记在党的二十大报告中指出，“高质量发展是全面建设社会主义现代化国家的首要任务。发展是党执政兴国的第一要务。没有坚实的物质技术基础，就不可能全面建成社会主义现代化强国。”中国现代化经济体系的构建，离不开经济的高质量发展，而经济的高质量发展，必须体现于上文所提出的现代化经济体系七个方面的不断完善。本书对现代化经济体系七个方面的阐释和论述，特别是所提出的有针对性的一些意见和建议，其学理性、体系性、自足性自然有诸多的不足，但作为为当前中国式现代化提供经济体系现代化的一个侧面，对于更好地理解中国式现代化道路之独特性、世界性，亦是微薄之贡献！

目　录

第一章　新时代现代化经济体系建设研究　001

一、现代化经济体系的重要意义　002

二、现代化经济体系的内涵　005

三、现代化经济体系的重要特征　012

四、现代化经济体系的实现路径　016

第二章　中国传统治国理政中的经济思想及其传承和当代影响　022

一、“民本”的经济思想及其对经济政策的影响　023

二、“民生”的经济思想及其对经济政策的影响　031

三、“强国”的施政理念及其对中华民族复兴的经济支撑　039

第三章　建设创新引领、协同发展的产业体系　050

一、推动科技创新在实体经济发展中的份额不断提升　051

二、以金融创新高质量服务实体经济　056

三、以高素质人力资源保障经济行稳致远 063
四、建设中国特色产业体系 069

第四章 建设统一开放、竞争有序的市场体系 075
一、营造宽松便捷的市场准入环境 076
二、营造公平有序的市场竞争环境 094
三、营造安全放心的市场消费环境 103

第五章 建设体现效率、促进公平的收入分配体系 110
一、以经济建设为中心做大“蛋糕” 111
二、坚持和完善分配制度改革 120
三、促进共同富裕实现普惠民生 130

第六章 建设彰显优势、协调联动的区域发展体系 139
一、新时代区域协调新发展格局的科学内涵与框架体系 140
二、客观辩证地看待我国区域经济发展的问题 153
三、提升区域经济治理能力促进区域经济协调发展 159

第七章 建设资源节约、环境友好的绿色发展体系 170
一、绿水青山就是金山银山 171
二、建立绿色发展经济体系 176
三、完善法律制度和政策导向 184

第八章 建设多元平衡、安全高效的全面开放体系 195
一、互利共赢是引领我国扩大开放的重大理论创新 196

二、多元平衡是完善开放型经济体系必须始终把握的内在特征　206
三、安全高效是完善开放型经济体系必须始终坚持的根本要求　216

第九章　建设充分发挥市场作用、更好发挥政府作用的经济体制　226
一、社会主义和市场经济的有机结合　227
二、发挥市场在资源配置中的决定性作用　235
三、持续推进有为政府建设　248

后　记　263

参考文献　265

第一章　新时代现代化经济体系建设研究

党的十九大报告首次提出“建设现代化经济体系”，并指出“建设现代化经济体系是跨越关口的迫切要求和我国发展的战略目标”。党的十九届五中全会站在“两个一百年”奋斗目标的历史交汇点，提出了“十四五”规划和2035年远景目标建议，明确指出要在2035年“建成现代化经济体系”。建设现代化经济体系是我国发展的战略目标，它是从我国仍处于并将长期处于社会主义初级阶段的基本国情出发，通过深化供给侧结构性改革，加快建设现代产业体系和社会主义市场经济体制等重大举措，促进经济整体运行效率提升，实现高质量发展。

在党的二十大报告中，习近平总书记明确指出：“高质量发展是全面建设社会主义现代化国家的首要任务。”“我们要坚持以推动高质量发展为主题，把实施扩大内需战略同深化供给侧结构性改革有机结合起来，增强国内大循环内生动力和可靠性，提升国际循环质量和水平，加快建设现代化经济体系。”由此可见，进入新发展阶段，我国已实现第一个百年奋斗目标，要乘势而上开启全面建设社会主义现代化国家新征程、向第二个百年奋斗目标进军。研究习近平现代化经济体系建设思想，明确建设现代化经济体系的战略意义、主要内涵、重要特征和实现路径，对于顺应现代化发展潮流，赢得国际竞争主动，推进中国特色社会主义经济行稳致远，确保全面建设社会主义现代化国家目标如期实现，具有十分重要的战略意义。

一、现代化经济体系的重要意义

进入新时代，以习近平同志为核心的党中央从党和国家事业发展全局和长远出发，立足我国基本国情和新发展阶段，作出建设现代化经济体系的重大战略部署。建设现代化经济体系，事关能否在新的历史方位中跨越发展关口，对于推动经济发展质量变革、效率变革、动力变革，实现高质量发展，建设社会主义现代化强国具有重要的现实意义。

（一）建设现代化经济体系是在新的历史方位中跨越发展关口的迫切要求

当前，我国已全面建成小康社会，完成脱贫攻坚任务，实现第一个百年奋斗目标，要乘势而上开启全面建设社会主义现代化国家新征程、向第二个百年奋斗目标进军。这标志着我国进入新发展阶段，也是我国经济社会发展中的一个新的历史方位。面对第一个百年奋斗目标已经实现，我国进入新发展阶段的历史方位，需要准确认识和把握我国内外部环境与社会主要矛盾的变化。从国际发展环境来看，世界正处在大发展、大变革、大调整时期，全球治理体系加快变革，国际秩序演进充满波动，世界经济增长动能不足，地区分歧、摩擦与冲突频发。从国内发展环境来看，我国经济面临周期性和结构性问题相互交织，新冠疫情和外部冲击等多重影响，经济增速放缓。新阶段经济发展亟须将重心从规模的“高增速”转到提升效率和质量上来，从依靠要素资源投入转向主要依靠劳动者素质提高、产业转型升级、先进技术进步。相应地，发展的难度在于如何在保持经济增长速度的同时，实现调结构、转方式、添动力。因此，要以建设现代经济体系为重要抓手，引导中国在新的历史方位中跨越发展关口。

（二）现代化经济体系是推动经济发展质量变革、效率变革、动力变革，实现高质量发展的重要手段

推动高质量发展，是适应我国社会主要矛盾变化和全面建设社会主义现代化强国的必然要求，是新时代党和国家各项工作的出发点和立足点，而要实现高质量发展，最根本的是要坚持质量第一、效益优先，推动经济发展质量变革、效率变革、动力变革，提高全要素生产率。

建设现代化经济体系与推动经济发展的“三大变革”相互渗透、共同促进。“三大变革”对现代化经济体系建设提出要求，指明方向，建设现代化经济体系又是推动“三大变革”的重要手段。

质量变革，是指提高经济增长质量，对标国际先进质量标准，实施质量提升行动，推动中国产品与中国服务成为高质量的标志，建设质量强国；质量变革要以供给侧结构性改革为主线，着力提升供给体系质量，紧扣人民群众新需求，有效缓解供需矛盾，实现供需协调；质量变革是要将创新发展作为提高质量的强大驱动力，鼓励各类提升产品与服务质量的创新举措。

效率变革，是指不断提高经济发展效率，即以一定的投入获取最大的产出，为提升经济竞争力和实现高质量发展打下效率的稳固基础。效率变革是要营造公平竞争的市场环境，持续推进垄断行业和国有企业改革，重点在石油、天然气、电力、电信、铁路、金融等领域加强竞争，通过充分有效的市场竞争，使高效要素进入，低效要素退出，全面提高经济的投入产出效率。

动力变革，是指变革经济发展的动力机制，使创新驱动成为引领经济发展的第一动力，实现由要素驱动、投资驱动向创新驱动转变；动力变革是要营造有利于创新的发展环境，加强知识产权保护，加快创新要素流动，充分释放全社会创新活力，使创新渗透各个领域，全面提高要素效率。

建设现代化经济体系，要将质量变革摆在首位，以效率变革为导向，以动力变革为重要抓手，着力破除高端供给不足、竞争力不强、创新驱动薄弱等诸多发展约束。推动实现“三大变革”，要以建设现代化经济体系为重要手段，增强我国经济创新力和竞争力，促进经济由高速增长转向高质量发展。

（三）现代化经济体系是建设社会主义现代化强国的必由之路

到 21 世纪中叶全面建成社会主义现代化强国，是我们党确立的战略目标。要实现这一宏伟目标，基础在经济。要使中国经济强起来，关键在经济体系。正如习近平总书记所言，国家强，经济体系必须强。从世界各国现代化进程看，能否在经历高速增长阶段后推动经济发展从量的扩张转向质的提升，并建成与现代化发展要求相适应的经济体系，是实现现代化的关键。因此，要加快建设现代化经济体系，夯实迈向社会主义现代化强国的经济基础。

需要注意的是，在评价我国的现代化经济体系建设是否达到标准时，不应该完全照搬发达国家的经济体系进行对标，更应该关注经济体系是否有助于全面建设社会主义现代化国家。换言之，在建设现代化经济体系过程中，既要借鉴发达国家的有益做法，又要牢记坚持社会主义发展道路，建立与全面建设社会主义现代化强国要求相适应的经济体系，具有体制机制不断完善、经济结构调整成效显著、强调人的全面发展、推动全体人民共同富裕等特征。建成现代化经济体系是全面建设社会主义现代化国家的重要标志之一。可以说，唯有建成现代化经济体系，才能为其他领域现代化提供有力支撑，进而助推全面建设社会主义现代化国家目标的实现。

二、现代化经济体系的内涵

2018 年 1 月 30 日，习近平总书记在主持中共中央政治局第三次集体学习时指出，“现代化经济体系，是由社会经济活动各个环节、各个层面、各个领域的相互关系和内在联系构成的一个有机整体”，并从产业体系、市场体系、收入分配体系、城乡区域发展体系、绿色发展体系、全面开放体系、经济体制等七个方面全面论述了建设什么样的现代化经济体系，这为建设现代化经济体系指明了方向。立足新发展阶段，我们要正确认识和准确把握这七个方面的内涵与要求，找准发力点，并坚持一体建设，一体推进，为现代化经济强国建设奠定坚实基础。

（一）创新引领、协同发展的产业体系

产业体系是经济体系生产环节的重要内容。创新引领、协同发展的产业体系是建设现代化经济体系的基础。习近平总书记指出：“着力加快建设实体经济、科技创新、现代金融、人力资源协同发展的产业体系”，这是总书记创造性地将科技创新、现代金融、人力资源与实体经济结合起来，并强调三者与实体经济的共同发展，丰富了现代化产业体系的内涵。实体经济是现代化产业体系的主体，科技创新是发展的核心驱动力，现代金融是经济发展的血脉，人力资源是现代化产业的第一要素。努力实现四者协同、融合发

展，是现代化产业体系的重要特点，也是推动我国产业迈向全球价值链中高端和增强经济实力的关键举措。我国现已建立了较为完备的产业体系，但产业多处于国际价值链的中低端，高端产品缺乏，低端产品过剩。主要原因是产业体系中的科技研发和创新人才缺乏，科技成果转化率不高，转化周期过长，金融“脱实向虚”趋势仍未根本扭转。

解决这些问题，一是要持续推进实体经济建设，深化供给侧结构性改革，着力解决实体经济供给与需求存在结构性失衡的突出矛盾，要将创新引领、金融服务、人力资源支持作为加快发展现代产业体系的重要手段；二是要推动创新与实体经济深度融合，增强科技创新对产业发展的引领和促进作用；三是要加强金融服务实体经济能力，推进金融和实体经济良性互动，有效发挥金融在现代产业体系中的血脉作用；四是大力提升人力资源素质，不断优化人才发展环境，为创新引领、协同发展的产业体系提供有力人才支撑。

（二）统一开放、竞争有序的市场体系

市场体系是市场经济的载体，统一开放、竞争有序的市场体系是现代化经济体系有效运行的重要保障。市场环境是开放的，同时也需要统一。越是占据一定市场份额的企业，越应该形成包容、开放发展的路径，而非一味通过垄断经营保持竞争优势。市场行为是竞争的，但更需要有序。越是处于竞争激烈的行业，企业越应该遵守市场规则，而不能无视市场秩序。具体来说，是要实现市场准入畅通、开放有序、竞争充分、秩序规范，致力于打造市场化、法治化、国际化的营商环境，加快形成国内统一大市场。建设统一开放、竞争有序的市场体系，需要多从制度入手，做好政策引导，规范市场秩序。

一是要全面实施市场准入负面清单制度，并落实“全国一张清

单”制度，真正做到“非禁即入”，市场准入畅通，进一步激发市场主体活力；二是要加强产权保护，完善归属清晰、权责明确、保护严格、流转顺畅的现代产权制度，切实保障各类产权主体的合法权益；三是要坚持统一开放的市场规则，着力破除地方保护主义，促进城乡市场和区域市场协同发展，加快形成国内统一大市场；四是要完善公平竞争的市场规则，加大市场监管力度，对平台经济、信息安全、民生保障等行业加强反垄断监管执法，为企业竞争设置好“红绿灯”。

（三）体现效率、促进公平的收入分配体系

收入分配体系是经济社会发展中一项具有基础性地位的制度安排，高质量收入分配体系是建设现代化经济体系的关键环节，是实现社会公平正义和发展成果由全体人民共享的内在要求。正如习近平总书记强调：“‘蛋糕’不断做大了，同时还要把‘蛋糕’分好。”加快建设体现效率、促进公平的收入分配体系是新发展阶段我国发展面临的重大理论和实践问题。解决这一问题，关键在于处理好公平与效率的关系，既要着眼于效率体现和收入激励，充分调动各类要素所有者的积极性和创造性，继续做大“蛋糕”；也要切实缩小收入分配差距，提高收入分配科学性与合理性。

一是要努力实现更高质量和更充分就业，坚持经济发展就业导向，不断挖掘就业潜力，扩大就业容量；提升劳动者职业技能水平，不断提高就业质量，有效缓解结构性就业矛盾。特别是要培育壮大新动能，发挥好实体经济在吸纳和稳定就业中的作用，实现经济发展与促进就业良性互动。二是要坚持按劳分配为主体、多种分配方式并存的分配制度，尤其要激励技术、创新、管理等以增加知识价值为导向的复杂劳动，推动劳动收入增长和经济增长同步，劳动报酬增长和劳动生产率提高同步。三是要健全收入再分配调节机

制，推进基本公共服务均等化，兜住民生底线，努力实现幼有所育、学有所教、劳有所得、病有所医、老有所养、住有所居、弱有所扶，不断增进全体人民福祉。尤其要大力发展教育事业，统筹教育均衡发展，因为教育公平是阻断贫困代际传递、提高社会流动性、实现收入分配公平的关键举措。

（四）彰显优势、协调联动的城乡区域发展体系

彰显优势、协调联动的城乡区域发展是现代化经济体系的重要空间特征。我国幅员辽阔，城乡区域发展不平衡。党的十八大以来，以习近平同志为核心的党中央把区域协调发展摆在突出位置，提出“一带一路”建设、京津冀协同发展、长江经济带发展、粤港澳大湾区建设、黄河流域生态保护和高质量发展等区域战略，构建起东西南北纵横联动发展的新格局，新型城镇化发展取得突破，城乡区域发展差距逐步缩小。同时，由于区域发展存在着政策不连续、功能不明确问题，地区发展不平衡、不协调问题仍较为突出。只有结合各地区区位优势和产业特点，推进区域优势互补，不断增强区域发展协同性，才能为建设现代化经济体系提供空间支持。

一是要建设城乡融合发展体系，统筹推进新型城镇化建设和乡村振兴战略，要强调“城乡一体化”，也要避免“城乡等同化”。要坚持走城乡差异化发展道路，持续推进城乡要素自由流动，形成“进城”与“下乡”双向互动的良性循环，健全三次产业融合发展机制，构建公司与农户联结，城市与农村协同的发展格局。二是要增强区域比较优势，根据各地区实际发展情况与国家主体功能区规划建设优势互补的区域发展体系。坚持京津冀协同发展，持续推进北京非首都功能疏解，建设以首都为核心的世界级城市群，并带动北方腹地发展。三是要发挥好长江经济带横跨中国东中西三大区域的独特优势，依托黄金水道推动长江经济带发展，不断提升上中下游协同发展能力，缩小东中西部地区发展差距。四是要以“一带一路”推进更高水平对外开放，充分发挥各地区比较优势，加强各地区互动合作，构建全方位对外开放发展新格局。发挥好粤港澳大湾区技术研发和产业创新优势，充分发挥体制机制创新的示范引领作用，打造充满活力的世界级城市群，拉动泛珠三角区域合作。

（五）资源节约、环境友好的绿色发展体系

推动绿色发展是社会主义生态文明和现代化经济体系建设的内在要求。我国已由高速增长转向高质量发展，而经济高质量发展的普遍形态就是绿色发展。党的十八大以来，以习近平同志为核心的党中央将生态文明建设纳入中国特色社会主义事业总体布局，并作为“五位一体”总体布局和“四个全面”战略布局的重要内容加以推进，绿色发展取得成效。煤炭在能源消费总量中的比重不断下降，风电、太阳能等清洁能源消费量占比不断上升，森林覆盖率不断提高，生态环境持续改善。同时，我国正处在工业化中后期，经济增长与污染物排放尚未脱钩，结构性污染问题突出，生态环境保护压力还未根本缓解。因此，要正确认识经济发展与生态环境保护的辩证关系，将经济增长与生态环保紧密结合起来，走可持续发展道路，筑牢现代化经济体系建设的生态环境基础。

一是要牢固树立保护生态环境就是保护生产力、改善生态环境就是发展生产力的理念，并将这种科学观念融入实践中，加快形成绿色生产方式、消费方式、生活方式，全面推动绿色低碳发展。二是要大力发展绿色科技，发挥好科技创新在绿色低碳发展中核心驱动力的推动作用。培育市场主导、政府引导的节能环保、清洁生产产业，充分发挥大数据、互联网等智能化、信息化技术在生态环境管理中的独特优势，为环境污染监管提供信息服务，提升污染防治综合治理能力。三是要加快生态文明制度完善与落实，为绿色发展

提供可靠制度保障。持续完善相关法律法规，提高可诉性，鼓励各类主体运用法律保障个人或大众的生态权益，发挥有效市场机制，引导各类主体自觉参与到绿色发展事业中来。完善政绩考核体系，构建反映经济发展与环境保护协同发展的评价体系。不断完善领导干部的环保问责制度，规范官员任期内工作，确保绿色发展的持续性。

（六）多元平衡、安全高效的全面开放体系

开放带来进步，封闭导致落后。推进全面高水平对外开放是现代化经济体系的外源动力，是吸收和获取全球先进生产要素的重要保障。正如习近平总书记所说，“过去 40 年中国经济发展是在开放条件下取得的，未来中国经济实现高质量发展也必须在更加开放条件下进行”。党的十八以来，以习近平同志为核心的党中央始终坚持对外开放基本国策，实行更加积极主动的开放战略，全面提高开放型经济水平。面对百年变局和世纪疫情，要继续深化改革开放，构建多元平衡、安全高效的全面开放体系，以开放促改革促发展，进而为现代化经济体系建设注入强劲动力。

一是要坚持多元平衡，即在对外开放中坚持统筹协调，实现多元发展、平衡发展。既要深化沿海开放，也要扩大内陆和沿边开放；既要优化出口结构，保持出口稳定，也要重视进口的作用，扩大进口；既要不断优化投资环境，深化外商直接投资对我国技术的外溢效应，也要加快实施“走出去”战略，引导企业开展跨国经营；既要拓展与发达国家的合作领域，不断增进互信，也要推动与发展中国家的双边开放，探索优势互补、合作共赢的发展模式。二是要坚持安全高效，即健全对外开放安全保障体系，增强抵御外部风险的能力，提高对外开放的安全性和稳定性。正如习近平总书记强调，“越是开放越要重视安全，统筹好发展和安全两件大事，增

强自身竞争能力、开放监管能力、风险防控能力”。同时，要在对外开放中转变对外经济发展方式，不断培育提升开放型经济综合效益的新优势。

（七）充分发挥市场作用、更好发挥政府作用的经济体制

经济体制是现代化经济体系的制度基础，关键是要处理好政府与市场的关系，使市场在资源配置中起决定性作用和更好发挥政府作用。正如习近平总书记强调：“在市场作用和政府作用的问题上，要讲辩证法、两点论，‘看不见的手’和‘看得见的手’都要用好，努力形成市场作用和政府作用有机统一、相互补充、相互协调、相互促进的格局，推动经济社会持续健康发展。”迄今的实践证明，在所有资源配置方式中，市场的效率是最高的。市场经济能较为准确地收集和处理信息，引导消费者和生产者作出最佳选择，优化要素配置，使各类资源的比较优势得以充分发挥，极大提高各种资源乃至整个社会的效率，因此，要坚持市场在资源配置中的决定性作用，充分发挥市场优势。同时，市场决定资源配置并非意味着不重视政府作用，而是要更好发挥政府作用，政府要确保市场有效规范运行，保持宏观经济稳定，弥补市场失灵。

一是要继续坚持“两个毫不动摇”，促进各类所有制经济健康发展，充分激发各类市场主体活力；二是要深化要素市场化配置改革，着力推进土地、技术、资金、劳动力、数据等要素市场改革，加快形成要素价格市场决定、流动自主有序、配置高效公平的体制机制；三是要着力完善宏观经济治理体系，发挥财政、货币、社会、就业等政策合力，熨平经济波动，提升宏观调控效率；四是要着力优化营商环境，持续推进“放管服”改革，坚持市场化、法治化原则，持续压减涉企审批手续，利用大数据技术提升监管效能，优化政务服务，为各类市场主体营造公平、透明、便捷的环境。

三、现代化经济体系的重要特征

现代化经济体系是一个理论的命题，它是全面体现新发展理念的经济体系。现代化经济体系又是一个实践的命题，它伴随着实践不断发展。构建现代化经济体系要以供给侧结构性改革为主线，坚持稳中求进工作总基调，确保经济安全。我们要从理论和实践的结合上准确把握现代化经济体系的系统性和整体性。

（一）贯彻"创新、协调、绿色、开放、共享"的新发展理念

理念是行动的先导，发展实践是由发展理念来引领的。建设现代化经济体系，要以新发展理念为指导，在建设中增强全面性、系统性、协同性。

创新发展的经济体系。我国已从高速增长阶段迈向高质量发展阶段，传统产业发展趋缓，增长动力不足。创新是引领发展的第一动力，解决的是增长动力问题。因此要坚持创新发展，抓住新一轮科技革命和产业变革带来的发展机遇，加快新旧动能转换，从主要依靠劳动力和资源投入向依靠创新驱动发展转变，提高经济增长的质量和效益，提升社会整体生产力水平，为现代化经济体系建设提供强大动力支撑。

协调发展的经济体系。协调发展着力解决我国的发展不平衡问题，增强发展的整体性，实现经济健康持续发展。坚持协调发展的经济体系，要促进经济社会各个方面、各个环节相协调，要协调好生产力与生产关系、供给与需求、生产与消费、发展与安全的关系，坚持区域协同、城乡一体发展，要让协调成为现代化经济体系建设的"最足后劲"，增强发展系统性、协同性、均衡性。

绿色发展的经济体系。绿色发展着力解决人与自然和谐共生问题，是在生态环境和资源承载力的约束条件下，以环境保护作为实现可持续发展重要支柱的发展模式。坚持绿色发展，是现代化经济体系的应有之义和重要内容。建设现代化经济体系要将绿色发展作为指导理念和“硬约束”，切实破解资源环境约束，推进经济社会生态效益最大化。

开放发展的经济体系。开放发展着力解决新时期的内外联动问题。在新国际经济形势下，我国面临着复杂的外部环境，唯有坚持开放发展理念，提升开放型经济水平，才能在国际竞争中赢得优势。因此要坚定不移扩大开放，借鉴发达国家的先进技术和管理经验，推动开放向优化结构、拓展深度、提高效益方向转变；要积极参与全球治理，坚持共商共建共享原则，深化国际交流与合作，推动构建人类命运共同体，进而提升现代化经济体系的国际竞争力。

共享发展的经济体系。共享发展体现了以人民为中心的发展思想，以推进共同富裕为目标，着力解决社会公平正义问题。我国已打赢脱贫攻坚战，区域性整体贫困得到解决。在开启全面建设社会主义现代化国家新征程之际，更应坚持共享发展，推进全民共享、全面共享、共建共享和渐进共享。为此，要坚持社会主义分配制度，加大再分配调节力度，缩小收入分配差距；要提升区域、城乡基本公共服务均等化水平、提升教育质量和水平、推进更加公平更可持续的社会保障，使发展成果更多更公平惠及全体人民。

（二）以深化供给侧结构性改革为主线

推进供给侧结构性改革，是党的十八大以来，以习近平同志为核心的党中央作出的具有全局性、根本性、长远性的战略部署。供给侧结构性改革的主要任务是提高供给体系质量，形成更高水平的供需动态平衡，这也正是现代化经济体系的重要内容。建设现代化经济体系，要深化供给侧结构性改革，夯实发展根基。

进入新时代，我国社会主要矛盾已经转化为人民日益增长的美好生活需要和不平衡不充分的发展之间的矛盾。矛盾的主要方面在供给侧，即生产端，体现为低端供给过剩，中高端供给不足，供给结构不能适应需求结构的变化。因此，推进供给侧结构性改革，是从供给侧入手，通过市场化法治化手段，优化要素配置，增强微观主体内生动力，有效降低企业生产经营成本，进而提高供给质量，增强供给结构的灵活性，使供给能力更好满足人民日益增长的美好生活需要。

当前，供给侧结构性改革的关键要求是打通制约经济循环的卡点堵点，实现良性循环，促进资源要素在更大范围内畅通流动，实现高水平的供需平衡。以供给侧结构性改革为主线，是要着力推进实体经济提质增效，减少无效供给，不断提高供给体系质量，努力构建实体经济、科技创新、现代金融、人力资源协同发展的产业体系；是要着力建设市场机制有效、微观主体有活力、宏观调控有度的经济体制，加快培育创新驱动新动能，持续增强经济高质量发展的动力活力。

深化供给侧结构性改革，要把握三个要点。第一，改革的最终目的是满足人民日益增长的美好生活需要。要充分了解市场变化，深入分析现实需求和潜在需求，推动消费提质扩容。第二，改革的主要内容是提高供给质量，增强供需适配性，要实施创新驱动发展战略，促进传统产业转型升级；要促进制造业高质量发展，推进产业基础高级化和产业链现代化；构建高质量供给体系。第三，改革的主要路径是转变政府职能，构建高质量发展的体制机制。要深化行政体制改革，破除相关制度障碍，有效降低制度性交易成本，使价格机制真正成为调节资源要素的核心机制。

（三）坚持稳中求进工作总基调，确保经济安全

坚持稳中求进工作总基调，是党的十八大以来，以习近平同志为核心的党中央立足新时代经济实践提出的重要工作要求，是应对各种风险挑战的基本保证。坚持稳中求进总基调，“稳”和“进”相互促进。面对新冠疫情反复、外部环境复杂多变，“稳”是主基调，要统筹推进疫情防控和经济社会发展工作，稳住经济大盘，确保增长、就业和物价稳定，守住不出现系统性金融风险的底线。同时，在稳的基础上转变经济发展方式，深化体制机制改革，促进创新驱动发展，培育壮大新经济增长点，推动经济高质量发展。只有把握好稳中求进的战略思路，保持经济运行在合理区间，才能确保调整经济结构、转变经济发展方式取得新成效，才能创造现代化经济体系建设的稳定宏观环境。

回顾党的十八大以来的历次中央经济工作会议，经济工作始终强调“稳中求进总基调”。实践证明，减缓经济波动，确保经济运行在合理区间，促进经济持续稳定发展，对推动经济高质量发展，提升人民群众幸福感，维护社会和谐稳定至关重要，稳中求进是我们党领导经济工作的成功经验。全方位推进现代化经济体系建设，需要继续坚持稳中求进工作总基调。

牢牢把握稳中求进工作总基调，要打好政策“组合拳”，扎实稳住经济大盘。一是要稳就业。要进一步强化就业优先意识，确保各项就业政策落地见效，充分发挥新产业、新业态在优化就业结构、培育新增就业等方面的重要作用。二是要保供稳价。稳物价就是稳经济，要有效打通产业链供应链运转中的痛点堵点，确保产业链供应链运行稳定；要增强初级产品供给安全与保障能力，以“量足价稳”为原则推进粮食生产，确保粮食安全；要着力完善产供储销体系，促进能源和重要矿产资源安全供应、价格稳定。三是要着

力稳投资。要立足高质量发展阶段，坚持投资数量与质量相统一，在巩固经济恢复发展基础的同时培育新动能，提升企业竞争力。四是要稳定外贸外资水平。外贸外资是连接国内国际双循环的重要纽带，是稳增长的重要支撑，要加强服务保障，为外贸外资企业排忧解难，推动外贸外资保稳提质。

四、现代化经济体系的实现路径

建设现代化经济体系是一项系统工程，必须紧扣现代化经济体系七个方面的重要内容。结合我国当前所处的历史方位以及经济发展中面临的挑战，建设现代化经济体系需要在以下四个方面重点发力：加快发展现代产业体系，推动经济体系优化升级；深入实施创新驱动发展战略，强化现代化体系的战略支撑；坚持社会主义市场经济体制改革方向，着力构建市场机制有效、微观主体有活力、宏观调控有度的经济体制；提高对外开放质量，增强内外联动性。在这四个方面取得突破的基础上，补齐发展短板，推动经济体系现代化稳步前进。

（一）加快发展现代产业体系，推动经济体系优化升级

现代产业体系是现代化经济体系的产业支撑，构建以实体经济为核心，以科技创新为驱动力、以现代金融和人力资本为支撑的现代产业体系，是目前最重要、最迫切的问题。传统产业优势式微，转变发展方式、优化产业结构、转换增长动力都迫切要求建立起体系完整、结构优化、空间布局合理、创新能力强、供需匹配、质量效益高的现代产业体系。

第一，坚定不移建设制造强国。要正确认识我国与世界主要制

造强国的差距，完善实体经济、科技创新、现代金融与人力资源协同发展的体制机制，不断增强制造业竞争优势。一是要继续落实降本减负政策，在能源、融资、税负等方面切实降低制造业企业成本；二是要推动先进制造业和现代服务业深度融合，信息化和工业化深度融合，促进制造业技术改造，推动制造业智能化、数字化、绿色化转型，全面提高制造业全要素生产率和国际竞争力。

第二，加快发展壮大战略性新兴产业和现代服务业。战略性新兴产业着眼于重大技术突破和重大发展需求，是加快发展现代产业体系，推进经济体系优化升级的结构性力量。一是要加快实施国家战略性新兴产业集群工程，加强关键核心技术应用，聚焦新一代信息技术、高端装备、新材料、新能源、新医药等战略性新兴产业，努力打造成为现代产业体系新支柱；二是要加快发展现代服务业。要大力发展研发设计、金融服务、现代物流、商务服务业等生产性服务业，探索生产性服务业和先进制造业融合路径，加快实现生产与服务的协同创新。要紧扣满足人民美好生活需要，围绕家政、养老、医疗等方面，增加生活性服务业有效供给。

第三，提升产业链供应链现代化水平。产业链供应链是畅通国内经济循环的关键，是现代产业体系的有力支撑，是推动实体经济尤其是制造业高质量发展的重要途径。一是瞄准全球产业高标准和高技术，补齐短板，要加快实施产业基础再造工程，针对产业技术中的“卡脖子”问题，实施关键核心技术攻关，降低核心零部件、基础材料、关键技术的对外依存度，不断增强产业链供应链能力；二是发挥部分领域先发优势，锻造长板，聚焦高铁、通信设备、电力装备等产业，建设以行业龙头企业为核心的全流程产业链，并培育一批具有竞争优势的先进制造业集群；三是深化拓展国际产业合作，加强产业链和供应链的合作，提升供应链开放性、安全性，提高产业链供应链控制力和主导能力，构建你中有我、我中有你的供应链形态。

（二）深入实施创新驱动发展战略，强化现代化经济体系的战略支撑

创新是引领发展的第一动力，实施创新驱动发展战略，为加快我国经济发展方式转变，培育国际竞争新优势发挥着重要作用。科技创新通过优化资源要素组合，提高生产要素和社会整体生产力水平，全面提升经济竞争力、创新力，为建设现代化经济体系提供战略支撑。当前新一轮技术革命和产业变革正在重构全球创新版图，科技创新成为重塑全球市场竞争格局的关键变量。我国更需要紧抓机遇，夯实科技创新发展基础，大力培养创新型人才，不断提升自主创新能力，通过科技创新为建设现代化经济体系提供强大动力。

第一，要加快关键核心技术攻关。关键核心技术对于保障国家安全、建设现代化经济体系具有十分重要的意义。要充分发挥我国集中力量办大事的制度优势和超大规模市场优势，扎实推进关键核心技术攻关，突破一批关键共性、引领性、颠覆性技术攻关，加强重大创新成果迭代升级，提升产业链供应链安全性稳定性。

第二，要深化科技体制改革。要建立创新供给与产业需求有效衔接的成果转化机制，运用好政策引导与制度设计，推进产学研用协同创新，提高科技成果转化率。要建立更加科学高效的科技项目管理机制，转变政府科技管理职能，给予科技人员更大的自主决策权，激发科研人员创新创造活力，努力打造创新驱动的“人才引擎”。

第三，要推进高水平科技开放合作。开放合作是科技创新自身发展的内在要求，是应对全球发展挑战的现实要求。要深化科技开放，以全球视野推动科技创新，不断拓展参与全球科技治理广度深度。围绕全球气候变化、公共卫生、能源危机等领域，促进基础理论研究，深化产业创新合作，不断增强我国科技创新实力，提升我国科技创新的国际影响力。

（三）着力构建市场机制有效、微观主体有活力、宏观调控有度的经济体制

经济体制改革是全面深化改革的重点。实现市场机制有效、微观主体有活力、宏观调控有度是经济体制改革的基本要求，也是建设现代化经济体系的制度基础。实践证明，使市场在资源配置中起决定性作用、更好发挥政府作用是适应我国基本国情和时代进步要求的有效制度安排，有助于激发市场主体活力创新力，提高资源要素配置效率，促进经济持续稳定增长。建设现代化经济体系，要发挥经济体制改革的牵引和带动作用，形成强大的合力。

第一，要让市场机制更加有效。深化经济体制改革要以夯实市场经济基础性制度和完善要素市场化配置为重点，实现产权激励有效，要素流动有序，配置高效公平。一是要完善产权有效保障机制，健全现代产权制度，用好产权激励。二是强化公平竞争审查制度，加强重点领域反垄断监管和反不正当竞争执法，构建公平竞争的市场秩序。三是推进要素市场化配置改革，健全劳动力、土地、资本、技术、数据等要素价格的市场形成机制，促进要素有序流动，价格合理形成。

第二，要让微观主体更有活力。一是要在毫不动摇巩固和发展公有制经济的基础上推动国有资本做强做优做大，围绕国家安全、公共服务等领域，进一步优化布局国有资本。二是持续完善混合所有制的制度体系，按照完善治理，强化激励，突出主业，提高效率的总体要求，推动多种所有制经济相互促进，打造一批世界一流的现代化企业。三是大力支持非公有制经济发展，深入研究、帮助解

决民营企业、中小企业发展中的难题，为民营经济营造良好发展环境，激发创新活力。

第三，让宏观调控有度。所谓宏观调控有度，是指在稳定宏观经济时，既要相机抉择，提高调控的前瞻性有效性，也要把握好度，提高调控的灵活性。一是要完善宏观调控协调机制，建立与现代化经济体系要求相适应的宏观调控目标体系，从而为现代化经济体系建设营造良好宏观环境；二是增强宏观政策的精准性灵活性，创新宏观政策工具，主动预调微调，适时适度逆周期调节；三是充分发挥国家发展规划的战略导向作用，加强财政政策、货币政策与就业、区域、投资等政策工具的协调配合，确保经济社会平稳健康运行。

（四）提高对外开放质量，增强内外联动性

现代化经济体系要求建立更高层次更宽领域的全面开放新格局。改革开放四十多年来，我国走出了一条具有中国特色的对外开放道路，逐步建立起开放型经济体制。随着数字时代的到来，新一轮资源配置与产业分工的红利正在兴起。我国要抓住机遇推进高水平对外开放，培育新发展动能，提升我国国际竞争力。

第一，积极推进制度型开放。制度型开放是高水平对外开放的重要标志。要促进国内规则、制度与国际通行规则接轨，加快形成与国际标准相衔接的制度体系，增强竞争政策、创新政策与国际通行规则的协调性，形成有利于资源要素流动的市场化、法治化、国际化营商环境，瞄准国际标准加强知识产权保护和技术创新，构建鼓励创新的制度环境。

第二，提升对外开放层次和水平。要继续缩减外资准入负面清单，落实外资准入管理，依托国内大市场，促进各类高品质产品与服务跨境流动。要继续改善营商环境，利用国内超大规模市场优势，大力吸引外资，牢牢嵌入全球价值链。同时，继续推动农业、制造业全方位开放，加大服务业开放力度，促进进口与出口、货物贸易与服务贸易、贸易与投资协调发展，发挥好服贸会、进博会、广交会等重大展会的平台效应，加快提升贸易投资便利化水平，推动国内外市场更好联通。

第三，积极参与全球经济治理。要继续维护与完善多边经济治理体系，积极参与 WTO 改革，促进贸易和投资自由化便利化，做全球多边自由贸易体系的维护者。要积极推进区域和双边自由贸易协定。利用好 RCEP 实施带来的开放机遇，扩大服务贸易规模，提升要素跨境流通便利化水平，并以此发挥中国在全球经济治理体系中的积极作用，推动全球经济治理体系向更加公正合理、普惠共赢的方向发展。

第二章　中国传统治国理政中的经济思想及其传承和当代影响

习近平总书记在中共中央政治局第十八次集体学习时指出："在漫长的历史进程中，中华民族创造了独树一帜的灿烂文化，积累了丰富的治国理政经验，其中既包括升平之世社会发展进步的成功经验，也有衰乱之世社会动荡的深刻教训。"党的二十大报告进一步指出，"马克思主义的中国篇章是中国共产党人依靠自身力量实践出来的，贯穿其中的一个基本点就是中国的问题必须从中国基本国情出发，由中国人自己来解答"。中国作为一个具有五千多年文明历史的国家，具有自己的政治传统和独特的国情，习近平总书记的论述，对我们基于中国历史和国情，创造性地继承历代治国理政的成功经验，并用马克思主义作为指导，结合当代现实，用于开创中国式现代化建设，推动中华民族的伟大复兴，有着重要的现实意义。本章试图通过考察中国历史上的治国理政思想，挖掘蕴含其中的经济思想以及经济政策，从其发展过程中，了解它们产生的历史和现实影响，寻求如何在中国式现代化进程中走出中国的经济发展道路。

中国传统的经济思想在经济政策上主要体现为"民本""民生"

和“强国”三大理念及其经济政策体系。

一、“民本”的经济思想及其对经济政策的影响

（一）“民本”的经济思想及其历代演变

民本思想，从字面上理解就是以重视民众利益作为出发点的一种思想。民本思想出现时间很早，《尚书·五子之歌》中就提到：“民惟邦本，本固邦宁。”早期殷商灭亡的惨痛教训以及民众的武装起义给了周代的统治者很深的印象。在国人暴动以及平王东迁后，随着周王室衰微，春秋时期的来临为民本思想的发展提供了不可或缺的时代背景，尤其是生产力的发展使得原本“封建”的生产方式，[①]已经与社会需求格格不入。在这一时期，诸子百家纷纷提出自己的治国理政理念和经济政策。

儒家的民本思想不仅来源于这个时代的经济状况，还来自一种在伦理道德视角上的思考。有的学者认为在春秋时期，政治权利斗争和土地制度是当时对社会经济影响较大的两个因素。在政治斗争和土地制度的冲突中，民众只能作为“被掠夺”的一方，成为贵族们为了赢得“竞争”而不断掠夺、压榨的对象，所以孔子的学说是

① “封建”的具体含义应当参考所处的语境和代指目标。生产方式的“封建”指的是基于井田制的传统耕作方式，也可以代指“武装殖民”（钱穆在《中国经济史》中对早期井田制下国家特点的描述）的农作方式。而政治上的“封建”指的是君主制下的，具有鲜明阶层结构的国家统治特点。这里“封建”生产方式与社会需求格格不入指的是在铁器牛耕投入农业生产以及战争需要、人口增加下井田制的土地制度与刀耕火种的原始农业已经不能满足社会需求。

建立在道德制度上具有社会调节作用的经济制度和手段。[①] 基于这一历史背景，这个时期，包括孔子、孟子等人“养民”为主的经济思想的出现反映了以民为本的国家治理思路，为相应的经济政策提供了思想基础和理论依据。[②]“养民论”的思想一直伴随着儒家经济思想的发展和深化，成为民本思想最基础的理论依据，“君舟民水”的概念经孔子提出，荀子完善后不断深入人心。

“民本”的经济思想不仅仅出现在儒家，同样在墨家和法家的主张中也有所体现，包括其重农、均富等观点中都蕴含着民本思想，因为实践证明只有民众的生活安稳，才可能换来政治上的稳定与国家的发展。民本思想直接关系着国家治理效果和统治稳定。管子、韩非、商鞅等人的著作中也都围绕“民本”提出了他们自己的见解，尽管得出的结论并不完全相同，但都对其抱有积极态度。[③] 重视财富的均等和防止差距过大，也是他们聚焦的重点。这些具有民本思想色彩的建议很好地促进了社会的稳定，尤其是在春秋战国从政治制度到土地制度都发生巨大变化的转折期，土地私有制下的封建社会正在逐渐形成，而在这个制度的底层，则是千千万万的农民，他们是民本思想的现实基础。

秦始皇虽然统一了六国，建立了专制的统一国家，但是因为不惜民力，导致秦王朝很快就在旧贵族和农民起义的夹击下灭亡了。西汉正是有了秦朝的前车之鉴，在西汉前期奉行了休养民生的政策，尤其是“弛山泽之禁”（《史记·货殖列传》）等举措，都是爱

---

① 程霖，赵昊．中国古代经济思想的基本结构与内在逻辑——基于权力与伦理视角的孔子经济思想考察［J］．财经研究，2019，45（8）：72-83．

② 钟祥财．从养民论看中国古代经济思想方法论形成及近代特点［J］．贵州社会科学，2013（10）：40-46．

③《管子·权修》，“府不积货”“藏于民”。《韩非子·六反》，“使民以力得富”。《商君书·弱民》，“民贫则力富”。

惜民力的体现，这让民众生活水平得到了改善。文景之治为西汉的经济发展打下了政治基础。到汉武帝时期，儒术成为治国理政思想的重要组成部分。而这一时期，董仲舒和司马迁的民本经济思想，则有较大的进步。在汉代尊崇儒术的背景下，董仲舒、司马迁两人的儒家经济思想大放异彩，尤其是限制兼并和认同人们趋于利益的本质，肯定了人们在除“本业”上追求商业发展的行为。“国不与民争利”这个思想可以从董仲舒身上得到很好的体现，该思想其本身就是儒家的经济思想的一大特点。① 这些都是促进民众生活稳定、相对公平，从而达到治国理政长治久安的民本思想。民本思想在西汉形成了系统的体系并与治国理政有机地结合在了一起，已经被广泛运用到国家治理之中了。

东汉和魏晋时期，随着汉王朝由盛转衰，统治阶级荒淫无道，国家治理体系混乱，民众生活困顿，上层建筑和经济基础因为土地制度和政治的崩毁都受到了不同程度的损伤，也导致了二者矛盾进一步激化。在这一时期，东汉的王符和魏晋的傅玄是非常有影响力的两位经济思想家，前者强调“富民”和“工商兼顾”，② 后者则在“国富民安”的思想下对税收制度做出了贡献，并且在很多地方与亚当・斯密的思想也具有互通性。③ 两位学者所处的这一时期的经济思想趋向于民本倾向也是顺应当时情况的，就像战国时期儒家思想也倾向于“复古”一样。由此可见，民本思想不仅是国家上升时期治国理政中的重要组成部分，还是转折时期用来维持统治稳定的

① 曹钦白. 论中国古代经济思想中的“国不与民争利”[J]. 财政监督，2016（22）：25-29.

② 李景凤. 论王符的经济思想［J］. 社科纵横，2009，24（10）：129-130.

③ 陈勇，张媛媛，靳皓媛. 从傅玄、亚当・斯密赋税原则看中西古典经济思想的契合［J］. 青海社会科学，2014，（5）：27-34.

办法。民本思想也是历代不同阶级统治者的共识，它不仅是儒家思想里上合天理、下合仁义的统治办法，也是有利于提升治国理政效率和国家发展的必然选择。只有占多数的被统治阶级的权益得到了保障，整个金字塔形的阶级社会才能稳定下来。

自汉代以后，民本经济思想已经成为传统治国理政思想的一部分，为后世朝代的治国理念奠定了思想基础。尤其是到了唐代，经济上更加开放，“民本”的经济思想应用于稳定统一的社会以及发展的生产力，造就了一个前所未有的盛世。尽管唐朝末年因为政治和军事上的失误以及均田制等基本经济制度的瓦解断送了整个王朝，但是“民本”的经济思想作为指导思想和一种上层意识上的调和，已经体现了其独特的价值。

在宋代，商品经济的发展突飞猛进，“市坊”制度的彻底瓦解、繁荣的海内外贸易无疑都是经济发展的体现。这些经济发展的背景都直接影响了这时的经济思想，推动了经济思想的转型。①随着北方威胁的与日俱增和国内矛盾的不断加剧，经济改革也势在必行。北宋时期，以范仲淹和王安石的政策最为出名，尤其是王安石的改革中提供了很多经济上的政策建议，尤其是“抑兼并论”，“以臣所见，今税敛不为重，但兼并侵牟耳”（《长编》卷二二三熙宁四年五月丙午）。这是他基于对民间贫困的思考提出的解决办法。②到了南宋时期，随着儒学的发展，以叶适为主的浙东实学派也提出了自己的经济思想。南宋的朱熹在经济思想上也有贡献，比如财富有关的行为是否符合义、智、仁、信、礼，还有主张对土地采取经界法

① 杨蕤．北宋时期经济思想的转型［J］．青海民族学院学报（社会科学版），2007（2）：110–114.

② 叶世昌．论王安石的经济思想［J］．经济问题探索，1982（5）：75–79.

来重新丈量。[①] 总体而言，宋代的民本经济思想更加着重于对人们伦理认知上的疏导，更加重视社会公平、财富分配均匀以及土地制度完善。这也得益于儒学在宋代的发展和创新。

到了明代，民本思想取得了历史性的突破。明末清初，黄宗羲、顾炎武等人进一步发展了民本思想。他们不仅批判旧制度上的漏洞，更是直接批判君主专制。明清之际，以黄宗羲、顾炎武、王夫之为代表的思想家提出了不同于以往理学和心学的主张，这些主张肯定了“君舟民水……天下为主、君为客”（《明夷待访录·原君》）的民本思想，有的还批判了君主专制，认为君主的存在才是最大的祸患，认为国家不应当是一家之天下。中国的民本思想在这一刻开始才削弱了其中的阶级性和统治性，经济上的民本思想不只是为了促进发展，维护统治，而是突破了礼教上君主爱民、重视民生的道德要求，转向重视为民众服务的经济思想，[②] 其出发点已经不再是君主专制。民本思想完全脱离君主制，已经是中华民国时期，孙中山先生提出的“民权”就是最好的回答，但是鉴于其资产阶级思想的限制，民本思想仍然没有被完全解放，直到社会主义在中国的建立才去除了民本思想中的资产阶级思想影响。

（二）民本经济思想对经济政策的影响

辛亥革命之前，民本经济思想最重要的任务就是确保中国这个

---

① 方遥. 朱熹的社会经济思想及其实践［J］. 中国经济史研究，2019（2）：22–34.

② 此时的民本思想中已经出现了反思君主制的想法，在黄宗羲、顾炎武的著作中已经有所显现。但是此时的民本思想仍然是地主阶级以及商人、市民们的思想主张，是作为他们取得更多政治地位和实际利益的思想武器。民本思想的经济思想还远没有成为兼顾所有阶级的经济思想，它仍然为特定的阶级服务。但是，此时重本抑末带来的对商人阶级的贬低出现了缓和，部分商人和地主则被认为是“民”中重要的一部分，这种关于“民”的身份界定的放宽得益于明中晚期手工业的发展，所以此时的民本思想的发展仍然是重要的，不仅是对君主专制和贵族的抨击，更是里程碑式的进步。

庞大的农业国家里，普通的民众不会受到大量的剥削导致破坏生产和危及生存，从而引发暴乱结束君主的统治。因此，历代的民本思想中，经济政策的侧重点和落脚点，都是限制土地兼并防止农民无地可耕、无粮果腹、防止商业过度发达带来过大贫富差距、抑制影响农业生产和粮食安全的商业。

民本经济的思想也体现在经济政策上。以孔子为主的儒家学派，就在其经济思想上提出了很多具有民本思想的举措和主张。孔子的复古和对“仁”“礼”“义”等思想在经济上的延伸，主要是为了安抚民众，追求政治制度上的有序合理，避免政治集团对社会经济掠夺式的索取，耕种上的“使民以时”（《论语 · 学而》）等都是含有稳定修正的目的在其中。

墨家学派的经济思想主要有义利、生财、节用三方面，都以“兼爱”为核心思想。墨子认为应当通过勤俭节约的方式，参加劳动来创造财富，尤其是在农业生产方面。他还反对过强的劳役使民众疾苦劳累，主张统治者节俭生活，制定合适的政策达到“民劳而不伤、民费而不病。”（《墨子 · 辞过》）墨子的经济思想是其作为地主阶级利益的捍卫者而提出的，虽然具有民本的思想本质，但仍然是服务于地主阶级的利益的。[①] 从历史角度看，这也确实是民本经济思想的一种进步。

董仲舒提出的“罢黜百家，独尊儒术”标志着儒家思想成为统治思想的主体。董仲舒提出的经济思想包括限财富、抑兼并的思想成为古代中国正统的经济思想，尤其是义利的思想更是探讨了人的本质和追求财富问题，他还提出了“国不与民争利”的思想主张，其思想根源是以民为本的仁政主张派生出的。

朱熹和浙东学派的经济思想是宋代经济思想的重要产物。南宋

① 陈绍闻，叶世昌，徐培华．论墨翟的经济思想［J］．经济研究，1978（6）：58-64.

虽然偏安一隅，但是其经济发展程度却更加发达，加上海运的繁荣促进了这个发展趋势，也就催生了上述经济思想的出现。以叶适为主的浙东实学派提出以义利观、富民观为主的经济思想，[①]而且还对人地关系和货币规律做了自己的研究，这一点是具有特殊意义的，尤其是土地与人的关系直接关系到最基本的农耕生产，这不仅有关民本，更是直接关系到农业社会国家的兴亡。南宋的朱熹不仅在理学有重大贡献，在经济思想上也有贡献。比如与财富有关的行为是否符合义、智、仁、信、礼。[②]除此之外，主张对土地采取“经界法”丈量，用来抑制可能的大量土地兼并，地主肆意侵占农民土地而引发的制度上的缺失。

以历史观之，中国古代民本思想包括重民、养民、富民思想三部分，强调重视民众的作用并且为民众发展提供稳定的环境。[③]民本思想经历了古代中国千年来的发展，已然成为一个传统治国理念甚至道德体系中不可缺少的部分。但是古代民本思想的出现更多地满足了统治阶级的需要，民本经济思想更像是约束贵族和地主的一种工具，防止其统治因为自身的放纵而倾覆。

在孙中山先生领导革命之时，就提出了“天下为公”的口号，“三民主义”更是着重强调了“民权”的重要性，并且在限制资本、限制土地兼并上提出了明确的政治主张。但是限于历史条件，真正落实民本思想的重担就落在了共产党人的身上。

---

① 叶坦．宋代浙东实学经济思想研究——以叶适为中心［J］．中国经济史研究，2000（4）：102–113．

② 尤吾兵，陈保同．朱熹经济伦理思想及其现代价值［J］．中南大学学报（社会科学版），2009，15（2）：175–178．

③ 景维民，王婷．中国古代国家经济治理思想对当代的启示［J］．理论与现代化，2020（1）：21–27．

（三）中国共产党以民为本的执政理念及其经济政策的实施

作为马克思主义政党，中国共产党一大通过的中国共产党纲领规定，要“消灭资本家私有制，没收机器、土地、厂房和半成品等生产资料，归社会公有”。中国共产党提出的纲领和奋斗目标，代表着中国无产阶级和其他广大劳动群众的根本利益，体现了民本的思想，真正将民本思想写入了党的纲领之中。在抗日战争时期，毛泽东就提出了“为人民服务”（《为人民服务》演讲稿，1944）的概念，而这五个字也成为我们党和人民政府在过去始终不断发展、自我完善、不忘初心的基本指引。在广大的解放区和之前的苏区及抗日根据地，中国共产党实际上已经在很多工作中落实了民本思想，并形成了相应的政策体系，包括在土地革命上以及抗日时期的生产生活中。新中国成立后，随着经济恢复与社会主义改造的完成，中国共产党系统贯彻民本思想，形成了系统的经济政策。从企业的和平赎买、资本主义工商业改造、土地的公有制重新分配、公有制经济的建立以及计划经济下的五年计划的实施，民本思想在党的领导思想中得到了系统的建立和落实。尽管在社会主义建设过程中，也出现了一些工作失误，造成了严重的损失，但是民本思想和经济政策一直贯穿于中国共产党执政为民的工作实践中，成为中国共产党政策的基本遵循。

进入新时代，党的执政理念也是始终以人民为中心，所以在经济政策上也体现了民本思想。习近平总书记在 2017 年 10 月 25 日中央政治局常委与中外新闻记者见面时讲到：“全面建成小康社会，一个也不能少；共同富裕路上，一个也不能掉队。我们将举全党全国之力，坚决完成脱贫攻坚任务，确保兑现我们的承诺。”党的二十大报告指出，中国式现代化是全体人民共同富裕的现代化。共同富裕是中国特色社会主义的本质要求，也是一个长期的历史过程。党的二十大报告以振奋人心的数据，彰显出十年来中国共产党以民为本，全方位改善人民生活取得的巨大成就。

> 人均预期寿命增长到七十八点二岁。居民人均可支配收入从一万六千五百元增加到三万五千一百元。城镇新增就业年均一千三百万人以上。建成世界上规模最大的教育体系、社会保障体系、医疗卫生体系，教育普及水平实现历史性跨越，基本养老保险覆盖十亿四千万人，基本医疗保险参保率稳定在百分之九十五。及时调整生育政策。改造棚户区住房四千二百多万套，改造农村危房二千四百多万户，城乡居民住房条件明显改善。互联网上网人数达十亿三千万人……[①]

二、“民生”的经济思想及其对经济政策的影响

（一）“民生”的经济思想及其历代演变

“民生”一词最早出现于《左传》，而民生思想的原则在上古时期就有所体现，在春秋时期则成为众多思想家思考的一个重要命题。有学者将儒家的民生经济思想分为民本和富民两部分：墨家主张“兼爱”和“非攻”，法家主张法制和富民。其中，富民的经济思想在诸子百家中都有共通的地方，除此之外，“节用”“扶弱”“公正”也有较多重合的特征。[②]

民生思想和民本思想本是同根，二者都认为民众是国家统治稳定

---

① 中国共产党二十大报告 .

② 唐任伍，刘立潇．先秦时期民生思想的特征与当代价值［J］．经济与管理评论，2013，29（6）：24–29.

的基础。民生思想是民本思想的进一步发展，从思想境界上来看，要高于民本思想。民本思想要求维持民众生存与重视他们的作用，这和民生思想注重提升百姓生活环境、重视保障民众的权利不可同日而语。民本思想契合统治者的统治理念，民本思想则更具人文关怀，具有浪漫主义色彩。发展民生需要国家投入更多的财力和物力，但是囿于古代生产力的发展水平，以及统治阶层更倾向于将更多的资源用于维护政治统治和追求自身的享乐，因此，从治国理政的角度而言，统治者对于民生思想的接受度没有民本思想那么高，结果使得民生思想更多停留在文人的设想与追求中，不能在现实政治实践中加以落实。在先秦之后的中国主流治国理政思想中，民生经济思想已经成为儒家经济思想的一个重要组成部分，并且为士大夫阶层所追求和倡导。其中，富民思想可以视为民生经济思想在民本经济思想上的一个突破，也是民生思想在传统儒家思想中最突出的体现。

明末清初，中国社会和经济生活发生了广泛而深刻的变化。以黄宗羲、顾炎武、王夫之、唐甄为代表的一批思想家在民生领域提出了新的看法和主张。黄宗羲在《明夷待访录》中提出了“天下之治乱，不在一姓之兴亡，而在万民之忧乐”的想法，并且对土地制度提出了切实的新设计。唐甄是清代初期著名的思想家，一生著述以《潜书》最为著名。其中特别强调统治者应关注民生，所论重民、爱民、富民、养民之思想举措，均是传统社会保障研究的题中应有之义。唐甄的富民养民之政和社会保障思想是一个有机的体系，其内涵涉及改良政治、发展经济、保障民生等各个方面。[①] 但是，由于封建专制社会的固有局限，这些民生思想都不可能真正落到实处。

---

① 王卫平．富民与养民：唐甄的社会保障思想［J］．苏州大学学报（哲学社会科学版），2015（2）.

民生思想真正突破君主专制思想的藩篱，服务于现代社会，成为现代治国理政思想的一部分，是孙中山先生提出的“三民主义”。其中的民生主义有两个重点：一个是平均地权、一个是节制资本。孙中山和中华民国的民生政策也据此制定。

1949 年中华人民共和国成立之后，在党的领导下，我国走上了社会主义道路，为民生思想在当代的实践提供了制度保证和社会条件。中国共产党继承了民生的理念，并在社会主义现代化建设的进程中将这一理念不断发扬光大，推动了我国各项民生事业的蓬勃发展，使其成为真正意义上造福广大人民的经济思想，因为中国共产党决定了要以改变积贫积弱、民不聊生的中国现实为己任。① 尤其是处于新时代下的中国，完成了小康社会的建设，消除了绝对贫困，正在向建设社会主义现代化强国而努力。在党的十九大会议上，党中央提出了我国当前最主要的矛盾已经转化为人民日益增长的美好生活需要与不平衡不充分的发展之间的矛盾。而新时代下的民生经济思想，已经成为解决这一基本矛盾、助力我国发展的主线。目前我国相当多的经济政策，都充分体现了中国共产党在民生思想上的发展和具体应用。

（二）民生思想对经济政策的影响

墨翟主张“民富国治”（《墨子 · 辞过》），认为人们进行强力劳动就能创造财富，从而达到富民的目标，② 富民无疑是为了提高其生活水平的做法，在儒家思想中也是一个重点。墨家的“节用”中也体现了民生经济思想。“节用”思想主张消费要到最低的要求，不增加消费效果的消费一律不增加。节用是针对上层统治者荒淫奢

---

① 胡柳娟．中国共产党民生思想的百年探索与发展［J］．西南民族大学学报（人文社会科学版），2021，42（2）：190–196．

② 叶世昌．中国古代的富民、富国和理财思想［J］．财经研究，1987（6）：52–55．

侈的过分享受而提出的，这样能够避免民众因为将生产力投入生产奢侈品而造成贫苦。虽然“节用”不仅对上层阶级要求太高，下层民众又达不到设想的消费水平，再加上客观社会环境，“节用”思想并没有成功。但是其仍然具有积极意义，比如主张薄葬其实有利于缓解平民百姓因为陪葬花费而用尽家产，低消费水平也有利于民众基本生存。墨子的民生思想可以在秦献公时期的秦国找到痕迹。秦穆公去世时采取了大量的人殉，殉葬者中还包括了子车氏三位在内的良臣，此举被视为之后数十年秦国失去东进能力的原因。秦献公时，秦国正式废除了人殉制度，进一步促进了民间商业的发展。这一政策被认为是采纳了墨子“节用”和“富民”的民生思想。

《管子》也是一本具有浓厚民生经济思想的著作。书中主要提及了四个方面，亲民爱民、利民富民、为民予民、教民化民。[①] 为民予民部分，不仅提出重农务本，还强调了粮食的种植督导、粮食的储存、国家对粮价的调控和储存粮食以供灾年分配百姓。除此之外还叙述了国家应当开设国营事业从而杜绝人民因为高利润舍本逐末、财富不均，财政上采取少赋税轻赋役的手段，同时固定税收种类才能让百姓自愿地交税并且免于税收之苦。管仲在担任国相之后就采取了大量的措施，“相地而衰征”加速了奴隶制的瓦解，保护了农民的生存和承认了土地私有制，对民生有重大影响，“富民”是管仲改革时的主要方向，也是民生思想的外在体现。在战国时期，李悝在魏国的变法中推行“尽地力”和“平籴法”，政府在农业歉收和丰收时加强采购和售出粮食，确保民众不会受到过大的影响，保障了民生的基本需求。这些做法集中体现了管仲的民生思想在战国时期得到了肯定并被他国发展进而引入国家政策中。管仲还

① 田学斌．中国人的经济学——《管子》中的民生思想［J］．中国文化，2015（1）：155-168．

提到了货币问题以及贸易等，他的思想在春秋时期非常具有先进性并且能够将民生思想贯通到具体的治国理政中去，并取得了良好的成效，为后世吸收和效仿。

西汉的司马迁不仅在《史书 · 货殖列传》中为商人记传，肯定了对财富的追求，更是展现了其自由放任的民生经济思想，这是一种“超越了封建时代的思想”。[①] 对民众采取自由的经济政策并且主张对于商人和商业应该顺其自然，根据不同的形势采取不同的政策。司马迁不主张强制均贫富，并希望商人要在逐利时也要符合道德礼仪。这在当时来讲是十分超前的经济思想。司马迁还认为商人的出现同时能够给国家带来益处，比如促进商品的流通，满足人们的生活需要。司马迁的思想不仅具有市场经济的倾向，更具有民生主义的倾向。在汉武帝执政的末期，连年的战争消耗了大量的民力和社会财富，汉武帝选择主动休养民生，到汉宣帝之时，经济上大力整治了官营工商业，对盐这样的基本物资的官方生产和买卖加大了监督力度，降低了价格水平。此外，还采取轻徭薄赋，对弱势群体提供赈济并设置了“常平仓”调节谷价保护中小农的利益。在西域还设立了西域都护府，确保了丝绸之路上经济商贸交流的稳定和安全，引进了新的作物和手工艺产品等，进一步促进了中国与其他国家在商贸领域上的交流合作。这一时期民众的生活水平和西汉国力到达了巅峰，史称“孝宣之治”。

晚明时，黄宗羲的经济思想突破了原本的民生思想，他提出了不同于以往的重农轻末的思想，主张工商皆本。黄宗羲认为有关“民生”的产业私人经营有利于进一步发展民生，他还对商人可能获利后侵占农村土地设计了土地制度，主张每人限田五十亩，除此

① 吴桂美. 论司马迁对董仲舒经济思想的继承和超越——读《史记 · 货殖列传》[J]. 荆楚理工学院学报，2016，31（3）：20–24.

之外他还致力于将土地从“皇权”手中解放出来，尽可能减少封建君主专制对国家的控制，增强国家政府的公共性服务以及减少其对经济的控制。[①] 黄宗羲等思想家则努力将民生思想独立出来，发展成为具有公共性、关怀性的经济思想和治理思想，对民生经济思想的发展起到了不可替代的推动作用。这些思想在太平天国运动中得到了体现，“有地同耕”的政策在太平天国前期迅速招揽了大批的农民，他们在封建土地所有制下已经无法满足基本的生存。《天朝田亩制度》也第一次将这个政策变成了正式纲领。孙中山先生推翻了清朝统治，建立了民国政权后，即强调应着力于民生主义，并把宣传平均地权作为宣传民生主义的主要内容，孙中山先生指出，平均地权“即为民生主义第一件事，此事做不到，民生主义即不能实行”，又具体设计平均地权的实施方案。中华民国十三年（1924 年）国共合作，孙中山召开中国国民党第一次全国代表大会，大会《宣言》确定“平均地权”与“节制资本”为民生主义的两个“重要原则”。晚年，孙中山把目光从城市转向农村，多次讲话申述实施“耕者有其田”的必要性，强调“要耕者有其田，才算是彻底的革命”。“平均地权”与“耕者有其田”一起构成孙中山的完整的土地纲领。[②]

（三）中国共产党的民生理念及其经济政策的实施

在经历了千年的封建社会以及近代百年动荡时期，到新中国成立，民生思想这个千年来的命题随着中国共产党的执政得到了真正付诸实践的机会。

在新民主主义革命时期，中国共产党团结带领广大农民“打土豪、分田地”，解决土地问题、实行“减租减息”、进行土地改革、

---

① 刘文鹏．权力与经济之间——论黄宗羲对中国传统经济思想的突破［J］．衡水学院学报，2022，24（3）：102–107.

② 李小宁．旧民主主义时期的民生［EB/OL］．人民网 – 理论频道，2016–08–25.

制定了《中国土地法大纲》，实现了中国农民千百年来“耕者有其田”的梦想，提出了为人民服务是党进行革命的民生目标，赢得了最广大人民的广泛支持和拥护。

新中国成立后，以毛泽东为核心的党的第一代中央领导集体开始对我国民生建设进行探索与实践。这段时期民生建设的工作重点主要是解决人民群众吃饭、就业、维持生活等方面的问题；把卫生、防疫和一般医疗工作看作一项重大的政治任务，关注人民群众的生命健康；提出发展经济的根本目的是更好地保障和改善民生；提出社会主义建设的目标就是要实现共同富裕；要在生产发展的基础上改善民生这个核心问题等方面。这个时期，实行计划经济，没有能够最大限度地解放和发展生产力，因此，民生问题没有能够得到根本性的解决。改革开放以来，尤其是我国实行社会主义市场经济之后，国民经济活力得到了激发和释放，为发展民生奠定了坚实的经济基础。随着社会主义市场经济的实施，我国的财政也逐渐从“生产建设型财政”转向“公共财政”，更加聚焦于民生事业的发展。

2005 年 12 月 29 日，第十届全国人大常委会第 19 次会议经表决决定，《农业税条例》自 2006 年 1 月 1 日起废止，农村税费改革转入农村综合改革阶段。取消农业税，是中国五千年农业史上具有里程碑意义的改革，是我国 40 年改革发展中继“大包干”后进入 21 世纪以来最具标志性的惠民善举。

党的十八大以来，习近平总书记就做好民生保障工作作出一系列重要指示，深刻指出民生是最大的政治，增进民生福祉是发展的根本目的，做民生工作首先要有为民情怀，要多谋民生之利、多解民生之忧，在发展中补齐民生短板、促进社会公平正义。

首先，政府兜底线，筑牢基本民生保障安全网。到 2020 年底，

1936 万建档立卡贫困人口纳入救助保障范围，扎牢了“两不愁”的制度防线，促进了“三保障”目标实现。民政部门持续推进最低生活保障、特困人员救助和临时救助等社会救助提标增效，4311 万名城乡低保对象的基本生活得到有效保障，农村低收入人口动态监测和常态化救助帮扶机制逐步健全。

其次，加强服务，不断拓展基本民生服务惠及范围。我国是世界上老年人口总量最多的国家，但养老服务同广大老年人过上幸福晚年生活的期盼相比还有差距。在各方共同努力下，我国养老服务机构和设施增长到 34 万个，基本养老服务制度逐步完善，初步建成居家社区机构相协调、医养康养相结合的养老服务体系，基本形成了政府为主导、市场为主体、社会和家庭广泛参与的养老服务发展格局。[①]

在医保领域，医保体系覆盖与养老保险推进已经卓有成效，我国已经建成世界上最大的医疗保障网。在人均收入方面，2020 年全国居民人均可支配收入达到了 32189 元，是 2013 年的 2.5 倍。[②] 教育事业上，2020 年九年义务教育巩固率达到 95.2%，高中阶段学校数量稳步提升。[③]

除此之外，乡村振兴、扶贫保障、城市现代化建设等民生大事，都在党的领导下有了长足发展。我国自 2013 年实施精准扶贫以来，每年减少贫困人口 1300 多万人，到 2020 年，7 年间共减少 9300 多万人，实现我国现行标准下农村贫困人口全部脱贫，成为最早实现联合国千年发展目标中减贫目标的发展中国家，不仅加快

---

① 李纪恒. 党领导民政事业取得的重大成就和积淀的历史经验［EB/OL］. 中华人民共和国民政部网站，2021-11-01.

② 中华人民共和国教育部发展规划司. 2020 年全国教育事业统计主要结果发布［EB/OL］. 中华人民共和国教育部网站，2021-03-01.

③ 国家统计局. 中华人民共和国 2020 年国民经济和社会发展统计公报［EB/OL］. 中华人民共和国国家统计局网站，2021-02-28.

了全球减贫进程，为全球减贫事业作出了重大贡献，也为其他发展中国家减贫树立了标杆，坚定了全世界消除贫困的信心。①

2021 年 7 月 1 日，习近平总书记在庆祝中国共产党成立 100 周年大会上的重要讲话中，代表党和人民庄严宣告："经过全党全国各族人民持续奋斗，我们实现了第一个百年奋斗目标，在中华大地上全面建成了小康社会，历史性地解决了绝对贫困问题，正在意气风发向着全面建成社会主义现代化强国的第二个百年奋斗目标迈进。这是中华民族的伟大光荣！这是中国人民的伟大光荣！这是中国共产党的伟大光荣！"

三、"强国"的施政理念及其对中华民族复兴的经济支撑

（一）"强国"的施政理念及其历代演变

"强国"的施政理念从字面理解，就是以增强综合国力为首要目标的政治理念，而综合国力则通过军事实力和经济实力两方面来体现。尽管国力的增强是每一位统治者都力图追求的目标，但是转化为实际行动并不容易。因此，"强国"理念的重点在于其是否能直接转化为国家综合国力的提升。

"强国"施政理念发展的第一次高潮是在春秋战国时期，此时的社会环境为强国理念的发展提供了充分的客观条件和土壤。这一时期的儒家经济思想分为两个部分，"富民"和"富国"。包括荀子在内的儒家们也对这些思想作了进一步的发展，比如荀子主张"不

① 国家发展改革委党组．决战决胜脱贫攻坚　全面建成小康社会——深入学习《习近平谈治国理政》第三卷［EB/OL］．人民网，2020-08-12.

行仁政而富之”（《荀子・离娄上》），坚持反对为了“富国”而盘剥民众，希望以德政行王道。管仲在《管子》一书中提出了原始的经济学思想。管仲主张“凡治国之道，必先富民。民富则易治也，民贫则难治也”（《管子・国蓄》）。马克思主义政治经济学告诉我们，经济基础决定上层建筑，两千年前的管仲就将增强国力的愿景寄托在了“富民”的办法上，试图通过经济上的发展来增强齐国的国力，尤其是处理好国家和民众的经济关系问题，依靠哪一方主导，财富的天平倾向于哪一方。管仲的思想较为超前，注重商业而不是单纯地抑制商业发展农业是他思想中的先进部分。墨家等学派也都对强国的思想有所涉猎，但是最符合诸侯国国君在争霸战争和兼并战争环境下迅速增强国力要求的，是法家思想。其中，商鞅和韩非子的主张更加全面和直接。

商鞅主张“国之所以兴者，农战也”，“国待农战而安，主待农战而尊”（《商君书》），商鞅认为秦国在当时的环境下，想要生存下来并称霸天下，主要在于“农”和“战”两方面，前者是注重农业生产，后者则是军事上的准备和行动。国力的增强来自扩大农业生产，限制人民的思想和其他活动，将国家的利益置于最高点，一切为战争服务。秦国变法在农业和军事上都体现了他的这一思想。荀子曰：“齐之技击不可以遇魏之武卒，魏之武卒不可以遇秦之锐士”（《荀子・议兵》）。而“战”的背后则依靠“农”予以支撑。长平之战的胜利与秦军后勤和秦国的农业生产能力密不可分。商鞅早就预见到战争对农业的需要，根据《商君书》中的计算，人均成年劳动力耕种五百亩土地才能满足一次战争需要，商鞅人为创造的小家庭就有助于分立出一个劳动力，相当于每家都多耕种一百亩土地，这样就极大增加了农业生产。①

① 叶行昆．论商鞅变法和制度创新［J］．财经研究，1999（2）：58-62.

韩非子主张“富国以农，距敌恃卒扩”，国家应该保持“无事则国富，有事则兵强”(《韩非子 · 五蠹》) 这一状态。韩非子十分赞同商鞅的变法和他的主张，所以思想上也高度契合。两人的思想都是以“富国强兵”为基础，这是最契合强国思想的主张，也是造就了秦国最终一统天下的思想基础和变法依据。

到了西汉，经济政策上先是汉文帝、汉景帝采取的“休养生息”的宽松政策带来了“文景之治”，恢复了国力。汉武帝的作为更符合“强国”施政理念，尤其是采取了桑弘羊提出的“盐铁专卖”等建议，使得国家财富大幅增加，同时由中央掌管铸币则进一步确定了中央的财权。军事上，西汉的国力此时终于足够汉武帝进攻匈奴所需，在这数十年间，汉军不断主动出击匈奴并取得了极大的成功，这一切都得益于西汉朝廷有足够的钱粮来支持这场耗费巨大的战争。

自汉代以来，“强国”施政理念采取的具体政策基本得到了固定。包括对市场部分商品由国家介入进行买卖、对盐铁等行业进行垄断、组织民众迁徙并实行重本抑末的办法、对税制和土地制度适当做出更改，不断完善军队内部的构成以及相关军民的管理政策等。比如在三国时期，曹魏政权推行了屯田制度，这是一种混合了军事政策和经济政策的尝试，极大地增强了魏国的军事实力，同时解决了粮食短缺的问题。但是专项制度本身也有局限性，比如屯民上交的粮食负担是在编农户的数十倍以上，而且生活后来越发贫困，沦为了曹魏政府的农奴。[1] 总体来看，三国中魏国的经济实力和军事实力都占据了领先的地位，这也为之后西晋再次统一打下了基础。

到唐前期，“强国”的施政理念着重于经济发展，而且政府管

---

① 童超. 论曹魏屯田的广泛推行与经营管理［J］. 中国经济社会史研究，1988（1）：12–19.

制较少，放任自由辅以管束就能使得国家更加繁荣昌盛。到开元盛世，唐帝国的综合国力达到了中国古代史的巅峰，经济上高度富裕，军事上则降服了北方的游牧民族和吐蕃，击败了入侵朝鲜的日本，西域则是一路扩张到中亚，直到大食（阿拉伯帝国）的边疆。但是紧接而来的安史之乱打破了盛世的安定局面，唐中期之后国力迅速衰弱。这一时期为了维持国家的稳定和统治，统治者采纳了许多建议，比如相传颜真卿试行的、刘晏发展并确定的对盐、茶等征税的政策，重新规划的运河航运制度，杨炎推行的“两税法”等，都是“强国”施政理念下出现的具体经济政策。军事上随着均田制的崩溃，府兵制无法提供国家所需的常备军和平叛的大量武装力量，募兵制又回到了人们的视野中，那些身经百战的职业军人所需要的财政负担让唐帝国雪上加霜，藩镇的大量出现虽然有利于帝国平定叛乱，却适得其反产生了更多失去约束的节度使和他们藩镇中的私军。唐中期之后的军事政策救得了一时的统治，却最终带来了毁灭。纵观唐朝的统治，唐前期到鼎盛时期的军事实力和经济实力确实来源于统治者对于农业的扶持和宽松的经济政策，轻徭薄赋极大地减轻了民众压力促进了经济发展，达成了“强国”的目标。中后期的不少经济政策也是尽可能延长了王朝的寿命，这也是“强国”统治下实施的一系列积极政策带来的影响。

北宋时期，王安石的变法践行了“强国”的施政理念。北宋政权面对着“冗兵冗官”“积贫积弱”的局面，尽管庆历新政做出了尝试，但因为“富国强兵”的思想有违传统儒家思想而受到了极大的阻力，传统礼教批判政府“敛财”，过于重视“钱货”的思想和行为。新政也触犯了地主阶级的利益而受到了诋毁和攻击。王安石的“青苗法”“市易法”等总结了前人的经验，能够有效增强朝廷的可用钱粮，原则上也可以缓解农民劳作压力，有助于国计民生，增强国力。“青苗法”等经济政策在推行之初确实也取得了一定的成果，国家财政状况得到好转。强兵之法中的保甲法、裁兵法、将兵法等也使得宋军战力得到了一定程度的提升，使得在西北地区原本被动的防御局面得到了改变，北宋熙宁六年（1073 年），宋军进攻吐蕃收复五州，拓地两千余里，这也在一定程度上证明了王安石的变法的效果（《临川先生文集 · 百寮贺复熙河路表》）。变法十五年使得北宋的经济实力和军事实力得到了增强。

明清之际，“强国”执政理念的思想一直延续，但是和之前的朝代相比，并没有特别的发展和创新。清末，随着国内爆发了以太平天国起义为代表的一系列反抗清王朝统治的武装暴动和西方帝国主义列强为加速对中国的侵略而展开了一系列战争，清政府面临着巨大的内外压力。为了改变国力的衰况并维护封建统治，一部分人主张学习西方科学知识来增强国力，这一批人以进行了“洋务运动”的洋务派和后期鼓励“立宪”的立宪派为代表，希望通过引进西方科学军事技术、政治和经济制度来增强国力。他们经济上注重商业和海外贸易，开设银行，创办一批现代企业和教育机构，如汉阳铁厂、开平煤矿、江南制造局、京师同文馆等，军事上组建北洋水师和训练新式陆军，政治上仿照西方建立君主立宪政体。虽然短期内减缓了国家实力的继续衰弱，增加了财政收入，但没有从根本上改变中国沦为半殖民地半封建社会的情况，没有改变清政府沦为帝国主义列强统治中国的工具的现实，没有把中国变成世界之林中的“强国”，最终全都失败了。这些“强国”政策的实施和失败拉开了充满屈辱的中国近代史序幕。近代的屈辱历史面貌只有在中国共产党带领全国人民建立中华人民共和国之后才全然改观，变得“焕然一新”，“强国”的理念才真正得到全面有效的实践。

在 1921 年中国共产党成立之时，建党纲领中就体现了“强国”

的思想。在国共第一次合作的时候，中国共产党全身心投入北伐战争中，帮助国民党整理党务，目的就是要建立一个没有军阀混战的中国，建立一个有民主协商的、人民当家做主的中国，建立一个强大统一的中国。

1949 年，中华人民共和国的成立标志着中华民族揭开了新的历史篇章。以毛泽东同志为首的党中央参考了过去几十年的革命和发展经验，运用马克思主义中国化的方法和不断实践，制定了一系列政策来帮助经济恢复。党和政府按照“公私兼顾、劳资两利、城乡互助、内外交流”的基本方针，全力恢复国民经济，取得了巨大的成果。到 1952 年，工农业总产值已经是 1949 年的 177%，达到了 810 亿元。国内经济的迅速恢复为党接下来进一步过渡到社会主义国家打下了坚定的基础。在这一时期，党已经在着手进行社会主义改造以及工业化建立的工作，随着苏联的援助和我国人民在第一个五年计划中的奋勇拼搏，到 1958 年第一个五年计划结束后，我国已经由落后的农业国转变为先进的工业国。在党的领导下，基础制造业和重工业的发展取得了长足的进步。与此同时农业集体化也取得了进步，我国的综合国力得到了显著的加强。在计划经济的指导下，我国长期维持着经济的发展和国民生活水平的提高，党建设社会主义的道路正在不断延伸。此时的中华人民共和国，已经是世界五大国之一的强国。即使在“文化大革命”期间，中国仍然完成了“两弹一星”的伟大壮举。

十一届三中全会之后，在极其复杂的世界格局下，以邓小平同志为领导核心的党中央，重新审视了社会主义发展规律和我国国情，提出了改革开放等一系列办法，让中国“富起来”。只有在强大的经济支撑下，国家发展才能继续，综合国力才能增强，人民生活水平才能提高，“强国”才能真正地实现。党在毛泽东思想、邓小平理论的领导下，不断经验内化并且提高自身水平和实力，走出了一条具有中国特色社会主义的“强国”道路。正是因为坚持改革开放，坚持使中国走向富强、人民安居乐业的目标，改革开放 40 年以来，我国取得了举世瞩目的成就。我国的经济体量和发展速度在世界上已经处于领先的水平，尽管某些领域的缺失影响了我国的发展，但是坚持中国特色社会主义市场经济和国家坚持改革开放、宏观调控的大政方针已经注定了我们离“强国”的目标越来越近了。

进入社会主义新时代，我们的奋斗目标十分清晰，就是实现中国梦，完成中华民族的伟大复兴。我国已经是经济大国，但是能否跨过中等收入陷阱，继续发展实现社会主义现代化还是需要从经济大国转为经济强国。“强国”政策在今天力争的就是把我国的经济水平进一步提高，跨过所谓的中等收入陷阱，从而实现社会主义现代化的目标。到 21 世纪中叶，我们建立的富强民主和谐美丽的社会主义现代化强国，就需要“强国”思维的始终建立和“强国”政策的对应，为强国复兴的目标提供理论指导和实践辅助。中华民族的伟大复兴，是中国共产党人对中国人民许下的庄重承诺。一百八十多年来，我们的近代史充满了血泪，中国的国力很长时间都处于非常孱弱的状态，强国的目标更是遥遥无期。但是，如今的中国共产党秉持“强国”的理念，已经完成并取得了丰硕的成果，如今的中国早已不是那个贫弱无力的农业国，也不是新中国成立之初发展的工业国，而是当今世界上第二大的经济体，是高度发展的社会主义市场经济体制下的大国，是正在向强国转变的国家。

中国共产党的“强国”思想早已贯彻到实践中去，在未来，“强国”政策引导下的中国进入富强民主文明和谐的社会主义现代化国家，已经是触手可及的目标，中华民族的伟大复兴一定可以实现。

（二）新时代“强国”施政理念及其政策体系的实施

党的十八大以来，中国特色社会主义进入了“新时代”。以习近平同志为核心的党中央坚强领导着全国各族人民向社会主义现代化的新征程不断砥砺前行。进入新时代以来，习近平总书记数次发表了“强国”相关讲话和著述，强国战略下的具体措施由此一个个呈现在世人面前，“网络强国”“人才强国”“农业强国”“教育强国”“科技强国”等，一个包含着全领域各方面的伟大规划和蓝图，正在不断落地并化为系统的政策，推动着中国逐渐成为现代化强国。

党的十八大以来，以习近平同志为核心的党中央，大力推动发展方式转变，坚持以高质量发展为主题、以供给侧结构性改革为主线，全面贯彻新发展理念，加快构建新发展格局，团结带领全党全国各族人民推动经济社会发展取得历史性成就、发生历史性变革，如期全面建成小康社会、实现第一个百年奋斗目标，迈上全面建设社会主义现代化国家、向第二个百年奋斗目标进军的新征程。《2022 年国民经济和社会发展统计公报》显示，2022 年，我国 GDP 达 121 万亿元，这是继 2020 年、2021 年连续突破 100 万亿元、110 万亿元之后，再次跃上新台阶。按年平均汇率折算，我国经济总量达 18 万亿美元，稳居世界第二位。人均 GDP 为 85698 元，按年平均汇率折算达 12741 美元，继续保持在 1.2 万美元以上。在习近平总书记提出的“人类命运共同体”倡议下，主导共享共赢发展的“一带一路”不断扩大合作对象和涵盖范围，进博会的举办和海南自贸区的建设启动都为对外经济贸易和国内市场的发展带来了强烈的反应。截止到现在，我国推动《区域全面经济伙伴关系协定》（RCEP）生效实施，建成全球最大自由贸易区。货物进出口总额年均增长 8.6%，突破 40 万亿元并连续多年居世界首位，吸引外资和对外投资居世界前列。政治上，政府出台一系列的行政改革方案，包括国务院在内的公务员体系进行了部门精简，做好向服务型政府的转型。不断加强党的全民领导，提升政治素养，加强法治建设。生态文明上，坚持绿水青山就是金山银山，人大数次通过表决将生态保护写入宪法、刑法、民法等法律中，对保护环境的活动提供财政拨款和补贴，做好生态治理。

从经济大国向经济强国的转变不仅仅是 GDP 的增加，而且是产业的升级，是高精尖产业的发展带来的核心竞争力。2016 年 5 月 30 日，习近平总书记在全国科技创新大会、两院院士大会、中国科协第九次全国代表大会上的讲话提出，“科技是国之利器，国家赖之以强，企业赖之以赢，人民生活赖之以好。中国要强，中国人民生活要好，必须有强大科技。新时期、新形势、新任务，要求我们在科技创新方面有新理念、新设计、新战略”。2017 年以来，中美贸易战已经给我们敲响了警钟，面对西方国家的制裁，我们在芯片制造、半导体行业、操作系统上都受到了很大的冲击，这让我们意识到我国的制造业和高精尖行业虽然大，却并不强。在党中央的领导下，中央和地方各级政府不断完善政策，设立配套专项资金，引导企业成为创新主力军。我国的科技水平和高精尖行业已经有了很大的发展。党的十八大以来出台一系列鼓励研发和创新的政策，研发经费保持高速增长态势。2012 年突破 1 万亿元；2019 年突破 2 万亿元；2022 年突破 3 万亿元，是全球第二大研发经费投入经济体，已连续 7 年保持两位数增长。2022 年我国研发经费投入强度为 2.54%，比上年提高 0.11 个百分点，提升幅度为近 10 年来第二高。研发经费投入强度水平在世界上位列第 13。[①] 在国家政

① 中华人民共和国中央人民政府. 研发投入首超 3 万亿元说明什么［EB/OL］. 中华人民共和国中央人民政府网站，2023-09-20.

策支持下，在 5G 通信行业建设，我国已经处在世界前沿。FAST 射电望远镜和托卡马克装置的稳定性测试，还有以登月计划和“天宫”空间站为主的一些航天科学技术的发展也让世界为之瞩目。2023 年政府工作报告对我国科研领域取得的成就进行了总结：“构建新型举国体制，组建国家实验室，分批推进全国重点实验室重组。一些关键核心技术攻关取得新突破，载人航天、探月探火、深海深地探测、超级计算机、卫星导航、量子信息、核电技术、大飞机制造、人工智能、生物医药等领域创新成果不断涌现。”

习近平总书记提出，“国有企业做强做优做大”。在党的“强国”战略领导下，推进装备制造业发展的大背景下，以大型国有企业为代表的中国船舶制造行业近年来就取得了丰硕的成果。从“第一造船大国”到“第一造船强国”已经成为如今船舶行业国企改革发展方向和行业目标。在党的领导和政府支持下，军用、民用船舶市场形势良好，中国船舶持有市场单量居于世界第一位，对于 LNG 在内的高附加价值船型和特种设备制造始终保持着自己的独特竞争力。在 20 世纪末，船舶制造行业还是以日韩为主，但是仅仅半个世纪不到，中国就已经成为船舶行业名副其实的大国。目前我国船舶产品种类丰富、管理和建造水平都得到了长足提高，科学技术水平全面发展。“世界第一造船强国”已经是触手可及的目标，这一切都离不开党“强国政策”的支持。船舶行业的从大到强其实就是“强国”对中国发展影响的一个缩影，一个生动形象的案例。

“强国必须强军，军强才能国安。”习近平总书记提到，“军队首先是一个战斗队，必须坚持一切建设和工作向能打胜仗聚焦”。人民军队是维护我国社会主义建设在和平状态下稳定推进的根本保证，党的新时代强军目标要建立一支听党指挥、能打胜仗、作风优良的现代化人民军队。党的十八大以来，人民军队不断完善内部结构，增强政治学习，提升信息化现代化作战能力，取得了重大成果。在武器装备上，得益于新时代“强国”政策的重要作用，在经济发展下有更多的资金可以投入新型装备的研发和生产，得益于“强国”思想下对装备制造业和国有企业的大力投入，军工系统可以生产出先进的武器装备，歼 –20、运 –20、直 –20 都是航空工业的明珠，新一代的 055 大型驱逐舰和福建舰航空母舰凸显了军舰制造领域的重大进步，东风 41 弹道导弹和新一代的长征运载火箭体现了我国航天领域的伟大成就。装备了新式武器，经历了军事改革的人民解放军有能力、有信心担起保卫祖国的重任，成为维护世界和平的重要力量。

2021 年 11 月，习近平总书记在中国共产党第十九届中央委员会第六次全体会议上讲到，“我们党在不同历史时期有不同奋斗目标和工作任务，但这些目标和任务总体上都服从服务于为中国人民谋幸福、为中华民族谋复兴。今天，我们比历史上任何时期都更接近、更有信心和能力实现中华民族伟大复兴的目标。在新的起点上，全党必须保持战略定力、锚定战略目标，牢记‘国之大者’，在实现中华民族伟大复兴的历史进程中跑好属于我们这代人的这一棒”。未来，全党和全国人民要紧密地团结在以习近平同志为核心的党中央周围，在实现第二个百年奋斗目标的伟大征程中，创造更加辉煌的业绩，为把我国建成现代化强国不懈奋斗！

第三章　建设创新引领、协同发展的产业体系

习近平总书记强调，现代化经济体系是由社会经济活动各个环节、各个层面、各个领域的相互关系和内在联系构成的一个有机整体。要建设创新引领、协同发展的产业体系，实现实体经济、科技创新、现代金融、人力资源协同发展，使科技创新在实体经济发展中的贡献份额不断提高，现代金融服务实体经济的能力不断增强，人力资源支撑实体经济发展的作用不断优化。

目前，中国实体经济规模总体呈上升趋势。2021 年中国制造业比重占 GDP 的 27.4%，制造业增加值为 31.4 万亿元，占全球比重近三分之一，连续十二年位于世界首位，建设适宜发展的产业体系对拉动实体经济具有不可磨灭的重要作用。

尽管中国拥有联合国产业分类中的全部工业门类，且近年在产业分工、产业关联、经济复杂度层面逐步发展，但分工依旧围绕于低技术需求行业，未能形成生产创新闭环领域，无法在国际市场上占据主动话语权且并未掌握垄断地位的核心技术，依旧存在“卡脖子”问题。面对不同于以往主要依靠要素投入实现经济发展和产业规模的扩张，随着创新和科技发展，国内传统产业的成本优势逐渐

被弱化，绝大多数产业转型升级更多依靠机器、新兴技术实现高效率高质量生产。金融方面，更具现代化、国际化的金融业态表现出强创新性，例如新型金融业态、互联网金融的出现打破了国有银行的金融垄断型地位，降低了金融准入门槛，产生除银行以外的金融企业或投资方式，以券商板块、保险板块、信托、期货等为代表的非银行金融形式发展迅速。与此同时，要素配置逐渐转化为内生自主型，政府对资源配置及市场的决定性作用内生自主型模式逐渐转变，人才资源的灵动性加强，打破僵化管理模式，为高端人才资源的流动提供便利、创造更多可能，政府对科技创新的管理模式更多偏向服务型，以企业、高校或其余科研单位为主体的创新力量增强，更易灵活多变找准修补技术缺口，寻求技术发展新形态，同时也为高端人才资源的流动与交流减少障碍。

在以罗默等为代表的经济学家得出的纳入生产要素的生产函数中，不同于物质资本与劳动力的规模报酬递减，科技创新与人力资本具有规模报酬递增性，能够为经济增长提供不竭动力。而金融工具与金融业的发展也会对实体经济带来助推，因此，不论是发展科技、吸纳人才还是着重关注金融的作用都是有必要的。

一、推动科技创新在实体经济发展中的份额不断提升

（一）科技创新对于构建产业体系的重要性

习近平总书记在中共中央政治局就建设现代化经济体系进行的第三次集体学习中表示，使科技创新在实体经济发展中的贡献份额不断提高，就要加快构建国家制造业创新体系，通过完善以企业为主体、需求为导向、产学研深度融合的技术创新体系，建成一批高

水平制造业创新中心、培育一批创新型领军企业。

发展科学技术对稳定经济产业的作用在数十年前即有所展现，最初体现在发展科学教育事业。科学教育文化战线下形成的浓厚创新氛围为20世纪我国建设成为社会主义强国奠定了坚实基础。新型材料和新能源等现代科学技术成果被广泛应用于工农业生产，进一步推动实现生产机械化、电气化、水利化、自动化、高速化，大幅提升了劳动生产率，实现各项经济指标的接近赶超，推动国防事业不断发展。十一届三中全会前后，社会主义建设遭受重大冲击，面临诸多重大挑战，科学教育文化事业受到严重摧残。在社会主义同资本主义的斗争中，四届人大一次会议前后，党中央、国务院相继召开铁路会议、冶金会议、国防工业会议等重要会议，对工农财贸教军科等方面工作进行了修正与整顿，在国家特色产业尚未成型时期显示出对国民经济和工农科教的重视程度，为建设产业结构和稳定国民经济打下深厚基础。

现阶段，我国依旧非常重视科技创新在构建产业体系中的重要性。2016年我国颁布了《国家创新驱动发展战略纲要》并提出三步走战略目标，2017年出台《关于建设第二批大众创业万众创新示范基地的实施意见》，推动创新创业资源向双创示范基地集聚，2018年出台《关于进一步加强科研诚信建设的若干意见》，为加强科研诚信建设，营造诚实守信的良好科研环境，2018年科学技术部出台的《科技统计工作管理办法》要求建立健全常规科技统计工作体系；2019年出台《关于抓好赋予科研机构和人员更大自主权有关文件贯彻落实工作的通知》要求深入推进科技体制改革，赋予科研单位和科研人员更大自主权。2022年政府工作报告中提出，为形成有助于成熟产业体系的科技创新框架，要深入实施创新驱动发展战略，巩固壮大实体经济根基，就要提升科技创新能力、加大企业创新激励力度、增强制造业核心竞争力、促进数字经济发展。通过实施基础研究十年规划，加强长期稳定支持，提高基础研究经费占全社会研发经费比重提升经费投入；通过实施科技体制改革三年攻坚方案，强化国家战略科技力量，加强国家实验室和全国重点实验室建设，发挥好高校和科研院所作用，改进重大科技项目立项和管理方式，深化科技评价激励制度改革来实现体制的变迁与改革；支持各地加大科技投入，开展各具特色的区域创新，推进国际科技合作、加快建设世界重要人才中心和创新高地，完善人才发展体制机制，弘扬科学家精神，加大对青年科研人员支持力度，让各类人才潜心钻研、尽展其能；强化企业创新主体地位，持续推进关键核心技术攻关，深化产学研用结合，促进科技成果转移转化；加强知识产权保护和运用、促进创业投资发展，创新科技金融产品和服务，提升科技中介服务专业化水平；加大研发费用加计扣除政策实施力度，对企业投入基础研究实行税收优惠，完善设备器具加速折旧、高新技术企业所得税优惠等政策，对企业创新给予大规模资金支持，从而促进企业加大研发投入，培育壮大新动能。此外，国家也很重视增强制造业核心竞争力，通过加强原材料、关键零部件等供给保障，实施龙头企业保链稳链工程，维护产业链供应链安全稳定，同时引导金融机构增加制造业中长期贷款，启动一批产业基础再造工程项目，促进传统产业升级，大力推进智能制造，加快发展先进制造业集群，实施国家战略性新兴产业集群工程；着力培育“专精特新”企业，在资金、人才、孵化平台搭建等方面给予大力支持，从而推进质量强国建设，推动产业向中高端迈进。

（二）科技创新助推经济高质量发展

习近平总书记在中国共产党第十九次全国代表大会上的《决胜全面建成小康社会　夺取新时代中国特色社会主义伟大胜利》报告

中指出，我国经济已由高速增长阶段转向高质量发展阶段，正处在转变发展方式、优化经济结构、转换增长动力的攻关期，建设现代化经济体系是跨越关口的迫切要求和我国发展的战略目标。要想提高科技创新在实体经济发展中的贡献份额、进一步发展促进实体经济发展的科技创新体系，首先要明白经济高质量发展的内涵和进一步推进科技创新的途径。质量指通过经济发展从而能够满足人民实际需求的使用价值特性，高质量强调发展经济在供给侧、需求侧共同调控下达到的统一高效的发展形态，当前的经济高质量发展是现有的经济条件下、在“创新、协调、绿色、开放、共享”五大新发展理念的基础上迎合人民需求，达到更高水平的发展目标，其中，是否满足人民日益增长的美好生活需要是必要前提，也是评价是否高质量发展的判别标准。2022 年政府工作报告中提到，实施基础研究十年规划，加强长期稳定支持，提高基础研究经费占全社会研发经费比重；实施科技体制改革的三年攻坚方案，加强国家实验室和重点高校学科、重点实验室建设，发挥高校和科研院所的引领作用，改进现有的重大科技项目立项和管理的方式，深化科技评价激励措施机制改革。推动科普工作实施，加快推进国际科技交流合作。加大对青年人才的创新鼓励支持力度，解决科研人员尤其是青年科研工作者的生活顾虑。

从确立科技创新立国的基本国策，到加强科技战略能力建设，再到促进科技创新转变，科技创新一直出现在政府工作报告之中。而实体经济的发展逐渐趋缓，工业增加值增长呈现出下行趋势，国际范围的劳动力、原料等要素禀赋成本上升，国内国际不同行业内外竞争增加，都对实体经济产生了影响，实体企业在此金融脱离实体经济发展的情况下出现不稳定资金流，亦不利于形成以企业为主体的科技创新体系。科技创新能够成为经济高质量发展的重要内涵和实现途径，要依靠创新驱动发展战略、紧跟要素驱动带来的资源分配不均的问题。要充分意识到不仅是因为创新驱动发展的模式具有高附加值、高效率等特征，更因为原来的要素驱动不能解决经济发展中的“生产要素报酬递减”“稀缺资源瓶颈”“新型需求供给不足”“产业结构调整不到位”等问题，而这些问题归根结底要通过技术创新来解决。

（三）建设现代化高标准的技术创新体系

如何切实可行地推进科技创新使其更好地服务于实体经济？这既要考虑到当今我国对科技发展的要求，也要考虑到实体经济面临的问题。对于如何推动科技创新，总书记的讲话中将其总结为完善以企业为主体、需求为导向、产学研深度融合的技术创新体系，建成一批高水平制造业创新中心，培育一批创新型领军企业等。

要打造产学研深度融合的技术创新体系，包括打造“技术创新中心—制造业创新中心—产业创新中心”三位一体的全方位、多层次、复合型科技创新平台系统，包括由技术创新中心牵头重组国家（工程）实验室体系，由制造业创新中心负责本领域新型研发机构、科技企业孵化器的指导和评价工作，由产业创新中心统筹协调各地政府产业引导基金和产业空间管理；组建“制造业创新中心 +”模式的科技中介服务机构，发挥制造业创新中心在专家认证匹配、创投资金募集、项目投资落地等方面的专业优势、信息优势和影响力优势，促进创新资源高效对接与循环；探索“价值创新园区 + 制造业创新中心”的“一园一心”模式，实现供应链招商向价值链招商转型升级，发挥制造业创新中心的创新引领作用和产业带动作用，助力优质中小企业发展迈进。要深化“产教科”融合，完善创新人才供给体系科技创新研发最关键的因素是人才，科技成果转化也同样离不开人才发挥其主观能动性。在传统制造向智能制造转变的时代背景下，要吸引更多优秀青年投身先进制造业和高技术制造业，为制造业人才提供知识技能展示、交流、精进的平台，形成把握行业技术发展动向、对接国内外优质资源的制造业创新中心，使相关人才培养方案更加贴近技术前沿、贴近市场需求；产学研一体的制造业创新中心能够较全面地了解行业企业偏好差异，精准推动产教融合、校企合作，并能满足不同层次、不同类型学校、企业的育人诉求。

二、以金融创新高质量服务实体经济

2022 年《中共中央关于制定国民经济和社会发展第十四个五年规划和二〇三五年远景目标的建议》明确提出，要推动经济体系优化升级，推进产业基础高级化、产业链现代化，提高经济质量效益，其中金融是推动产业结构升级的重要因素。2023 年 10 月 31 日召开的中央金融工作会议将防范和化解风险作为金融工作的永恒主题，会议强调，金融是国民经济的命脉，是国家核心竞争力的重要组成部分，要加快建设金融强国，通过加强金融监管、完善金融体制、优化金融服务、防范化解风险等举措，坚定不移走中国特色金融发展之路。做好金融工作意味着做好金融对实体经济的服务工作，金融通过对实体经济的支撑作用推动我国产业结构升级，金融发展使落后地区可以享受到便利的金融产品和服务包括信贷、保险等，有助于改善落后地区金融环境和居民消费水平，促进中小企业创新，为当地经济发展提供经济增长点并加快产业调整，此外，数字经济的出现也为金融数字化发展带来了更多可能。

从现有文献来看，金融发展对经济发展的促进作用已经被众多学者证实。首先，金融是推动我国产业结构调整的直接动力。随着我国经济下行压力增大，经济结构亟须转型升级，金融的发展和金融体系的完善能够提高资源配置效率，缓解社会融资约束，促进企业研发和创新，激发经济活力，促进经济增长；发展金融能够通过影响信贷、资源分配的规模和方向进而影响信贷资源配置效率，并为产业融合提供金融服务和资本支持，从而加速产业融合和优化升级；金融深化和金融体系的建立促进经济增长和居民收入提高，居民的“收入效应”改变了需求结构，进而影响供给，推动产业结构调整升级；金融深化也能通过影响技术进步的方式推动经济发展，促进传统产业转型的同时催生新兴产业，促进产业结构的高级化与合理化，进而推动经济增长。中国人民银行数据显示，2022 年 1—7 月人民币贷款累计增加 14.35 万亿元，直接体现出金融对实体经济支持力度持续加大。

（一）金融助推产业结构变迁

为构建支持实体经济发展的金融体系，首先要明确金融对产业结构的推动作用：通过增加金融服务覆盖广度和深度，一方面提高金融服务的便利性和可得性，使得金融机构能够更方便地吸收社会闲置资金，增加社会资金供给，降低融资成本，提升资金的使用效率；另一方面提升资金分配效率，为投融资提供更宽广渠道。金融体系的完善有助于破解我国经济中长期存在的金融抑制，破除产业结构转型升级桎梏，从宏观层面上提高资源配置效率，更充分发挥资金和金融对高新产业的推动作用，提升金融发展与产业升级的耦合。

1. 发挥数字化优势，深化普惠金融

数字普惠金融显著促进了绿色经济增长，应进一步完善数字基础设施建设，继续推进数字普惠金融体系发展。数字基础设施是普

惠金融发展的有力支撑，应加快大数据、5G 技术、人工智能等方面的建设，促进数字普惠金融与绿色产业的深度融合，扩大数字金融的覆盖广度并提高数字化程度，激发数字普惠金融潜能。要关注数字普惠金融发展的区域差异，推动数字普惠金融的发展，应实施因地制宜策略，不同地区由于经济、区位、历史等原因，使得普惠金融的发展存在较大差距。所以，不同地区应根据各自的实际情况实施差别化的数字普惠金融政策，鼓励地区间对数字普惠金融发展经验进行交流。要完善市场环境，加快推动城镇化进程。数字普惠金融的健康持续发展离不开政府的作用，但政府不应过度干预，应发挥出政策引导功能、市场调节功能，为普惠金融发展创造出竞争性的市场环境。另外，当前我国城镇化水平与发达国家相比仍然较低，需进一步加快推进城镇化进程，为数字金融、普惠金融促进经济绿色提供更多动力。

2. 充分运用数字技术，完善数字中国整体布局

要充分利用大数据、云计算、数字技术等新兴领域优势发挥实现普惠金融、数字金融、数字经济形态。要注重数字经济领域发展，为促进数字经济发展、加强数字中国建设整体布局，要建设数字信息基础设施，逐步构建全国一体化大数据中心体系，推进 5G 规模化应用，促进产业数字化转型、发展智慧城市、数字乡村，加快发展工业互联网，培育壮大集成电路、人工智能等数字产业，提升关键软硬件技术创新和供给能力。完善数字经济治理，培育数据要素市场，释放数据要素潜力，提高应用能力，更好赋能经济发展、丰富人民生活。在发展数字金融、普惠金融方面，既要重视对经济贡献大的产业与城市，也要注重生产效率暂时较低、经济发展或金融发展情况不领先的产业与地区。现阶段基于互联网发展起来的数字金融，通过改变传统金融服务模式的方式促进了较落后

地区的经济高质量发展。对于发展尚不发达地区，数字金融及其各维度水平提升能够促进区域结构红利释放，因此地方政府也应该积极应对数字金融，从经济发展大局出发，在现有国家和城市数字金融发展的基础上，参考相似县域数字金融发展战略，推出具有本地特色的数字经济发展规划，并设定本地区数字金融和数字经济的发展目标，以指导本地区金融和数字经济发展。任何地区的数字金融和数字经济的发展都需要市场的参与，发展数字金融的目的是为了让金融更好地服务实体经济，和科技创新类似，发展数字金融也需要企业和居民等经济主体的参与，进而实现数字金融与实体经济的融合。要实施动态化、差异化的政策应对数字金融。优势城市在数字金融方面也应发挥自身的领先优势，为较落后地区发展数字金融、实现数字金融与实体经济高效融合提供可复制、可借鉴的经验，也要避免过度重视数字金融而对实体经济产生负外部效应。此外，数字金融只有与实体经济相融合才能促进经济发展，这种融合的前提是建立在县域人力资本水平较高的基础上，因此提升本地区的人力资本水平也很重要；此外还应鼓励商业银行为弱势经济体提供针对性服务，以解决其融资难问题，从资本要素角度提升技术效率，进而促进中小企业高质量发展，鼓励经济主体利用数字金融发展平台，加快推进实体经济的数字化，最终实现经济高质量发展的目标。

此外，金融发展的深度和规模两个方面在推动产业结构高级化和合理化发展中都发挥了重要作用。金融发展推动产业结构升级具有区域差异性，在东部地区，金融发展能够促进产业结构高级化发展，但对产业结构合理化发展影响不明显，而在西部地区，只有金融发展规模的增加才能带动产业结构的合理化发展；区域创新也会通过影响金融发展影响产业结构升级，即金融发展深度和金融发展规模可以通过促进区域创新能力的提升带动产业升级转型，推动产业结构的高级化和合理化发展。

（二）提升金融服务实体经济质效

为了更好发挥金融发展在推动产业结构升级中的作用，在金融发展方面，继续深入推进金融体系的改革与完善，推进区域金融发展，加强金融工具与服务的创新应用，丰富金融服务产品，降低企业融资成本，提高金融资源分配效率。同时，鼓励数字普惠金融与金融科技的发展，构建体系完备功能健全的现代化金融体系，增强金融活力、提高效率，充分发挥金融服务实体经济的功能，为产业结构高级化与合理化发展提供金融支持，提高经济发展质量；在金融发展推动产业结构升级的区域差异方面，在落实区域经济发展战略的基础上应注重推动不同区域协调发展，加大对西部地区的政策激励和资金扶持力度，提高区域内传统产业的科技含量，积极引导第三产业的创新发展，提高区域经济发展水平；另外要增加教育投入，提高教育质量与水平，为培育新业态、新模式提供更多高质量的人才，加大科学技术投入，加强科研创新成果的转化、推广与应用，提高区域创新能力，以创新带动产业升级；科技创新作为金融发展影响产业结构升级的桥梁，在推动我国产业升级转型的过程中需要合理利用科技创新优势。加强金融领域的技术创新，创新金融服务与金融工具，在互联网技术的基础上加强金融数字化发展，改善金融基础设施，推动金融深化，带动消费升级；加快建设以政府为主导，政府、企业、科研院所及高校紧密联系和有效互动的产学研创新体系，更好地服务于产业结构升级，进而推动经济高质量发展。

（三）提升金融风险的防范化解能力

1. 强化国有资本管理

国有金融资本是指国家及其授权投资主体直接或间接对金融机构出资所形成的资本和应享有的权益。凭借国家权力和信用支持的金融机构所形成的资本和应享有的权益，纳入国有金融资本管理，法律另有规定的除外。2018 年，中共中央、国务院在《关于完善国有金融资本管理的指导意见》中提出，国有金融资本是推进国家现代化、维护国家金融安全的重要保障，是我们党和国家事业发展的重要物质基础和政治基础，国有金融机构是服务实体经济、防控金融风险、深化金融改革的重要支柱，是促进经济和金融良性循环健康发展的重要力量。近年来，我国国有金融资本规模稳步增长，实力日益壮大，管理体制机制不断健全，国有金融机构改革持续推进，运营效益明显提升，为促进社会主义市场经济平稳健康发展做出重要贡献。当前国有金融资本管理还存在职责分散、权责不明、授权不清、布局不优、配置效率有待提高、法治建设不到位等问题，需要进一步完善国有金融资本体制机制，优化管理制度。未来要认真贯彻落实党中央、国务院决策部署，按照全国金融工作会议要求，继续发挥国有金融资本的重要作用，依法依规管住管好用好、坚定不移做强做优做大国有金融资本，不断增强国有经济的活力、控制力、影响力和抗风险能力。

2. 提振金融监管能力

现阶段我国对金融资本发展做出了较详细要求，在以习近平新时代中国特色社会主义思想为指导的前提下，全面贯彻党的二十大和 2023 年中央金融工作会议精神，坚持和完善社会主义基本经济制度，以依法保护各类产权为前提，以提高国有金融资本效益和国有金融机构活力、竞争力和可持续发展能力为中心，以尊重市场经济规律和企业发展规律为原则，以服务实体经济、防控金融风险、深化金融改革为导向，统筹国有金融资本战略布局，完善国有金融资本管理体制，优化国有金融资本管理制度，促进国有金融机构持续健康经营，为推动金融治理体系和治理能力现代化，保障国家金融安全，促进经济社会持续健康发展提供强大支撑。

要毫不动摇地巩固和发展公有制经济，保持国有金融资本在金融领域的主导地位，保持国家对重点金融机构的控制力，发挥党的领导的政治优势和制度优势，将其最大化为金融治理效能；要通过法治思维和法治方式推动国有金融资本管理制度创新。加强国有金融资本的统一管理、穿透管理和统计监测，强化国有产权的全流程监管，落实全口径报告制度；要厘清金融监管部门、履行国有金融资本出资人职责的机构和国有金融机构的权责，完善授权经营体系，清晰委托代理关系。放管结合，健全激励约束机制，严防国有金融资本流失；要聚焦制约国有金融资本管理的问题和障碍，加强协调，统筹施策，理顺管理体制机制，完善基本管理制度，促进国有金融资本布局优化、运作规范和保值增值，切实维护资本安全；要落实全面从严治党要求，加强国有金融机构党的领导和党的建设，推动管资本与管党建相结合，保证党的路线方针政策和重大决策部署不折不扣贯彻落实。最后达到法律法规更加健全、资本布局更加合理、资本管理更加完善、党的建设更加强化的目标，建立健全国有金融资本管理的“四梁八柱”，优化国有金融资本战略布局，理顺国有金融资本管理体制，增强国有金融机构活力与控制力，促进国有金融资本保值增值，更好地实现服务实体经济、防控金融风险、深化金融改革三大基本任务。优化国有金融资本配置格局，明确国有金融资本出资人职责，加强国有金融资本统一管理，明晰国有金融机构的权利与责任，以管资本为主加强资产管理，防范国有金融资本流失，要优化国有金融资本管理制度，健全、落实、严格国有金融资本基础管理制度。加强金融机构和金融管理部门财政财务监管，促进国有金融机构持续健康经营，最终实现加强统筹协调、明确责任分工、细化目标任务、强化督促落实，确保国有金融资本管理得到有效加强。

三、以高素质人力资源保障经济行稳致远

（一）建设人才强国的现状与目标

在世界各国的任何发展阶段，人才资源一直处于战略地位，人才引进制度亦在不断发展。人才是第一资源，发展是第一要务，要实现经济社会的高质量发展，必须选好用好高质量人才，要坚持人才引领发展的战略地位，深入实施人才强国战略。人才事业在党和国家的工作中占据重要地位。习近平总书记围绕增加研发投入、提升世界人才吸引力、创新自主人才培养模式等方面，着眼2025年、2030年、2035年三个时间节点，提出了建设世界重要人才中心和创新高地的战略目标："到2025年，全社会研发经费投入大幅增长，科研创新主力军队建设取得重要进展，顶尖科学家集聚水平明显提高，人才自主培养水平不断增强，在关键核心技术领域拥有一大批战略科技人才、一流科技领军人才和创新团队；到2030年形成适应高质量发展的人才制度体系基本形成，创新人才自主培养能力显著提升，对世界优秀人才的吸引力明显增强，在主要科技领域有一批领跑者，在新型前沿交叉领域拥有一批开拓者，最终在2035年形成我国在诸多领域人才竞争比较优势，国家战略科技

力量和高水平人才队伍位居世界前列。”[①] 总体强调对顶尖人才的培养和形成完善的人才保障制度体系。2021 年国务院印发《全民科学素质行动规划纲要（2021—2035 年）》提出在十四五时期推动设立科普专业，推动高等师范院校和综合性大学开设科学教育本科专业，扩大招生规模的目标，通过广泛开展科学普及活动，加强青少年科学兴趣引导和培养，形成热爱科学、崇尚创新的社会氛围，提高全民科学素质，解决各地区、各人群科学素质发展不均衡的问题，通过加强专职科普队伍建设，建立高校科普人才培养联盟，加大高层次科普专门人才培养力度，提高教师科学素质、将科学精神纳入教师培养过程、将科学教育和创新人才培养作为重要内容、加强新科技知识和技能培训等措施，切实履行好全民科学素质行动实施牵头职责，会同相关部门推动上述举措有效落地，壮大科普人才队伍、强化科普供给，满足公众日益增长的科普需求。2022 年 4 月在人社部职业能力建设司负责人就《推进技工院校工学一体化技能人才培养模式实施方案》答记者问时，负责人强调，技工院校工学一体化人才培养同样重要，目前技能人才总量短缺、结构失衡的问题突出，迫切需要加快培养既有扎实职业技能、又有较强就业能力的高素质技能人才，因此要建立现代技工教育教学体系，以培养学生综合职业能力为目标，提高学生就业能力和综合职业素质，开展工学一体化工作是实现技工院校人才培养模式变革、提升技能人才培养质量的重要突破口，要着力实现从知识灌输向能力培养转变、从课堂教学向生产教学转变、从书本教学向实践教学转变；适应加快培养制造业高质量发展急需人才的客观要求；深化技工院校改革创新的内在要求。工学一体化培养模式将工作过程和学习过程

---

① 新华社．习近平出席中央人才工作会议并发表重要讲话［EB/OL］．中国政府网，2021-09-28．

融为一体，符合干中学要求，目标在“十四五”时期，分重点推进、持续推进、全面推广三个阶段逐步推进工学一体化教学模式，通过修订工学一体化课程标准和课程方案，部署地方和院校开发其他专业的工学一体化课程标准，新增、确定、遴选建设院校和工学一体化师资研修基地，最终在力争在2025年实现“百千万”目标，带动广大技工院校继续深入推进实施工学一体化培养模式。

从制度上落实适合国情的改革方案和建立制造业人才发展规划，着重培养不同类型、眼光长远、国际视野的人才，储备高素质劳动者，探究国家、企业劳动者三个主体之间的关系，建立明确的人才配置机制并做好后续跟进方案，从而对现有制度进行修正，从思想上科普人民对人才的认知符合现代化、实际化、客观化，明确当前国家建设对各层次人才的需求是客观公平的，从环境上创造适宜人才发展流动的科研环境、就业环境、待遇环境、生活环境，从国际上利用我国的区位优势等加强国家间、院校间、企业间人才交流合作，这是当前我国对待人才资源的总体举措，最终实现“到2035年，形成我国在诸多领域人才竞争比较优势，国家战略科技力量和高水平人才队伍位居世界前列”的目标。使人力资源支撑实体经济发展的作用不断优化，就要落实好新时期产业工人队伍建设改革方案和制造业人才发展规划指南，培养一大批具有创新精神和国际视野的企业家人才、专家型人才和高级经营管理人才，建设知识型、技能型、创新型的劳动者大军。

（二）寻求人才共同发展平衡点

要明确并寻求人才与国家、企业与国家间利益关系平衡点，避免忽视人才资源对生活的追求，减少因资源配置不合理而造成资源未能合理利用的情况。在21世纪初，我国政府就发布《关于在留学人才引进工作中界定海外高层次留学人才的指导意见》，构建国内人才培养体系的资金投入和优化对人才的培养政策，其中指出，要主动、积极地吸引海外高层次留学人才回国工作或为国服务；我国三部门联合印发的《制造业人才发展规划指南》指出要依托“千人计划”，引进海外高层次领军人才、创新创业人才。当今国际环境下，要做好人才引进的环境保障顶层设计、完善人才培养激励机制、跟进人才培养的合理评价机制，要发挥运用经济优势、国际交流机遇，为人才资源保驾护航。

保障人才集聚，可优先在创新水平较高地区发展高水平人才高地，并完善所在地区的人才政策。经济水平发展较高、基础设施较完善、社会福利较好、相关措施公开完善的地区，更容易吸引人才，可优先发展此类地区的人才聚集优势并开展试点，起到先发展地区带动后发展地区的作用。但此类更适用于科技资源运用的发展区域并且需要各类政策的加持，如果仅凭此类措施，全国各地的人才政策无法得到平衡发展，会加大地区差异和经济发展不平衡。因此也要注重人才流动机制、为人才流动提供社会服务便利或福利，建立青年人才激励政策与荣誉认定，保护真正一线科研工作者的工作热情与切实利益，鼓励人才尤其是青年人才投身科学文化事业。要构建合理的评价保障机制，设立专门机构对建设人才培育评定体系中的指标进行有效评价，将问题及时反馈解决，针对人才发展建设完善评价机制，对科研工作者及科研成果进行分类评价，按照不同特点设置相符评价标准，做到公平有效。

通过对人才引进政策进行利益关系分析可以发现，在国家、企业存在就业缺口的单位、劳动者或人才为主体形成的人才引进制度框架下，国家政策的制定和市场实际需求共同决定了人才引进的成本与质量，同时，对外引进人才对国内人才就业造成压力和影响也不能忽视；企业或用人单位会在保证利益最大化的前提下追求较低成本、较高利润；劳动者亦会从理性人角度进行分析寻求适宜就业或研发机遇。同时，也要与其他国家加强合作交流，例如在政策上签订共同合作协议、鼓励企业高校之间的联合培养，在政策上针对外来人才两国建立彼此便利、互利共生的机制，通过订立相关协议、共同分享科技资源与相关科学知识成果等，目标是将全球范围内的先进科技成果与本国资源进行重组配置，从而收获最大利益，并能够对人才引入做出贡献。仅仅依靠国内力量难以形成建设世界重要人才中心和创新高地的保障机制，要加强国际交流与合作，亦应发挥我国现有的国际地位优势、区位优势、贸易优势等，注重国际影响力的提升，有利于直接吸引本籍外籍人才流入和国际合作。在制定相关人才政策战略时，要面向世界前沿、紧跟世界发展大势、向世界一流水平看齐，学习制定总体战略目标。通过引入外来人才，能够更好加强与国外科研工作者的交流，集合全球可利用科技资源，致力于核心科技突破，积极促进国家之间合作，共同致力于世界创新水平的提升，实现合作共赢。同时也要注意人才的走出去、走进来二者缺一不可，要强调人才的流动性而非一味进入或引出，只有充分学习不断交流，才能够发现各国之间的短板和缺口，促进优势项目相互融合、互补学习。

（三）合理运用多要素储备人才大军

善于通过人才引进、人才培养两大方面举措建设现阶段高素质人才储备大军。在人才引进方面，应细化人才引进标准、分级制度、打分机制、定期考评机制，营造积极公正的考评环境与浓厚的工作氛围；落实对引进人才的待遇补贴，做好引进人才的生活保障工作；发挥各地区优势，推动地区间人才流动，缩小区域间差距；做好海外人才引入工作，并平衡好其对国内人才引进与就业带来的压力；在人才培养方面，从直接支持配套设施建设、教育培训、技能互通实现三方面进行，致力于打造劳动者层次丰富的人才大军。总体而言，形成政策引导、构建不同层次人才友好的就业环境。

完善详尽的人才遴选标准，着力确保人才引进保质保量，注重社会总体福利。要形成以创新带动人才发展的氛围，健全重要人才中心和创新高地的保障机制。对于人才发展而言，人才选拔是第一步也是非常关键的一步，做到选拔人才公正有效是选拔机制的重中之重，但是在现实操作中却存在各种缺口。人才选拔作为一种制度，以教育作为支撑，然而现今教学体制仍需完善，不利于对学生实践操作能力培养。因此要优化人才创新环境，激发科研人员创新积极性，注重将人才资源转化为科技创新成果，才能提高国家总体创新水平。要注重科技创新成果应用于科技服务业，促进第三产业发展，优化产业结构。同时，传统产业可以基于创新链转型升级，优化生产要素投入，提高产品附加值，促进社会供给侧结构性改革。科技要素也可以向企业集聚，提高企业生产管理的效率，创造更多社会财富。一些污染密集型产业可以通过对生产技术进行升级，减少对环境破坏，绿色创新有助于经济持续健康发展，这是经济转型发展不可忽视的环节。为人才营造良好社会风尚。习近平总书记强调，广大科技工作者要继承发扬老一辈科学家的优良品质，增强社会责任感，积极承担服务人民、报效祖国的责任。建立健全世界重要人才中心和创新高地的保障机制，是对人才和创新制度层面的保障，在一定程度上提高人才的待遇及社会地位，展现国家对人才和创新的重视，有助于为人才发展和创新工作的开展营造良好社会风尚。国家和群众的支持对人才起到激励作用，有利于强化人才的报国之心与社会责任感，担负起时代赋予的使命，将自己的知识与精力投入到科研工作中，转化为一系列科技创新成果。提高国家在科创领域的国际地位，建设世界重要人才中心和创新高地是科技领域的巨大成就。科技实力在国家综合国力中占比越来越大，科技领域的竞争已成为各国之间竞争的关键因素。对国内而言，科技水平在今后会得到更快提升，科技成果应用之后综合国力也会得到全方位增强。对国际社会而言，建成之后也会造福其他国家。在信息化发达的社会，科学技术与人才资源表现出更强的流动性，同时其愈加频繁高效的国际流动一定程度上促进了世界范围内的技术交流与进步。作为体量与责任感兼具的发展中经济体，中国积极推动世界范围内科技成果和人才资源的交流共享，主动促进跨领域技术交流融合，并对科技发展较为落后的国家地区给予科技帮扶。无论是自身综合国力的提升，还是对世界的贡献，这些都有利于提高国家在世界科技创新领域的国际地位，强化大国形象与担当。

四、建设中国特色产业体系

（一）发挥科技、金融、人力资源的协同优势

生产与形成系统产业结构的最终目的是为了满足人类切实需求，但这并不一定是生产的直接目的。注重科技创新、优化现代金融服务能力、发挥人才优势可能并不会在短期内直接带来巨大经济效益。因此，在分析构建我国产业体系进程时，绝不能将科技创新、金融体系、人力资源发挥的作用与对实体经济的架构割裂开，三者之间的互补替代、共同作用触发了要素禀赋的关联与分配，从而实现经济发展最终目的。

金融科技领域的腾飞发展是极生动的例子，是三者协同发展的体现之一。继大数据、云计算、5G 技术后，数字经济时代的到来

使得数据资源与数据要素禀赋占据更重要的地位，随着技术变迁和科技创新不断发展，逐渐明确的金融科技推动了金融产品和业务模式创新，不仅改变和重塑了传统金融的服务模式与发展格局，而且对金融市场产生了重大且深远的影响。现有的金融科技领域一方面指的是从科学技术视角阐释金融科技内涵，改革传统金融的支付、融资、投资及货币运行，降低金融行业成本，提高金融行业效率；另一方面指前端科技产品、金融模式、技术创新对金融市场形成的实质改变。在全球数字经济发展理念不断改革发展的时代，以数字普惠金融、数字货币与数字资产、人工智能、区块链、云计算、大数据、5G 技术等一系列技术为代表的各领域变革，对金融行业产生冲击，推动实现了金融供给侧结构性改革与经济更高水平和更高质量发展，以科技创新为基础的科技金融能够稳定作用于实体经济领域，再形成循环反哺新一轮科技创新和需求挖掘。随着金融科技投融资规模不断扩大，区域创新中心逐渐出现，网络融资、普惠金融带动小微企业、院校、新兴科研单位巩固创新成果，为高素质人才流动提供便利和机遇。金融科技的资源配置效应从减少信息不对称、降低准入成本、提升风险控制能力三方面增强了金融功能和提升了金融效率，提升了服务实体经济的能力，拓宽服务实体经济的范围，例如大数据征信技术能够为小微企业提供高效的普惠金融服务，借助大数据云计算的金融科技服务能够为各类需要人群提供投资与理财选择，为低收入地区人群提供创业机遇与相关知识，改善区域收入差异，提高轻资产小规模企业生产研发积极性，形成产学研深度一体体系。

（二）优化协同配套政策，建立激励机制

应注重配套设施与政策跟进，加强风险管理，优化安全合规管理，并建立适宜激励机制。注重经费投入来源，一方面直接支持，政府要加强对科技尤其是前端技术、前沿科技研发的资金支持，另一方面间接支持金融科技结合产业的发展，促使形成成熟稳定的生产模式与产业链。直接支持中，一要注重对基础设施的建设，增加相关行业的资金投入规模，优化财政支持资金结构，合理建立大规模科技创新基地，为技术创新、成果转换保驾护航；二要注重对研发人才及人力资源的资金保障，通过全面落实研发政策、企业优惠政策，激发研发积极性。间接支持则注重做好安全保障机制和监督管理体系，保障好资金投入的规模性、安全性、稳定性。要加强风险防范管理，建设监管体制、提升监管能力。构建反欺诈体系，实施金融风险管控。在加强金融科技风险防范管理过程中，要构建反欺诈体系与实施金融风险管控，进而推动金融科技创新风险防范管理体系协调并进。培养金融科技风险意识，实现新形势下的反欺诈。如尽可能发掘银行数据价值，根据银行数据的质量、数据的有效性和数据的真实性实施欺诈防控。

（三）防范协同风险，强化管控体系

防范协同风险需要在原有风险防范基础上创新管理体制并合理运用新兴技术手段。以金融科技为例，金融科技将整个金融服务的链条向外延展所带来的业务风险外溢，必须采用新技术管控业务风险外溢途径；创建金融业务模式与行为合规管理体系，在数字金融、大数据、云计算、区块链和人工智能等新兴技术助力金融业务发展的同时，必须注重金融业务模式与行为合规管理体系建设，并且运用新兴技术手段实现金融业务高效合规管理。一方面，金融合规管理体系运用新兴技术手段可减少相关人员和技术投入，大幅降低金融业务模式与行为规范化成本；另一方面，金融合规管理运用新兴技术可降低合规复杂性，增强合规能力，从而提高金融机构的运行效率。例如，金融机构通过采集各类风险信息、抓取业务特征数据等方式，可以提高金融业务模式与行为的合规管理统一性，缓解金融业务模式与行为的规则滞后性，增强金融业务模式与行为合规穿透性，为规范金融业务，尤其是数字金融的业务模式与行为提供重要保障。打造智能风险防范与管理体系。建立智能反洗钱体系。智能风险防范与管理体系可推动大数据、区块链和云计算等新兴技术在整个金融部门中的稳健运用，通过建立反洗钱系统，并运用新兴技术创新反洗钱应用场景，对洗钱交易行为进行智能检索，对贸易融资交易背景和趋势进行调查研究，对反洗钱要求进行差异化响应。打造智能风险控制体系。智能风险控制体系是利用金融科技来推进智能风控体系建设，是以银行为核心的金融机构稳健发展的生命线。就智能信用风险防范而言，金融机构通过风险数据集，运用新兴技术，整合金融机构内部信息与外部数据，依托风险模型、风险监控和预警、风险计量和报告，推动实现金融机构信用风险管理防控。就智能市场风险防范而言，在市场风险的识别、分析、评估、测算和监控过程中，必须积极推动新兴技术在金融资金业务系统中有效运用，如风险限额指标在监控和审查金融资金交易过程中实现风险预警。就智能操作风险防范而言，可运用新兴技术打造操作风险数据集和审计数据分析系统，实行自动化监控。此外，创建网络和数据安全保护体系以提升网络安全和数据保护能力。网络安全体系创建要通过监测各类信息资产安全状态，以安全事件管理为流程，以各个环节为协同，融合新兴技术，形成完整的网络安全防御体系。建设金融监管体制，提升金融监管能力，要积极发挥监管科技重要作用。金融科技的重要组成部分之一就是监管科技，监管科技不仅有助于实现实时把控金融市场状态、动态匹配调整监管政策，而且还能促使金融机构无缝对接监管政策，增强其金融业务风险的主动防控能力。因此，监管科技主要通过探索前沿数字技术在监管领域的应用，通过构建金融科技生态体系，有效应对由新金融业态诱发的金融风险，有利于提高监管部门的监管效能，降低金融机构运行成本，有效应对监管业务不断增加的复杂性和紧迫性，促进金融科技的稳步健康发展。虽然具有数字化、智能化、实时性、预测性、共享性等重要特征的监管科技，为金融机构处理监管合规和风险控制等问题提供了解决方案，但其也面临一定程度的挑战，如监管科技无法完全实现人工监管作用、与现场监管功能相去甚远、监管科技的标准化体系尚未健全、监管科技技术风险仍有可能发生、监管科技的成本高昂。为此，必须从制定监管科技发展规划、健全监管科技政策管理体系、规范监管科技技术标准、强化数据治理体系、推动监管端与合规端协作发展、培育监管科技产业生态环境、加快监管科技制度化进程、加强技术应用风险防控等方面构筑监管科技长效机制。积极应对金融科技创新的差异化监管要求。构建适应区域层面金融科技创新差异化监管要求的监管政策体系和法律法规，以平衡金融科技创新与金融科技稳定发展之间的关系。应积极分析结合当今金融科技背景下各类历史理论与实践，为我国推动监管体制机制变革创新提供重要的依据。

未来，为构建适宜发展的产业体系，实现深化科技创新改革、金融行业机制转变、高素质人才高效快速流动是大势所趋，完善协同发展机制，推动促进科技创新对实体经济提供供需支持、现代金融为实体经济筑牢根基、人力资源发挥核心主体作用，从结构、质量、数量等角度综合调整研发投入产出结构、成果转化率、产出规模，优化金融产业融资结构、服务质量、产业规模，改善部门人才资本等要素配置结构、人力资本效率与质量、劳动力数量质量特征，致力于构建实体经济、科技创新、现代金融、人力资源供需平衡、协同发展的产业体系。要不断深化体制变革，找准不同行业下的科技创新定位，探索有应用价值的科技成果，企业进一步发挥主体作用，增强企业之间、企业内部的沟通协同、共同创新机制，实现轻型敏捷的组织结构，在管理上革新传统的部门内部机构设置模式，形成以业务为导向的就业部门设置。要着力培养复合型人才、尖端人才，人才资源是实现产业变革、产业结构优化、形成现代稳定产业体系中基础关键的一部分，也是推动产业生产、经济进步以及可持续发展最重要的力量，此外，复合型人才资源能够推动多产业人才集聚、完善人才支撑体系、优化人才创新环境，要注重国际化、复合化人才培养机制，培养具备国际视野、掌握复合技术、能够将理论熟练应用于迎合人民切实需求的新型人才。要构建信息资源共享平台，发挥数字经济优势，致力发展并合理利用基础设施，为技术流动、金融、服务行业等各行业提供掌握信息、学习技术的机会。科技方面，为企业为主体的科技产业机构或院校提供合作交流机会、实现技术流动结合，发挥政府在一定范围内配置科技创新资源的职能，通过平台及时公布动态资源，优化相关服务资源的配置方式，此外，建立多功能多种类公共服务体系平台，例如科技研发、知识产权、国际科技交流合作、科技大数据、成果转化、创业孵化等公共服务平台，有助于探索政府社会共同合作的运行机制，达到政府资源配置最优解，为中小企业提供精准有效的专业点对点服务，建立实现以企业为主体、集聚高校科研院所等高端创新要素为辅的科技创新体系。总之，应发挥科技创新、现代金融、人力资源三者协同优势，贯彻落实创新驱动发展战略，建设形成根基稳固、顺应时代发展要求的现代化产业体系。

第四章　建设统一开放、竞争有序的市场体系

建设统一开放、竞争有序的市场体系，是经济社会发展到一定阶段的必然要求，是现代化经济体系的重要支撑和重要组成部分，也是实现市场在资源配置中起决定性作用的前提和基础。①

习近平总书记强调，要实现市场准入畅通、市场开放有序、市场竞争充分、市场秩序规范，加快形成企业自主经营公平竞争、消费者自由选择自主消费、商品和要素自由流动平等交换的现代市场体系。一是营造宽松便捷的市场准入环境。建立统一公开透明的市场准入制度；深化商事登记制度改革，推进“多证合一”，提高便利化服务水平；完善市场主体退出机制；为小微企业创造良好环境。二是营造公平有序的市场竞争环境。破除地方保护和市场分割，打通制约经济循环的关键堵点，加快建设高效规范、公平竞争、充分开放的全国统一大市场；加强重点领域市场监管，依法规范企业生产经营行为，促进市场健康发展；强化竞争执法力度，打击制售假冒伪劣商品违法行为；推动质量监管，实施商标品牌战略。三是营造安全放心的市场消费环境。坚守安全底线，加强日常

---

① 何立峰主编．建设现代化经济体系［M］．北京：人民出版社，2019：73．

消费领域、新消费领域市场监管；强化重点人群消费权益保护；加强农村市场监管，着力构建长效机制。

一、营造宽松便捷的市场准入环境

（一）建立统一公开透明的市场准入制度

市场准入制度，是指政府准许自然人、法人进入市场从事经营活动的法定条件和程序规则的总称，是政府对市场管理和经济发展的一种制度安排。[①] 具体地讲，市场准入制度可分为一般性市场准入制度和特殊性市场准入制度。一般性市场准入属于从宽准入和基本准入，主要体现为企业设立登记制度；特殊性市场准入则主要体现为行政审批许可制度。[②]

1. 我国市场准入制度的演变

我国市场准入制度的产生和发展有着深刻的经济与社会根源。20 世纪 70 年代以前，我国实行的是计划经济体制，所有的经济行为都由国家调控。陈云同志就指出，计划太死，包括的东西太多，结果必然出现缺少市场自动调节的部分；因为市场调节受到限制，而计划又只能对大路货、主要品种作出计划数字，因此生产不能丰富多彩，人民所需日用品十分单调。[③]

从 20 世纪 70 年代末到 80 年代后期是计划经济到市场经济的过渡期。市场准入制度也随着改革开放的逐步展开而建立起来。这一时期，国家针对过去经济体制内存在的权力过于集中、吃大锅饭

---

① 李昌麒．经济法学［M］．北京：法律出版社，2007．

② 李翊楠．我国市场准入制度中的所有制歧视分析［J］．当代财经，2016（4）：14．

③ 三中全会以来重要文献选编（上）［M］．北京：中央文献出版社，2011：62-64．

的弊病，作出了初步改革，在计划指导下进一步搞好市场调节。确立国家与全民所有制企业之间的正确关系，扩大企业自主权，提升企业和劳动者的积极性。[①] 重新恢复了对工商企业的登记制度，允许个体工商户在法律和政策许可的范围内从事工业、手工业、商业、交通运输业、建筑业、饮食业及其他行业，鼓励个体私营经济发展，使得进入市场的主体不再限于国家和集体。颁布《中华人民共和国中外合资经营企业法》（1979 年），从法律上确认了境外主体进入中国办企业的资格。但由于受传统观念的影响，知识产权保护不到位，且当时的制度安排主要是进行营业登记，审批程序复杂，没有赋予工商企业民事主体地位，工商企业不具有法人地位。[②]

从 20 世纪 80 年代后期到 90 年代中期是社会主义市场经济体制确立时期，与之相适应的市场准入制度初步形成。1988 年，国务院相继颁布《中华人民共和国中外合作经营企业法》《中华人民共和国企业法人登记管理条例》和《中华人民共和国私营企业暂行条例》。1990 年，国家工商局发布了《企业法人的法定代表人审批条件和登记管理暂行规定》。这一系列法规的出台，标志着我国企业登记开始从营业登记转向企业法人登记。1993 年，《中华人民共和国公司法》的颁布，确立了真正的法人机制，确立了市场主体之间的平等原则，为按市场机制实现资源配置最优化提供了可能。1995 年，对外经济贸易合作部（后改为商务部）颁布《关于设立外商投资股份公司若干问题的暂行规定》，正式承认外商投资股份

① 十一届三中全会以来党和国家重要文献选编［M］. 北京：中共中央党校出版社，2015：137.

② 盛世豪. 试论我国市场准入制度的现状与改革取向［J］. 中共浙江省委党校学报，2001（3）：35.

有限公司的法律地位，促进了中国经济结构的调整和产业开放。总的来看，这一时期的市场准入制度存在着透明度不够、公平性不足、差异对待各类市场主体、行政机关过分干预等问题。

从 20 世纪 90 年代中期至今，随着社会主义市场经济的高速发展，市场准入制度逐步完善。2003 年 10 月，十六届三中全会明确指出，放宽市场准入，允许非公有资本进入法律法规未禁入的基础设施、公用事业及其他行业和领域。[①]2005 年 2 月，国务院颁布《关于鼓励支持和引导个体私营等非公有制经济发展的若干意见》，强调了“平等准入、公平待遇”原则。2006 年，国有垄断企业的改革开始在全国开展。2010 年 5 月，国务院又颁布《关于鼓励和引导民间投资健康发展的若干意见》，指出“市场准入标准和优惠扶持政策要公开透明，对各类投资主体同等对待”。然而，随着经济全球化程度不断加深，我国实行以正面清单为基础、以行政许可为主导的市场准入制度的弊端越发显现。这种模式一方面压缩了市场的自发活动空间，压制了企业的创新欲望和创新能力，降低了经济的内在活力；另一方面却又过分地放大了政府的权力作用空间，不断滋生权力寻租和腐败，扭曲了资源的优化配置，提高了经济社会运行成本。此外，民间资本进入金融、石油、电力、铁路、资源开发等领域仍存在较大隐性障碍，如体制壁垒、地方保护主义、政策执行中的附加条款、准入审批中的“潜规则”等。2013 年以来，我国建立多个自贸区，推行负面清单管理制度，通过经济改革来推动贸易自由化和实现政府职能转变。党的十九大报告明确指出，全面实施市场准入负面清单制度，清理废除妨碍统一市场和公平竞争的各种规定和做法，支持民营企业发展，激发各类市场主体

① 十六大以来重要文献选编（上）[M]. 北京：中央文献出版社，2011：466.

活力。[①]

2. 实行统一的市场准入制度，建立公平开放透明的市场规则

全面实施市场准入负面清单制度。推行“全国一张清单”管理模式，严禁各地区各部门自行发布具有市场准入性质的负面清单，维护清单的统一性、严肃性、权威性。各类市场主体可依法平等进入清单之外的领域。建立市场准入负面清单动态调整机制和第三方评估机制；建立统一的清单代码体系，使清单事项与行政审批体系紧密衔接、相互匹配；建立市场准入负面清单信息公开机制，提升准入政策透明度和清单使用便捷性；建立市场准入评估制度，定期评估、排查、清理各类显性和隐性壁垒，推动“非禁即入”普遍落实。

配合国家重大区域战略出台放宽市场准入的《特别措施》。《特别措施》不是简单放开负面清单上的准入事项，而是选定适合目标区域现阶段发展需要的领域，以市场主体需求为中心，以加快产业落地为导向，针对产业链各个环节存在的体制机制问题，综合提出放宽准入限制、优化准入环境、提供配套支持等一揽子政策措施。在海南、长三角、粤港澳大湾区等重大战略区域，继续部署一批放宽市场准入的特别措施，充分发挥相关地区市场条件较好、要素资源汇集等优势，在全国率先探索具备复制推广价值的改革经验，进一步缩减市场准入负面清单，以建立更加开放透明的市场规则。

完善市场准入效能评估指标，稳步开展市场准入效能评估。聚焦市场准入负面清单制度是否全面有效落实、许可准入事项办理是否便捷高效、违规问题投诉举报渠道是否畅通、市场主体对落实情况是否满意等重点维度，结合地区基础条件差异，进一步完善市场准入效能评估指标。从清单措施透明情况、隐性壁垒工作情况、审

① 十九大以来重要文献选编（上）[M]. 北京：中央文献出版社，2019：24.

批效能提升情况、网上办理便捷情况等方面着手，稳步开展市场准入效能评估。充分利用数字中国建设成果，加强效能评估信息化应用支撑能力。

（二）深化商事登记制度改革

商事登记是指经商主体或经商主体的筹办人，为了设立、变更或者终止其主体资格，依照商事登记法规定的内容和程序，向登记机关提出申请，经审查核准后，将登记事项记载于登记簿的法律行为。在现代社会中，商事登记是一种规范商事主体和市场秩序的重要制度，是商事主体取得和保持对外公示资格的合法依据，是交易相对人或社会公众了解商事主体情况的途径，也是理顺社会、政府与市场三者之间关系的重要手段。①

1. 我国商事登记制度改革的实质

我国有关商事登记的一系列法规是随着社会经济的发展而逐步构建的。1950 年，政务院（后改为国务院）颁布了《私营企业暂行条例》，清理整顿各类型企业，重新登记发证，取缔非法经营。改革开放后，随着经济体制的转变和对外政策的需要，国家相继出台了《中外合资经营企业登记管理办法》（1980 年）、《工商企业登记管理条例》（1982 年）、《公司登记管理暂行规定》（1985 年）等多个工商登记法规。直到 1988 年，政府又颁布了《中华人民共和国企业法人登记管理条例》及其施行细则，正式以企业法人登记制度取代了工商企业登记制度。之后，《公司登记管理条例》（1994 年）和《公司登记管理若干问题的规定》（1998 年）进一步规范了公司登记行为。由于我国的商事登记制度脱胎于计划经济体制向市场经济体制转型的过渡期，不可避免地表现出一些计划经济时期政府包办的思想，注定了其结构和内容的不成熟性及变迁性。随着

① 林刚．深圳商事登记制度研究［D］．武汉：华中师范大学公共管理学院，2015：1．

市场经济的不断发展完善，商事登记制度存在的弊端逐渐显现，如重准入轻监管、重管制轻服务、重权力轻责任、许可事项多、审批周期长、企业注册难等。而深层次问题则是行政管理体制问题。因此，要想充分释放市场活力、更好实现社会公平，就需要对商事登记制度进行改革。过去，我国国家层面的法律、行政法规和部门规章以及司法解释中都没有对“商事登记”作明确界定，主要是商法学界和行政法学界的理论探讨。而根据实际情况来看，商事登记是登记机关行使公权力对商事主体和商事权利进行管理和干预的职权行为。这是一种依据行政相对方的申请而作出的行政行为。所以商事登记制度改革实质是行政体制改革，核心是转变政府职能，明确行政职责。①

2. 我国商事登记制度改革取得明显成效

党的十八大以来，以习近平同志为核心的党中央高度重视优化营商环境，各地各有关部门大力简政放权，创新宏观调控方式，通过放宽市场准入门槛、厘清“证”“照”功能关系、提升登记服务水平等一系列商事改革举措，为市场主体松绑减负，形成了大众创业、万众创新的新局面。2013 年 11 月，党的十八届三中全会决定对商事登记制度进行改革，推进工商注册制度便利化，削减资质认定项目，由先证后照改为先照后证，把注册资本实缴登记制逐步改为认缴登记制。②2014 年 2 月，国务院出台了《注册资本登记制度改革方案》，提出放松市场主体准入管制、严格市场主体监督管理、依法维护市场秩序等多项改革举措。随后李克强总理在《关于深化经济体制改革的若干问题》中指出，要推动工商登记制度改革，向

① 黄爱学. 我国商事登记制度的改革、创新与发展——评深圳和珠海商事登记立法[J]. 法治研究，2013，83（11）：79-84.

② 十八大以来重要文献选编（上）[M]. 北京：中央文献出版社，2014：517.

市场、向社会放权，激发社会投资和创业热情，增强市场主体发展信心。[①]3月，注册资本登记制度改革在我国全面实施，新版营业执照正式启用，被社会各界高度关注的全国企业信用信息公示系统正式上线，当日系统的访问量达18879次。[②]8月，国家工商总局（后改为国家市场监督管理总局）印发《关于做好工商登记前置审批事项改为后置审批后的登记注册工作的通知》，要求积极稳妥推进“先照后证”改革。2015年2月，国家工商总局副局长刘玉亭在国务院政策例行吹风会上表示，商事制度改革一年来，总体上取得了重大突破，全国新登记注册市场主体1333.59万户，同比增长17.67%。[③]6月，《国务院关于大力推进大众创业万众创新若干政策措施的意见》指出，要加快实施工商营业执照、组织机构代码证、税务登记证“三证合一”“一照一码”，推进全程电子化登记和电子营业执照应用，支持各地结合实际放宽新注册企业场所登记条件限制，推动“一址多照”、集群注册等住所登记改革。[④]2016年10月，商事登记制度改革再提速，在全国全面推行营业执照、组织机构代码证、税务登记证、社会保险登记证和统计登记证“五证合一”登记制度，进一步简化证照办理流程，更好地激发企业活力。

党的十九大报告指出，要深化商事制度改革，打破行政性垄断，防止市场垄断。[⑤]第一，继续推进“多证合一”改革。李克强总理就此作出重要批示，这项改革的目标是要将信息采集、记载公示、管理备查类的一般经营项目涉企证照事项，以及企业登记信息

---

① 十八大以来重要文献选编（上）[M]. 北京：中央文献出版社，2014：781.

② 国家市场监督管理总局. 商事登记制度改革一年大事记 [EB/OL]. 中华人民共和国中央人民政府网站，2015-03-04.

③ 同上.

④ 十八大以来重要文献选编（中）[M]. 北京：中央文献出版社，2016：567.

⑤ 十九大以来重要文献选编（上）[M]. 北京：中央文献出版社，2019：24.

能够满足政府部门管理需要的涉企证照事项，进一步整合到营业执照上，使其成为企业唯一“身份证”，实现“一照走天下”。[①] 第二，加快推动省级信用信息共享平台的进一步完善。实现部门间的企业基础信息和相关信用信息共享，让信息多跑路，避免让企业重复登记、重复提交相同材料。第三，全面推进企业登记全程电子化。充分利用互联网技术、大数据技术等，使各类企业的设立、变更、注销、备案等业务均可网上办理，努力实现信息化技术与企业登记业务的高度融合。第四，建立完善电子营业执照系统。登记机关通过全程电子化系统，依法核准企业登记后，系统将自动生成电子营业执照，并通过国家企业信用信息公示系统向社会公示，依法向申请人发放电子营业执照。形成实行电子签名、防伪造、防篡改、防抵赖等信息安全保证功能的签发管理和应用管理体系。第五，加快企业名称登记管理改革。优化申请审核流程，进一步扩大名称自主申报试点范围，全面开放省、市、县三级企业名称库，向社会公众提供查询比对服务，提高企业名称登记效率。然而，随着改革的持续深化，原有登记管理制度又暴露出立法分散，登记规则、登记程序不统一等问题，亟须出台一部统一的市场主体登记立法。2021 年 8 月，国务院制定公布了《中华人民共和国市场主体登记管理条例》（以下简称《条例》），自 2022 年 3 月 1 日起正式施行。这是我国制定出台的第一部统一规范各类市场主体登记管理的行政法规，为保护市场主体合法权益、维护市场秩序提供了法治保障。《条例》施行首月，在全国新冠疫情严峻形势下，新设市场主体 295.0 万家，同比增长 19.3%，其中企业 83.5 万家、同比增长 8.9%，农民专业合作社 1.2 万家、同比增长 0.3%，个体工商户 210.3 万家、同

---

① 叶学平．新时代中国现代化经济体系建设［M］．武汉：武汉大学出版社，2018：159.

比增长 24.2%。[①]

总的来看，我国商事登记制度改革取得明显成效。据统计，2013 年以来我国每年新增市场主体平均超过千万户，登记在册的市场主体总数由 2012 年的近 5500 万户，增长至 2022 年 6 月末的 1.6 亿户，增长了约 1.9 倍。[②]

3. 以《条例》实施为契机，建设更加完善的市场主体登记管理制度

抓好《条例》及其配套规章的贯彻落实工作。推动形成公平公正、高效规范、可预期的市场准入和监管规则体系，优化营商环境，为服务构建新发展格局、促进高质量发展提供有力支撑。

聚焦市场主体诞生、发展、退出“全生命周期”，创新注册登记举措。加大“证照分离”改革推进力度，强化线上流程，继续推动“一次办结”“最多跑一次”工作。更好统筹“四扇门”改革措施，依托“两张清单”联动调整机制，加快构建简约高效、宽进严管的行业准营规则。建立全国统一的登记注册数据标准和企业名称自主申报行业字词库，逐步实现经营范围登记的统一表述，提升全国互通互认互用效力。

实现智慧和信用赋能，提高便利化服务水平。利用数字化、网络化、智能化的经济与社会发展大趋势，充分发挥市场主体信用制度基础性作用。完善信用信息登记、归集、公示、抽查、经营者异常名录、失信惩戒、“双随机、一公开”等制度，加强电子政务基础设施建设，全面推进“互联网 +”，加速构建政务数据要素体系，

---

① 国家市场监督管理总局. 市场监管总局召开 2022 年第一季度例行新闻发布会 [EB/OL]. 中华人民共和国国家市场监督管理总局网站，2022-05-11.

② 商务部国际贸易经济合作研究院. 中国市场主体发展活力研究报告（2022 年上半年）[EB/OL]. 商务部国际贸易经济合作研究院网站，2022-08-16.

持续提升政务服务便利化水平，建设更加开放透明、规范高效的现代化市场体系。

（三）完善市场主体退出机制

市场主体退出，是指市场主体因法定事由的出现，临时或永久、主动或被动终止市场主体经营资格并依法办理注、吊销登记的市场行为，是市场机制优胜劣汰的必然结果。具体来讲，市场主体退出分为主动退出和强制退出两种。主动退出是指市场主体按照自己或投资人的意愿，由于自身歇业、到期清算、合并或分立、宣告破产等内部原因申请注销，从而丧失市场主体资格而退出市场。强制退出是指依据法律法规、行政命令或司法裁判，市场主体被责令停产、停业、撤销、关闭，被吊销许可证或营业执照、撤销特许经营资格（许可证）等，丧失市场主体资格而退出市场。

道格拉斯·诺斯认为，有效率的经济组织是经济增长的关键。[①] 而市场主体退出机制就是政府为了有效地配置社会资源、防止市场无序竞争、提高经济运行效率，通过具体的行政主管机关核准和注、吊销，对退出市场的主体资格进行规制的一项制度。[②]

1. 我国市场主体退出机制评析

（1）商事制度改革前，市场主体退出机制存在的问题

法律法规不健全，各类型市场主体退出机制不同。我国自1978 年开始发放营业执照确认市场主体以来，出台的约束市场主体的法律法规有一千余种，但其中绝大部分都是针对市场准入、市场交易及市场竞争。有关市场退出的规章解释较少，且权责不明、

① 道格拉斯 · 诺斯，罗伯斯 · 托马斯．西方世界的兴起［M］．厉以平，蔡磊，译．北京：华夏出版社，2014.

② 宋玉池．论市场主体退出机制的建构与完善［J］．中国工商管理研究，2006（7）：30.

相互冲突。另外，不同的主体类型，其退出市场经营活动的方式也不尽相同。比如，公司和非公司企业法人领取营业执照半年后未开业或开业后自行停业连续6个月或1年以上，可给予吊销处罚，但《个人独资企业法》和《农民专业合作法》没有这方面的规定。而对个人独资企业逾期不年检行为，如果按《企业年度检验办法》中企业逾期年检吊销营业执照的规定执行，又与《行政处罚法》相悖。

注销与吊销关系混淆，主动退出比被动退出成本高。注销是企业在进行清算后明确债权债务的一种主动行为，而吊销是登记机关对违法企业的一种行政处罚。但在实际操作中，由于吊销对企业来说没有任何成本，而正常的注销程序过于繁杂，一般要经过清算、公告、完税、注销账户等数道手续，费时费力费钱。于是，很多人便将注销与吊销等同起来，用吊销营业执照代替注销登记行为，把最为严厉的行政处罚方式变成了"最佳退出渠道"。江西省2002年度统计情况反映，主动注销而退出的企业占12.5%，因违法被吊销或撤销的企业占87.5%。[①] 这样做的后果就是市面上出现大量占用名称资源和监管资源的"僵尸企业"，它们处于吊销与未注销的尴尬境地，明明都是已经歇业的市场主体，但法律上并没有真正退出市场。有关部门每年都要耗费高昂的行政成本，通过年检对其进行清理，严重扰乱了市场经济秩序。

利用监管漏洞，非法退出市场逃避债务。有些市场主体基于拖欠银行贷款、逃避债务等目的，在已停产、半停产、连年亏损或资不抵债的情况下拒不办理注销登记，往往被动等待登记机关吊销执照，以此逃避清算。部分企业被吊销营业执照后未及时上缴执照正

① 宋玉池．论市场主体退出机制的建构与完善［J］．中国工商管理研究，2006（7）：31．

副本、印章等，甚至利用它们进行商业诈骗或从事其他违法活动，严重破坏了市场生态。此外，由于缺乏对恶意退出的市场主体的惩戒机制，债权人无力追偿债务，合法权益得不到有效保护。[①]

（2）商事制度改革后，市场主体退出机制存在的问题

无序退出的市场主体日益增多，异常名录数量虚高。党的十八大以来，随着商事制度改革不断推进，市场准入门槛降低，市场主体登记注册越发便捷，以致企业和个体工商户的数量大幅度增加。过去10年，我国民营企业数量翻了两番，从1085万户增长到4457万户。[②]而《企业年度检验办法》和《个体工商户验照办法》被《企业经营异常名录管理暂行办法》与《个体工商户年度报告暂行办法》所取代。以加强信用监管为核心，将不能履行相关规定的市场主体设置为异常并公示成为事中、事后监管的主要方式。[③]但由于注销程序烦琐、花费时间长、注销成本高等问题，大量市场主体一直存在“注销难”及无序退出的现象，既耗费高昂行政成本，又造成经济统计数据失真，使异常名录数量虚高，影响政府决策。此外，现行制度要求企业主动公示自身受到行政处罚和知识产权出质登记的信息。企业若不主动公布，将被认定为经营异常，导致异常名录的数量进一步扩大。

异常名录管理有缺陷，耗费大量行政成本。国务院颁布的《企业信息公示暂行条例》指出，未按照条例规定的期限公示年度报告或者未按相关部门责令的期限公示有关企业信息的，企业公示信息

---

① 庞桂婵. 完善市场主体退出机制相关问题的思考［J］. 消费导刊，2009（3）：57.

② 经济日报. 过去10年数量翻两番，社会贡献不断增大——民营经济创新创造活力进发［EB/OL］. 中华人民共和国中央人民政府网站，2022-07-08.

③ 陶利军. 商事制度改革前后市场主体退出机制比较探究［J］. 中国工商管理研究，2014（12）：28.

隐瞒真实情况、弄虚作假的，通过登记的住所或者经营场所无法联系的企业，将列入企业经营异常名录。但出现上述几种情况，只能说明市场主体资格的异常，而不是经营行为的异常。监管人员以此为依据，难以辨别这些异常市场主体的实际情况——究竟是正常经营但不知道或忘记或懒于履行公示年报义务，还是已经歇业但没有履行注销手续？这就暴露出异常名录管理性质不明确、分类不科学的缺陷。另外，将企业移入和移出异常名录都是具体行政行为，要求主管机关在有限的工作日内完成。若市场主体对移入异常名录有异议的，还可以申请行政复议和提起行政诉讼。因此，如果严格执行异常名录管理，有关部门将耗费大量的时间、金钱、精力。

简易注销工作有待完善。2014 年，《国务院关于促进市场公平竞争维护市场正常秩序的若干意见》提出，完善市场退出机制，简化和完善企业注销流程，对个体工商户、未开业企业以及无债权债务企业试行简易注销程序。2017 年，在全国范围内全面推行企业简易注销登记改革。2019 年，各部委又联合印发了《加快完善市场主体退出制度改革方案》，进一步探索简化普通注销程序。但随着相关工作的实施，一系列潜在问题也逐步显现。一是未明确不同登记类型的简易注销程序规定。如在不同类型市场主体的登记规范中，有对注销公告不同的法律要求。二是税务前置影响注销流程。“多证合一”后，由于税务登记证与企业营业执照绑到了一起，办理注销登记时须先知会税务部门，由后者出具清税证明。但在有些情况下，税务部门会先提出异议，再组织核查。核查后确属未开业、无债权债务的企业可能因为这次异议灭失了简易注销的资格。虽然国家税务总局针对这一情形，印发了《关于进一步优化办理企业税务注销程序的通知》，然而具体程序还有待监督落实。三是适用范围较窄。非上市股份公司、企业分支机构和农民专业合作社等市场主体还不能适用简易注销登记。四是注销申请容错率低。

2. 建立便利、高效、有序的市场主体退出制度

完善法律法规，坚持保护各方合理权益。市场主体退出是市场竞争机制和行政监管的必然结果，与市场准入一样，都是市场经济体制中不可或缺的组成部分。加快完善市场主体退出的法律法规，尊重和保障市场主体自主经营权利，处理好企业职工、各类债权人、股东以及其他利益相关方之间的权利、义务关系，切实防范逃废债等道德风险，加强失信联合惩戒机制，确保各方依法公平合理分担退出成本，保障市场主体退出稳妥有序、风险可控。

规范市场主体退出方式。有进有退、双向畅通，是维持市场经济良性运行的基础。在进一步完善企业破产制度的基础上，研究建立非营利法人、非法人组织、个体工商户等市场主体的破产制度，扩大破产制度覆盖面，畅通存在债权债务关系的市场主体退出渠道。统一市场主体强制解散退出的标准和程序，严格限定市场主体因政策规定而强制解散退出的条件，稳妥处置退出后相关事宜，依法保护市场主体产权。进一步明确特定领域退出的触发条件、补偿机制，同时畅通退出权利救济途径。

健全清算注销制度。建立清算义务人怠于履行清算义务时的法律责任追究机制，完善公司解散清算与破产清算程序的衔接机制。加大技术平台投入，利用现代信息技术减少或取消现场办理环节，大幅降低市场主体退出的交易成本。通过改革清算公告发布渠道、减少公告等待时间、对符合条件的市场主体豁免提交清算报告等方式，进一步完善注销登记制度。

（四）为小微企业创造良好环境

小微企业是小型企业、微型企业、家庭作坊式企业的统称，是我国国民经济和社会持续健康发展的重要组成部分。习近平总书记

强调，要千方百计把市场主体保护好，为经济发展积蓄基本力量。而小微企业量大面广，不仅是保市场主体、保就业的主力军，也是推动工业化与信息化“两化”融合的重要载体。

1. 小微企业的发展历程

我国小微企业起步于 20 世纪 80 年代，多以乡镇企业的形式存在。90 年代初，随着国有大中型企业、外资企业的崛起，乡镇企业发展陷入困境。后来，在政府宏观调控下，乡镇企业积极转型，通过兼并、组建股份制合伙制企业等一系列措施迎来新生。2011 年，“小微企业”的概念正式被经济学家提出。2012 年，国务院颁布《关于进一步支持小型微型企业健康发展的意见》，指出小微企业在增加就业、促进经济增长、科技创新与社会和谐稳定等方面具有不可替代的作用，对国民经济和社会发展具有重要的战略意义。截至 2013 年底，全国各类企业中，小微企业约 1170 万户，占到企业总数的 76.57%。若将 4436 万户个体工商户视作微型企业纳入统计，则小微企业在工商登记注册企业中所占的比重就达到了 94.15%。①2014 年，国务院印发《关于扶持小型微型企业健康发展的意见》，强调从资金支持、财税优惠、创业基地建设等方面着手，扶持小微企业（含个体工商户）健康发展。2019 年，李克强总理指出，要实施更大规模的减税，重点降低制造业和小微企业税收负担；要激励加强普惠金融服务，切实使中小微企业融资紧张状况有明显改善。②2021 年 1 月，财政部、工信部联合印发《关于支持“专精特新”中小企业高质量发展的通知》，将培优中小企业与做强产业相结合，加快培育一批专注于细分市场、聚焦主业、创新能

① 工业和信息化部. 2014 年中小企业信息化服务信息发布会［EB/OL］. 中华人民共和国中央人民政府网站，2014-05-05.

② 十九大以来重要文献选编（上）［M］. 北京：中央文献出版社，2019：849-851.

力强、成长性好的专精特新“小巨人”企业。12 月，国务院发布《加强信用信息共享应用促进中小微企业融资实施方案》，推动建立缓解中小微企业融资难融资贵问题的长效机制，保持经济平稳运行，为构建新发展格局、推动高质量发展提供有力支撑。目前，我国中小企业贡献了全国 50% 以上的税收，60% 以上的 GDP，70% 以上的技术创新，80% 以上的城镇劳动就业，90% 以上的企业数量，是国民经济和社会发展的生力军，是建设现代化经济体系、推动经济实现高质量发展的重要基础。①

2. 小微企业的现状

受新冠疫情影响，小微企业“注册注销比”骤降。“注册注销比”，是指企业注册数量与注销数量比重，是衡量企业活跃状况的一个指标。比值越高，说明同时段企业注册数量多于企业注销数量，经济活跃度高，反之，说明经营情况不佳。近些年，由于受疫情冲击，小微企业活跃度持续下滑。据相关数据显示，2020 年我国小微企业注册数量仅有 613 万家，较 2019 年减少 56.3%，而年度注销数量却高达 435 万家，较 2019 年增加 84.3%，注册注销比降至 1.41。② 从行业分类上看，农业、批发业小微企业注册注销比较高，受疫情和上游成本涨价影响较小。交运、建筑、工业、餐饮住宿行业等小微企业韧性较强，虽然注册注销比下滑，但仍保持净增长状态。房地产、商业服务、信息传输行业等小微企业受影响最大，注册注销比跌破 1，市场经营惨淡。

小微企业发展呈现“南强北弱”格局。由于中国经济转向依靠

---

① 国务院．刘鹤主持召开国务院促进中小企业发展工作领导小组第一次会议［EB/OL］．中华人民共和国中央人民政府网站，2018-08-20.

② 中国电子信息产业发展研究院．从 2022 年《政府工作报告》看财税金融政策热点［EB/OL］．中国经济新闻网站，2022-03-24.

创新驱动的高质量发展阶段，市场化发展不同步，南北经济差距进一步拉大。2011 年至 2020 年，南方新增注册的小微企业数量均高于北方地区，2020 年综合经济竞争力排名前十的城市中，仅有北京一市位于北方。① 若依照省份划分，截至 2020 年，南方地区聚集了 57% 的小微企业，其中广东、江苏、浙江占据前三位，合计占比达 26%。② 若按区域经济带划分，小微企业在长三角地区最为活跃、川渝地区发展最迅猛、东北地区衰落迹象最明显。自 2010 年到 2020 年，东北地区小微企业年度注册数量的排名从第二名掉到了最后一名。

小微企业生存压力大，存活周期短。最近几年，在中美贸易摩擦、房地产投资市场萎靡、消费增速放缓、新冠疫情暴发等各方面因素叠加影响下，我国处于较大的经济下行压力中，企业正常生产活动被严重打乱，运营成本大幅度提高。而小微企业原本就存在管理粗放、人才匮乏、融资困难的问题，如今又面临严峻的资金链条断裂风险，生存空间一再遭受挤压。据统计，我国小微企业平均存活周期 4.13 年，其中存活时间小于 3 年的小微企业占比接近 50%，近一半小微企业没有存活过一轮经济周期。③ 从营业状况看，2020 年中小微企业利润下滑比值同比超过 30%。2022 年第一季度，小微经营者平均营业额为 12.3 万元。近一半（47.9%）的小微经营者的营业收入低于 2.5 万元，持续保持小微经营“糊口型”的特质。此外，本季度小微经营者现金流平均可维持时间为 2.4 个月，其中

① 中国社会科学院城市与竞争力研究中心. 2020 第 18 次中国城市经济竞争力报告［EB/OL］. 中国社会科学网站，2020-10-27.

② 任泽平. 2021 中国中小微企业经营现状研究［EB/OL］. 新浪财经网站，2021-12-20.

③ 同上.

约有 38.2% 可维持不超过 1 个月，面临关停危机。[①] 不少小微经营者对未来经济形势持悲观态度。

3. 政府需出手大力扶持小微企业

通过政府补贴降低小微企业经营与融资成本。一是持续加大减税降费力度，进一步实施小微企业“六税两费”减免政策和重点群体创业税收优惠。二是推动普惠金融发展。鼓励各部门、各地区结合实际，因地制宜，探索差异化的普惠金融改革和发展模式。广泛利用电视广播、数字媒体等信息渠道，多层面、广角度、长期有效地普及金融基础知识。加强政策衔接与配合，出台激励措施，充分调动、发挥各类金融机构的积极性、能动性，引导它们结合自身特点，找准市场定位，完善自身建设，为小微企业提供更大力度的信贷支持，形成敢贷、愿贷、能贷、会贷的长效机制。

颁布规范性与创新性政策，优化小微企业营商环境。一是继续实施《中华人民共和国中小企业促进法》相关工作部署，提高财政支持的精准度和有效性，强化政府采购支持小微企业政策机制。二是加大反垄断监管力度。落实《反垄断法》《反不正当竞争法》，防止资本无序扩张，促进各类生产要素有序流动，优化公平竞争政策顶层设计，为小微企业发展营造公平有序的竞争环境。三是培育壮大市场主体。继续举办各类小微企业创新创业活动，完善创业孵化、创业辅导和创业支撑服务体系，完善小微企业人才培养和管理咨询服务机制。四是建立高效服务体系。建立健全横向集聚政府公共服务、市场化服务、社会化公益服务各类服务资源，纵向贯穿国家、省、市、县四级的网络化、智慧化、生态化服务体系。加强对小微企业专属信息化服务支持。五是依法保护小微企业及其出资人

① 张晓波，等. 中国小微经营者调查 2022 年一季度报告（上）[J]. 研究简报，2022（181）.

的财产权和其他合法权益。贯彻落实《保障中小企业款项支付条例》，建立预防和化解拖欠中小企业款项问题的长效机制。健全知识产权纠纷多元化解机制和知识产权维权援助机制，加大对知识产权的保护力度。完善小微企业维权救济制度。

二、营造公平有序的市场竞争环境

（一）加快建设全国统一大市场

建设统一大市场是指在全国范围内建设一个基础制度规则统一、设施高标准联通、要素和资源市场以及商品和服务市场高水平统一、市场监管公平统一、不当市场竞争和市场干预行为进一步规范的大市场。

2022 年 3 月 25 日，《中共中央 国务院关于加快建设全国统一大市场的意见》（以下简称《意见》）发布，这是改革开放以来第一个以党中央、国务院名义发布的关于建设全国统一大市场的文件。《意见》全文 7000 多字，共出现了 34 次“全国”、68 次“统一”、49 次“大”、43 次“强”。简单概括，就是要建设既大且强的全国统一市场。[①]

建设全国统一大市场是加快构建新发展格局的基础支撑和内在要求。建设全国统一大市场，有利于进一步激发和培育国内市场潜力，增强市场主体活力，扩大生产可能性边界；有利于充分发挥我国超大规模市场新特点，进一步拓展国内市场发展新空间，塑造国际合作和竞争新优势。习近平总书记指出，要建立全国统一的市场制度规则，促进商品要素资源在更大范围内畅通流动。

① 崔吕萍．统一大市场 畅通大循环［J］．人民政协报，2022（6）：3.

1. 破除地方保护和市场分割

党的十八大以来，党中央要求各地区找准自己在国内大循环和国内国际双循环中的位置和比较优势，打造改革开放新高地，不能搞“小而全”，更不能以“内循环”的名义搞地区封锁。[①] 但市场区域壁垒、市场分割和地方保护依然存在，并随着市场发展水平和环境发生变化，从保护商品转向保护要素和服务，从保护本地企业转向保护本地市场，手段和表现也更加隐蔽复杂。针对此类顽疾，要进一步处理好政府和市场的关系，一方面要坚持使市场在资源配置中起决定性作用，另一方面要更好发挥政府作用，及时清理废除各地区含有地方保护、市场分割、指定交易等妨碍统一市场和公平竞争的政策；依法清理废除妨碍平等准入和退出的规定做法；持续清理招标采购领域违反统一市场建设的规定和做法。

强化中央层面对建设统一大市场的主导权和权威性。加强中央层面对各地各部门的协调，明晰建设统一大市场的现实路径，并在此框架下完善地方政府和企业主体的投诉通道及争议处理机制，形成地方政府和企业主体评价机制，并将其作为地方营商环境评价参考指标。

完善统一大市场的法律标准体系，形成有效的约束机制。完善相关法律法规的实施细则和必要司法解释，完善跨区域的司法和监管体系，完善涉及商品和服务安全性、基础性的国家标准，增强其权威性与强制力。

着力推动体制机制改革。弱化地方构筑区域壁垒和形成地方保护的动力及能力。深化财税体制改革，促进地方事权财权合理匹配。提高一般性转移支付，将其占全部转移支付的比重逐步提高到

① 习近平. 论把握新发展阶段、贯彻新发展理念、构建新发展格局［M］. 北京：中央文献出版社，2021：13.

合理水平。加快转变政府职能，避免各级政府对微观经济进行不当干预。建立涉企优惠政策目录清单并及时向社会公开，全面清理歧视外资企业和外地企业、实行地方保护的各类“优惠政策”，对新出台政策严格开展公平竞争审查。

2. 推动市场开发共享

（1）共享经济的发展历史及现状

共享从字面意义上看，就是共同享有、共同使用。纵观历史，共享经济发展经历了四个关键时间节点。第一个关键时间点是 1993 年，标志性事件是互联网开始商业化应用。第二个关键时间点是 2008 年，标志性事件是全球金融危机爆发，推动共享经济走上了高速发展的快车道。第三个关键时间点是 2013 年，标志性事件是资本开始大量涌入，推动了共享经济的迅速崛起。据统计，自 2010 年至 2013 年，全球流向共享经济的投资额累计 43 亿美元；而 2014 年和 2015 年的投资额则分别高达 85 亿美元和 142.06 亿美元，两年内增长了 5 倍多。[①] 第四个关键时间点是 2018 年，标志性事件是一系列监管措施的出台。

作为全球最具潜力的大市场，中国秉持开放、合作、团结、共赢的信念，坚定不移全面扩大开放，同世界分享市场机遇。据相关数据显示，2021 年我国共享经济继续呈现出巨大的发展韧性和潜力，全年共享经济市场交易规模约 36881 亿元，同比增长约 9.2%；直接融资规模约 2137 亿元，同比增长约 80.3%。不同领域发展不平衡情况突出，办公空间、生产能力和知识技能领域共享经济发展较快，交易规模同比分别增长 26.2%、14.0% 和 13.2%。受疫情区

---

① 国家发展和改革委员会创新和高技术发展司，中国共享经济发展报告——第三章第三节（5）共享经济成为创业投资热点之一［EB/OL］. 中华人民共和国国家发展和改革委员会网站，2019-11-14.

域性暴发和部分城市监管政策调整等影响，共享住宿领域市场交易规模同比下降 3.8%。[①]

（2）开放合作、互惠共享

推进与其他国家更大范围、更宽领域、更深层次的开放合作。坚持出口和进口并重，推动对外贸易平衡发展；坚持“引进来”和“走出去”并重，提高国际投资合作水平；坚持相关法律法规的完善，为各国在华企业创造公平经营的法治环境。完善互利共赢、多元平衡、安全高效的开放型经济体系，促进沿海内陆沿边开放优势互补，形成引领国际经济合作和竞争的开放区域。推动贸易和投资自由化便利化，持续深化商品和要素流动型开放，稳步拓展规则、规制、管理、标准等制度型开放。[②]

把握好高质量共建“一带一路”、RCEP 签署等重大机遇，完善区域开放合作体系。用好“一带一路”沿线铁路网国际物流大通道，加快推进陆海新通道建设，完善国内铁路、公路网，以多通道畅通来推进东部与西部地区的开放合作，提升对外开放水平和质量，拓展国际产能合作空间，形成更为密实的产业链供应链合作体系。抓住 RCEP 如期落实的重要机遇，加强与 RCEP 成员的交流合作，推动我国东部沿海地区率先实现外贸、对外投资高质量发展，带动中西部地区不断发挥自身优势，提升承接产业转移能力和对外开放水平，进一步完善沿边开发开放体制机制，释放沿边地区开发开放潜力。[③]

实施更加开放包容、互惠共享的国际科技合作战略，更加主动

---

① 国家信息中心信息化和产业发展部分享经济研究中心．中国共享经济发展报告（2022）［EB/OL］．国家信息中心网站，2022-02-22.

② 十八大以来重要文献选编（上）［M］．北京：中央文献出版社，2014：438.

③ 李娣．我国区域开放合作进展、问题与思考［J］．全球化，2021（4）：89.

融入全球创新网络。不断激发我国科技创新活力，在核能、医药、数字经济等领域加强与外国企业的合作，创立智慧共享平台，催生出更多创新成果。

（二）加强重点领域市场监管

加强重点领域反垄断监管执法。一是坚决依法查处社会反响强烈的“二选一”行为。聚焦电商、外卖等重点领域，有序平稳推进重大执法活动，促使平台企业自觉规范经营行为。二是严格依法审查涉及平台企业经营者集中。对平台经济领域并购行为加强监管，防止平台垄断和资本无序扩张。三是全面落实平台企业依法申报义务。四是突出服务实体经济发展加强反垄断监管执法，重点加强医药、建材、公用事业等民生领域反垄断执法，有力维护人民群众切身利益。五是持续规范滥用行政权力排除、限制竞争行为，坚决维护国内统一大市场。

加强重点领域信用监管，提高违法成本。一是对重点领域企业实施清单管理，发挥信用导向作用。立足当前企业信息归集工作基础，推动重点领域企业（如食品加工类、医药类、特种设备类等）信息全面归集，制定重点归集事项清单。除涉及个人隐私、国家安全或者社会公共利益的信息外，市场监管部门在履职过程中产生的涉企信息应当依法向社会公示。同时，加强重点领域企业信用信息深度开发利用，引导消费者和企业合作方根据企业信用程度评估消费风险、商业合作风险，切实用市场力量约束企业违法行为。二是强化事前防范和事中监管，提升重点领域监管效能。推动在企业登记注册、行政审批等环节开展信用承诺，强化企业信用意识。大力推进信用风险分类管理，针对不同信用风险类别的企业，采取差异化监管措施。加大事后失信惩戒力度，提高重点领域违法成本。

加强对重要环节、重点岗位监督，防止国有资产流失。加强对权力集中、资金密集、资源富集、资产聚集等重点部门、重点岗位的监督，突出对“三重一大”决策（即重大事项决策、重要干部任免、重要项目安排、大额资金的使用）、工程招投标、产权交易等重点环节的监督，严肃查处侵吞挥霍国有资产、利益输送等违规违纪问题。要加大对财务信息隐瞒错报、靠企吃企、设租寻租、违规挂靠、影子公司等问题的监督整治力度，防止重大风险发生。

（三）强化竞争执法力度，打击制售假冒伪劣商品违法行为

通过开展打击侵犯知识产权和制售假冒伪劣商品专项行动，加大反垄断反不正当竞争监管力度，严肃查处一批国内外重点关注的侵犯知识产权大案要案，曝光一批违法违规企业，形成自觉抵制假冒伪劣商品、重视知识产权保护的社会氛围，营造知识产权保护的良好环境。

加大反垄断反不正当竞争监管力度。社会主义市场经济越发展，就越需要强化反垄断，更好发挥政府“有形之手”的作用，推进高标准市场体系建设。在加强反垄断执法的同时，要发挥典型案件示范警示作用，加强反垄断宣传倡导，增强各类市场主体的公平竞争法律意识，引导全社会形成崇尚、保护和促进公平竞争的市场环境，构建企业合规、行业自律、政府监管、社会监督的良好格局。

实施全链条打击，最大限度挽损。重点打击包括“傍名牌”在内的制售假冒伪劣商品、其他商标侵权、相关虚假宣传和违法广告等违法行为。要对生产、销售等相关环节进行全链条调查处理。

落实经营主体责任，加强部门监管协作。督促网络交易平台（网站）经营者履行法定义务，切实维护商标权利人和消费者的合法权益，积极配合市场监管部门开展相关专项治理。对于不履行法定义务的网络交易平台（网站），依法从严查处。充分发挥网络市场监管部门联席会议的作用，各司其职，加强协作。对于涉嫌违法犯罪的，及时移送公安机关。

发挥社会监督作用。各地监管部门应充分发挥媒体监督的作用，及时受理、认真调查处理商标权利人和消费者的投诉、举报，加大对相关违法广告的监测力度，通过各种渠道扩大相关违法线索的来源。

（四）推动质量监管，实施商标品牌战略

自 2009 年商标战略实施以来，我国商标工作取得了显著成效，实现了商标战略的阶段性目标。2017 年，国务院《“十三五”市场监管规划》明确提出，实施商标品牌战略，提高产品服务的品牌价值和影响力，推动中国产品向中国品牌转变，促进经济社会持续发展。

推动质量监管、实施商标品牌战略，是适应供给侧结构性改革、提升供给质量的迫切需要，是适应消费升级趋势、推动消费增长的迫切需要，是适应经济全球化趋势、提升国际竞争力的迫切需要。

1. 澄清误区，扭转商标品牌建设中的偏差

受传统体制和观念影响，在我国从计划经济向市场经济转型过程中，在从封闭经济向开放经济发展过程中，对驰名商标、著名商标、知名商标的理解和实践还存在一些误区和偏差。

其一，驰名商标是商标保护的法律概念，不是一种荣誉和商业宣传概念。1884 年生效的《保护工业产权巴黎公约》，第一次以国际条约的形式明确对驰名商标予以特殊保护。我国于 1985 年加入《保护工业产权巴黎公约》，于 2001 年加入 WTO，开始负有保护驰

名商标的义务。[①] 然而，我国引入驰名商标制度时，市场经济尚不健全，对驰名商标的认识还不清晰。在实践上，强调政府主导，采取“批量认定、主动保护”的方式，即通过政府部门事先认定一批驰名商标，再予以法律保护，形成“驰名商标就是一种信誉、一种品牌”的概念和社会影响。在完善社会主义市场经济体制过程中，我们对驰名商标的认识逐步深化，将驰名商标的内涵回归到法律保护的本源。2003 年我国将驰名商标认定修改为“个案认定、被动保护”原则，2013 年新修订的《商标法》又增加“禁止宣传”原则，[②] 使我国驰名商标的实践真正与市场经济接轨、与国际规则接轨。

其二，政府评选认定著名商标、知名商标的方式，面临着政府“越位”的巨大风险。一是政府“越位”影响政府公信力。运用行政权力介入微观经济事务，使政府承担了产品质量问题的无限责任，也存在着寻租的风险。二是政府选择性的支持扭曲了市场公平竞争。许多地方政府不仅评选著名商标、知名商标，还给予大量优惠政策，严重违背了市场公平竞争的基本原则。三是政府替代市场的评定误导消费者的选择。广大消费者和商家因为有政府的信用背书，往往将著名、知名商标作为选择的重要依据。部分不法企业瞅准漏洞，利用政府信用制造假冒伪劣商品欺骗消费者，带来严重的社会风险。

2. 找准定位，积极实施商标品牌战略

深化商标注册管理体制改革。一是持续推进商标注册便利化。

---

① 商务部．保护工业产权巴黎公约［EB/OL］．中华人民共和国商务部网站，1967-07-14.

② 中华人民共和国商标法［EB/OL］．中华人民共和国中央人民政府网站，2020-12-24.

稳步提高我国企业注册商标平均拥有量，夯实品牌保护的法律基础。持续拓宽商标申请渠道，增设地方商标受理窗口，完善商标网上申请系统和商标注册全程电子化，加强商标数据共享，为申请人提供更加便利、快捷的商标注册服务。二是完善商标确权程序。以诚实信用为原则，完善确权机制，在审查、异议、评审等环节加大驰名商标的保护力度。从严从快审理大规模恶意抢注商标案件，有效制止恶意抢注行为。探索完善商标与字号、域名等权利冲突的解决机制。三是加强商标注册体制机制建设。探索推进初步裁定和合议环节“双随机”商标评审案件审理模式。

切实加强商标知识产权的保护。一是遏制商标恶意抢注行为。以驰名商标、地理标志、涉外商标、老字号注册商标为重点，加大商标行政保护力度。二是推进商标监管规范化。落实事中事后监管，将因商标侵权假冒、违法商标代理行为受到行政处罚等信息纳入国家企业信用信息公示系统，形成对商标失信行为的协同监管和联合惩戒。三是加强商标执法协作。促进跨部门、跨区域商标执法信息共享，建立健全联席会议、线索通报、证据移转、案件协查等制度。

努力完善商标品牌服务能力。一是支持和鼓励商标品牌服务机构不断提升服务水平，在商标品牌设计、价值评估、注册代理、法律服务等环节有力支撑品牌发展。二是鼓励企业制定符合自身发展特点的商标品牌战略，开展注册商标质权登记，推动商标品牌资本化运作。三是积极拓宽融资渠道，推进地方注册商标质权登记申请受理点建设，帮助企业特别是中小微企业解决融资难题。四是支持独立第三方对我国商标品牌开展社会化、市场化评价，建立客观、公平和国际化的商标品牌价值评价体系，加大商标品牌推广力度。

不断提升商标品牌国际化水平。一是参与构建更加公平合理的商标领域国际规则体系，提高我国商标领域的制度性话语权和影响力。二是围绕“一带一路”建设，引导企业在“走出去”进程中“商标先行”，加快培育以商标品牌为核心的国际竞争新优势。三是健全企业商标海外维权协调机制，进一步加大海外商标维权援助力度，利用双边会谈机制，适时提出诉求，协助企业解决海外商标注册与维权问题，为中国品牌构建更加公平便利的国际营商环境。

三、营造安全放心的市场消费环境

（一）加强日常消费领域、新消费领域市场监管

1. 我国消费市场的变迁

从 20 世纪 70 年代末期到 80 年代中期是中国消费市场的复苏阶段。随着改革开放的兴起，经济体制开始转变，居民收入水平大幅度提高。据统计，农村居民家庭人均纯收入从 1978 年的 133.6 元增加到 1984 年的 355.3 元，年均增速达到 17.7%；而城镇居民家庭人均可支配收入在这一时期年均增长 11.3%。[①] 随着收入的增加，城乡居民对轻工业品产生了巨大需求。各地大量引进新兴家用电器生产线，电冰箱、电视机、洗衣机等家用电器开始进入寻常百姓家。消费者在票证时代终结后，走进了面向市场、自由选择的消费时代。不过，这一阶段的商品类型尚不丰富，消费者基本以生存型消费为主，消费行为总体以吃饱穿暖为至上原则，不存在明确的审美意识和美丑标准。

从 20 世纪 80 年代中期到 90 年代初是中国消费者的消费需求

---

① 国家信息中心经济预测部. 我国居民消费的历史变迁及新特征分析［EB/OL］. 国家信息中心网站，2016-04-08.

不断觉醒的阶段。我国以城市企业改革为中心，在财政、金融、外贸、商业等多领域广泛地引入市场机制，切实地迈开了脱离计划经济的步伐。随着改革的深入，商品种类变得丰富，人们的生活水平进一步提高，开始有了选择的权利和空间。多数城市职工家庭实现了从电冰箱、洗衣机、收录机和电视机的“三单一黑”转变为“三双一彩”的消费升级。但由于支出渠道狭窄，居民消费仍处于不追求质量和特点、只要求数量满足的温饱型消费阶段。

从 20 世纪 90 年代初期到 21 世纪初是消费市场进一步开放成长的阶段。1997 年在亚洲金融危机的影响下，中国推出了一系列启动内需的刺激政策，在居民生活收入水平仍稳步提高的前提下，促使居民消费呈现加快增长态势。消费层次递进明显，消费热点多样化，住房、汽车、教育、旅游、娱乐、体育、通信等多种消费品大量涌现，成为我国居民消费向更高层次发展的重要标志。此时的消费者对生活消费的种类与质量、消费场所和消费体验有了更高的期待，中国社会开始进入品牌消费的新阶段。

从 2001 年到 2008 年是消费扩张阶段。大规模外资企业进入中国，商品空前丰富，市场竞争激烈，消费者有了更多自主选择的权利。同时，收入的持续增长与社会保障体系的完善大大催生了民众的消费信心，享受类消费开始兴起。据统计，全国消费品零售总额从 2001 年的 26793 亿元增至 2008 年的 108488 亿元，首次突破十万亿元大关，[①] 充分显示启动内需特别是扩大消费成为中国经济“保增长”的主要动力来源之一。也是在这一阶段，消费者开始尝试线上购物，进入了全新的消费篇章。多元的消费文化与消费观念涌现。

---

① 中国经济数据中心．社会消费品零售总额［EB/OL］．中国经济数据中心网站，2015-05-13.

从 2009 年至今，我国处在一个融合了多种观念、方式，甚至超越了时空的多元消费阶段。彼时，消费的大江大河在穿越了家电、汽车、住房等时代消费高峰后，进入了丘陵地带，呈现出与前几个阶段集中化的消费高峰完全不同的景象。[①]互联网在技术和资本的推动下，促使经济形态不断发生演变，为改革、创新、发展提供广阔的网络平台，进一步颠覆和改变人们的衣食住行习惯。移动互联网、大数据、物联网和人工智能等新技术手段升级了居民的消费能力，也延展了消费时空，致使消费观念更加多元，人们开始更多地寻求个性彰显和自我认同。

总的来讲，改革开放四十余年，中国的消费市场迸发和汇聚的巨大力量，使消费成为驱动经济增长的强劲势能。从解放基本的生存消费需求开始，到享受型消费成为社会主流，个人的消费与梦想逐渐汇流成海，最终形成大国崛起的伟大蓝图。在传统消费时代，百货和超市为零售行业主流业态。而随着各大电商平台强势崛起，数字经济浪潮以势不可当之势席卷全球，科技变革持续引领消费变革，商业创新不断改变生活方式，新消费时代迅猛而来。

2. 新消费的含义

"新消费"是指由数字技术等新技术、线上线下融合等新商业模式以及基于社交网络和新媒介的新消费关系所驱动之新消费行为。[②]2015 年 11 月，国务院印发《关于积极发挥新消费引领作用加快培育形成新供给新动力的指导意见》，指出发挥新消费引领作用是更好满足居民消费需求、提高人民生活质量的内在要求，是加快

---

① 董俊祺. 中国消费市场四十年（1979~2019）[M]. 北京：社会科学文献出版社，2021：163.

② 新京报. "新消费"的崛起 中国拉动内需和消费升级 [EB/OL]. 中国产业经济信息网站，2019-12-19.

推动产业转型升级、实现经济提质增效的重要途径，是畅通经济良性循环体系、构建稳定增长长效机制的必然选择。

当下，我国已进入消费需求持续增长、消费结构加快升级、消费拉动经济作用明显增强的重要阶段。以传统消费提质升级、新兴消费蓬勃兴起为主要内容的新消费在通过新技术、新模式、新关系去满足中国消费者对美好生活的需求向往的同时，也使得消费变得更人性化和更有效率，甚至倒逼商品供给侧改革和产业升级。在日常生活中，新消费正在迅速渗透，大量的消费场景正在被重塑、重构、重整，消费链条也将变得越来越短，最终必将带来全社会效率的大幅提高。

新消费，及其催生的相关产业发展、科技创新、基础设施建设和公共服务等领域的新投资新供给，蕴藏着巨大发展潜力和空间。中国具有庞大的内需市场和高度发达的互联网业与网络零售业，汇集两大优势，很有可能走出一条通过新消费提振内需、拉动增长的新型路径。

3. 加强日常消费领域、新消费领域监管，营造安心消费环境

加强消费领域信用信息采集，完善守信激励和失信惩戒机制。依托全国信用信息共享平台，建立跨地区、跨部门、跨行业信用信息共享共用机制。建立科学合理的信用评价体系，强化“信用中国”网站信息公开和国家企业信用信息公示系统依法公示功能，将行政许可、行政处罚、产品抽检结果等信息向社会公开，为公众提供公共信用信息“一站式”查询服务和消费预警提示。建立健全守信“红名单”制度，为守信企业提供行政审批“绿色通道”、降低监管频次等激励措施，为守信个人提供住房、交通出行等多场景消费服务便利优惠。建立健全失信“黑名单”制度，对失信主体实施市场禁入或服务受限等联合惩戒措施。

健全消费者权益保护工作部门协作机制。进一步完善全国 12315 互联网平台功能，畅通消费者诉求渠道，强化对消费者权益的行政保护，设立常态化的消费者满意度调查评估机制，构建完善的跟踪反馈评估体系。开展消费品质量状况分析评价，建立健全消费品质量安全风险监测评估制度，建设全国消费品质量监督信息化服务平台，建立一批消费品质量安全风险信息监测点，构建全国统一的消费品质量安全风险监测网络和风险快速预警系统。强化消费者权益损害法律责任，坚持依法解决服务纠纷，扩大适用举证责任倒置服务范围。探索建立纠纷多元化解决机制，完善诉讼、仲裁与调解对接机制。

进一步规范线上经济秩序。线上消费在虚拟世界中进行，是新的消费模式。近些年，部分线上经营者缺失商业诚信，为牟取暴利，肆意破坏市场规则。平台垄断、不正当竞争、侵犯知识产权等违规违法行为屡禁不止。因此，必须进一步规范线上经济秩序，持续打击线上各种违法违规行为。

全面推行部门联合“双随机、一公开”监管。在监管过程中随机抽取检查对象，随机选派执法检查人员，抽查情况及查处结果及时向社会公开。建立健全部门联合抽查事项清单，按照“谁发起、谁组织、谁负责”原则，由清单确定的发起部门及时提出抽查需求，组织、协调参与部门共同做好抽查工作，实现“进一次门、查多项事”，避免对企业自主经营的不当干扰。对联合抽查中发现的违法违规行为，各部门将按照职责依法严格惩处、实施信用惩戒，让双随机监管在有效减轻企业负担的同时，真正起到发现问题、震慑违法的作用。

开展消费领域专项整治。集中执法力量，开展消费领域大要案件统一部署查办工作，加大对虚假宣传、销售假冒伪劣商品等行为监管执法力度，提高打击不法经营的声势和精度，充分发挥消费者协会等组织维护消费者权益的积极作用。

（二）加强重点领域、重点人群消费维权工作

加强重点领域消费维权工作，是适应机构改革和职能转变的迫切需要，是顺应群众期盼、贯彻落实党的群众路线的必然要求，是建立扩大消费需求长效机制的重要保障。一是要明确重点任务，着力解决人民群众关注的热点难点问题。二是要创新监管方式，不断提升重点领域消费维权工作效能。强化 12315 中心解决消费纠纷的效能；强化商品质量跟踪监测，集中力量查处严重侵害消费者权益违法案件；强化分类监管和信息化监管；强化消费维权社会监督体系建设，营造全社会共同参与消费维权的良好环境。

针对重点人群开展现场咨询等形式多样的宣传活动，普及消费维权知识。针对老年人、学生、农村居民、进城务工人员、残疾人等易受侵害群体，加强法制金融知识普及，介绍消费者维权常见方式，强化社会公众的风险意识和防范能力。

（三）加强农村市场监管

由于农民群众大多缺乏基本的食品卫生安全意识与消费维权意识，经营者缺少必要的法律知识及商品知识，导致农村市场成为无良企业的产品倾销集散地，给农民群众尤其是农村未成年群体的身体健康带来极大危害。因此，要加强对农村市场的管理，切实维护好广大农民的根本利益。

加大农村市场专项执法检查力度。一是要围绕农业生产资料开展专项执法检查。要深入开展护农行动，严厉查处制售假冒伪劣农资坑农害农行为。结合春耕、夏种、秋播等重要农时季节，着重抓好种子、化肥、农药、农业机械及零配件、农用薄膜等重点农业生产资料的市场监管，规范农业生产资料经营行为。二是要围绕家电、建材、装饰材料等农村建设重点商品开展专项执法检查。抽检其来源是否合法、标识是否齐全、经营行为是否规范、售后服务义务是否履行，以确保农村商品市场规范有序。三是要围绕农村食品市场开展专项执法检查。突出抓好粮食、食用油、肉类、蔬菜等农民群众日常生活必需品的整治。要以农村集市和食品店为重点，严查经销不合格食品，严厉打击制售假冒伪劣食品违法行为。

加大农村市场日常监管力度。一是要严把农村市场主体准入关，按照相关部门的职能分工依法查处和取缔无照经营违法行为。二是加强农村食品、商品交易行为的监管。三是加强对涉农商标、广告的监管。严厉查处发布国家禁止生产、销售的农资商品广告和虚假广告等违法行为。

加大农村消费维权工作力度。一是要加大农村“一会两站”（即消费者协会分会、消费者投诉站、12315 联络站）建设力度，进一步畅通农民消费者申诉举报渠道。充分发挥 12315 消费者申诉举报网络和基层工商所的积极作用，完善 12315 城乡远程维权平台，方便农民消费者申诉举报。二是要加强对涉农消费咨询、申诉、举报信息的汇总分析，有针对性地开展消费警示，及时进行消费引导，促进扩大农村消费需求。

第五章　建设体现效率、促进公平的收入分配体系

收入分配是保障和改善民生、实现发展成果由人民共享最重要最直接的方式。习近平总书记指出："'蛋糕'不断做大了，同时还要把'蛋糕'分好。"分配对生产、分配关系对生产力有促进或束缚其发展的反作用。分配制度、分配方式合理与否，直接影响劳动者和企业经营者积极性主动性创造性的发挥，从而会影响发展速度和发展质量。在新发展阶段，按照促进共同富裕的要求完善分配制度和方式，会对高质量发展产生促进作用。从供给方面看，科技创新日益成为现代生产力和产业变革中最活跃、最重要的引领和支撑力量。完善收入分配制度，使各类人才获得合理回报，有利于激发劳动者、企业经营者和各类人才的创新创造积极性，激发更大的创新创造活力。从需求方面看，需求不足是制约全球经济增长的主要因素。我国有 14 亿多人口，以扩大消费为主的内需空间和潜力还很大。把潜在需求转化为现实需求，需要推动高质量发展，不断提高居民收入；同时需要通过促进共同富裕的一系列举措，缩小收入和财富分配差距，继续扩大中等收入群体，实现高质量发展和共同富裕互相促进。

建设体现效率、促进公平的收入分配体系，是现代化经济体系的重要组成部分。既要着眼于解决当前的收入分配问题，决胜全面建成小康社会；又要着眼于到 21 世纪中叶基本实现共同富裕，全面建成社会主义现代化强国。① 习近平总书记强调：“共同富裕是全体人民的富裕，是人民群众物质生活和精神生活都富裕，不是少数人的富裕。”② 当前发展是促进社会公平正义的前提，只有大力发展生产力，使社会物质财富不断增长，才能让广大人民群众合理分享社会经济发展的成果，才能实现社会的公平正义。因此首先我们必须紧紧抓住经济建设这个中心，推动经济持续健康发展，把“蛋糕”做大，才能为人民群众分得更多创造前提；其次要坚持和完善分配制度改革，这是实现社会公平的制度保证，需要提高居民收入在国民收入分配中所占比重、劳动报酬在初次分配中所占比重，加强宏观调控，整顿分配秩序，打破行业垄断，保护合法收入，调节过高收入，提高低收入者收入；最后要实现普惠民生，需要统筹城乡、区域发展，振兴农村经济，加大扶贫力度，增加农民收入，促进共同富裕。

一、以经济建设为中心做大“蛋糕”

习近平总书记指出：“高质量发展，就是能够很好满足人民日益增长的美好生活需要的发展，是体现新发展理念的发展，是创新

① 郑明月，肖劲松．构建“双循环”新发展格局面临的挑战与对策［J］．新经济导刊，2020（3）：57–62．

② 习近平主持召开中央财经委员会第十次会议强调 在高质量发展中促进共同富裕 统筹做好重大金融风险防范化解工作［EB/OL］．中国新闻网，2021–08–17．

成为第一动力、协调成为内生特点、绿色成为普遍形态、开放成为必由之路、共享成为根本目的的发展，新时代新阶段的发展必须贯彻新发展理念，必须是高质量发展。”补齐共享发展这一全面建成小康社会的“短板”，需要扎扎实实的经济发展，需要实现高质量发展，需要不断做大民生事业，需要完胜精准脱贫攻坚战。而首要任务，就是高扬以经济建设为中心的旗帜，不断做大经济总量“蛋糕”，为实现共享发展和共同富裕夯实物质基础。

（一）大力发展生产力，促进高质量发展

党的十八大以来，习近平总书记作出我国经济发展进入新常态的重大判断，提出创新、协调、绿色、开放、共享的新发展理念。党的十九大明确我国经济发展已由高速增长阶段转向高质量发展阶段。习近平总书记围绕为什么要推动高质量发展、什么是高质量发展、怎样推动高质量发展等问题发表一系列重要讲话，为我们深刻认识高质量发展的科学内涵、核心要义和基本要求提供了根本遵循。

首先，“高质量发展是‘十四五’乃至更长时期我国经济社会发展的主题，关系我国社会主义现代化建设全局”。2020 年，在党中央坚强领导下，中国人民众志成城、攻坚克难，创造了极不寻常的辉煌成就。不管是阻击新冠疫情还是完成脱贫攻坚任务，我们都靠着顶风开船的拼搏、团结一心的奋战，战胜了史所罕见的风险挑战。进入新发展阶段，国内外环境的深刻变化既带来新机遇，也带来新挑战，面对严峻复杂的国际形势、艰巨繁重的国内改革发展稳定任务，习近平总书记指出，推动高质量发展，是保持经济持续健康发展的必然要求，是适应我国社会主要矛盾变化和全面建成小康社会、全面建设社会主义现代化国家的必然要求，是遵循经济规律发展的必然要求。进入高质量发展阶段，我国需求条件、要

素条件和潜在增长率发生重要变化，如果不顾客观实际追求高速增长，势必带来较大风险隐患。进入新时代，我国社会主要矛盾发生转化，发展中的矛盾和问题集中体现在发展质量上。只有大力提高发展质量，才能解决好我国社会主要矛盾，以更加平衡更加充分的发展满足人民美好生活需要，实现“两个一百年”奋斗目标。我们必须深刻认识我国社会主要矛盾发展变化带来的新特征新要求，在面对错综复杂的国际环境带来的新矛盾、新挑战时，要把高质量发展作为主题主线，更加精准地贯彻新发展理念，以更加精准务实的举措，切实解决好发展不平衡不充分的问题，实现高质量发展。

其次，必须深刻认识推动高质量发展的必要性和紧迫性。2023年6月30日，习近平总书记在中共中央政治局第六次集体学习时强调，要牢固树立大历史观，以更宽广的视野、更长远的眼光把握世界历史的发展脉络和正确走向，认清我国社会发展、人类社会发展的大逻辑大趋势，把握中国式现代化的历史沿革和实践要求，在新一轮科技变革、全球经济发展大格局和我国发展的阶段性特征中深化对推动高质量发展、构建新发展格局的规律性认识。经济发展规律表明，一个国家进入工业化中后期，只有实现发展方式从规模速度型转向质量效益型，推动高质量发展，才能顺利完成工业化、实现现代化。当前，世界百年未有之大变局加速演进，单边主义、保护主义、霸权主义对世界和平与发展构成威胁，我国发展的外部环境日趋复杂。防范化解各类风险隐患，积极应对外部环境变化带来的冲击挑战，关键在于办好自己的事，提高发展质量，提高国际竞争力，增强国家综合实力和抵御风险能力，有效维护国家安全，实现经济行稳致远、社会和谐安定。

最后，必须深刻认识高质量发展的科学内涵和基本要求。

习近平总书记指出："高质量发展，就是能够很好满足人民日益增长的美好生活需要的发展，是体现新发展理念的发展，是创新成为第一动力、协调成为内生特点、绿色成为普遍形态、开放成为必由之路、共享成为根本目的的发展""新时代新阶段的发展必须贯彻新发展理念，必须是高质量发展。"推动高质量发展，要坚持发展是第一要务，人才是第一资源，创新是第一动力；牢牢把握供给侧结构性改革这条主线，不断改善供给结构，提高经济发展质量和效益；加快现代化经济体系建设，推动农业、制造业、服务业高质量发展，加强基础设施建设，推动形成优势互补、高质量发展的区域经济布局；充分发挥国内超大规模市场优势，逐步形成以国内大循环为主体、国内国际双循环相互促进的新发展格局，提升产业链供应链现代化水平；坚持对内开放和对外开放相结合，以更高水平开放促进更高质量发展；努力在推动高质量发展过程中办好各项民生事业、补齐民生领域短板，以共建共治共享拓展社会发展新局面。在党的十九届五中全会上，习近平总书记强调："经济、社会、文化、生态等各领域都要体现高质量发展的要求。""十四五"乃至今后更长时期，以推动高质量发展为主题要体现在国家发展的各领域和全过程。

（二）加大民生事业投入，助力经济健康增长

习近平总书记指出：保障和改善民生是一项长期工作，没有终点站，只有连续不断的新起点，要实现经济发展和民生改善良性循环。"十三五"以来，我国民生领域财政投入持续增长，同老百姓生活息息相关的社会保障、教育、就业、医疗卫生等民生问题得到较好解决，人民群众获得感、幸福感、安全感更加充实、更有保障、更可持续。带领人民创造幸福生活，是我们党始终不渝的奋斗目标。我们要顺应人民群众对美好生活的向往，坚持以人民为中心

的发展思想，以保障和改善民生为重点，发展各项社会事业，加大收入分配调节力度，打赢脱贫攻坚战，保证人民平等参与、平等发展权利，使改革发展成果更多更公平惠及全体人民，朝着实现全体人民共同富裕的目标稳步迈进。

首先，当前我国必须突出做好“六稳”“六保”工作。全面建成小康社会突出的短板主要在民生领域，发展不全面的问题很大程度上也表现在不同社会群体民生保障方面。要按照守住底线、突出重点、完善制度、引导预期的工作思路，切实做好民生工作。新冠疫情之下民生工作面临新的挑战，中央明确提出了“六稳”“六保”。“六稳”即稳就业、稳金融、稳外贸、稳外资、稳投资、稳预期；“六保”即保居民就业、保基本民生、保市场主体、保粮食能源安全、保产业链供应链稳定、保基层运转，要确保主副食品生产、流通、供应，确保蔬菜、肉蛋奶、粮食等居民生活必需品供应。要落实“菜篮子”市长负责制，积极组织蔬菜等副食品生产，加强物资调配和市场供应，采取措施保证运送生活必需品的车辆顺利通行。要做好煤电油气重点供应，保障居民用能需求。面对极其错综复杂的国内外经济形势，经济发展面临的挑战前所未有，必须充分估计困难、风险和不确定性，切实增强紧迫感，抓实经济社会发展各项工作，维护经济发展和社会稳定大局，为全面建设社会主义现代化国家、全面推进中华民族伟大复兴提供有力支撑。

其次，人民能否过上美好生活的前提和关键是充分就业。所以要通过稳定经济增长和调整经济结构，特别是扶持小微企业和服务业发展，努力增加就业岗位。尤其要抓好高校毕业生就业工作，加大自主创业支持力度，对就业困难毕业生进行帮扶，增强学生就业创业和职业转换能力。同时，要不断增加公共产品和服务供给，切实补齐公共事业领域的“短板弱项”。通俗来讲，公共产品包括国防安全、基础设施、公共教育、公共卫生、社会保障与救助等。政府的公共投资要尽可能投到公共产品生产领域，为老百姓尤其是相对贫困的老百姓提供充分的公共产品和服务，最大限度地缩小甚至消灭人民群众在享受公共产品或服务上的差距，让全体人民通过“公共产品或服务的充分供给”共享经济社会发展成果。

最后，要突出问题意识。民生建设与人民群众直接相关，解决了问题才有“感觉”，无论是获得感、幸福感还是安全感，离不开“感”字，看得见、摸得着就最有感觉。要让群众得到看得见、摸得着的实惠。这就要回应民生关切，想群众之所想、急群众之所急、解群众之所困。这些年我们着力解决人民群众普遍关心的突出问题：二孩政策落地，促进了人口均衡发展；推进户籍制度改革，推动了公共服务均等化；考试招生制度改革，促进了教育改革发展；医药卫生体制改革，破除了“以药养医”的“老大难”；精准扶贫精准脱贫，补齐了全面建成小康社会的最大短板。保障和改善民生没有终点，只有连续不断的新起点，要采取针对性更强、覆盖面更大、作用更直接、效果更明显的举措，实实在在帮群众解难题、为群众增福祉、让群众享公平。

（三）巩固脱贫攻坚成果，促进乡村全面振兴

习近平总书记指出：“脱贫摘帽不是终点，而是新生活、新奋斗的起点。要针对主要矛盾的变化，厘清工作思路，推动减贫战略和工作体系平稳转型，统筹纳入乡村振兴战略，建立长短结合、标本兼治的体制机制。”乡村振兴是缩小城乡差距、区域差距和居民收入差距的关键，也是实现共同富裕的必由之路。[①] 中国是世界上最大的发展中国家，基础差、底子薄，发展不平衡，长期饱受贫困

---

① 徐政，郑霖豪．高质量发展促进共同富裕的内在逻辑与路径选择［J/OL］．重庆大学学报（社会科学版）：1–14［2022–08–12］．

问题困扰。没有贫困人口的脱贫，没有贫困地区的小康，就没有全面建成小康社会。2021 年是“十四五”规划开局之年，也是巩固拓展脱贫攻坚成果同乡村振兴有效衔接的起步之年。2021 年党中央把巩固拓展脱贫攻坚成果摆在头等重要的位置来抓，推动脱贫攻坚政策举措和工作体系逐步向乡村振兴平稳过渡，用乡村振兴巩固拓展脱贫攻坚成果，坚决守住脱贫攻坚胜利果实，确保不出现规模性返贫，确保乡村振兴有序推进。

首先，要建立、健全防止返贫、致贫的机制。继续精准扶贫的有效做法，对原来的建档立卡贫困户以及一些新的边缘户进行监测。还要对那些收入骤降或者支出剧增的脱贫不稳定户、低收入边缘户进行及时帮扶。脱贫户中缺乏劳动能力的那一部分人要纳入现行的社会保障体系，包括低保制度和特困救助及其他专项救助制度，比如教育、医疗、就业、住房等领域的专项救助制度。而且救助的标准还要随着经济社会发展水平的提高而有所提高。同时要健全监测对象快速发现和响应机制，细化完善农户自主申报、基层干部排查、部门筛查预警等监测方式，互为补充、相互协同。及时掌握分析媒体、信访等信息，拓宽风险预警渠道。农户自主申报方面，进一步加强政策宣传，提高政策知晓度，因地制宜拓展便捷的自主申报方式。基层干部排查方面，充分发挥制度优势，依靠乡村干部、驻村干部、乡村网格员等基层力量，进行常态化预警，每年至少开展一次集中排查工作。部门筛查预警方面，进一步加强相关部门数据共享和对接，充分利用先进技术手段，及时将预警信息分类分级反馈基层核实。在政策方面要坚持精准施策。按照缺什么补什么的原则，根据监测对象的风险类别、发展需求等开展针对性帮扶。对风险单一的，实施单项措施，防止陷入福利陷阱；对风险复杂多样的，因户施策落实综合性帮扶；对有劳动能力的，坚持开发式帮扶方针，促进稳定增收；对无劳动能力或部分丧失劳动能力且无法通过产业就业获得稳定收入的，纳入农村低保或特困人员救助供养范围，做好兜底保障；对内生动力不足的，持续扶志扶智，激发内生动力，增强发展能力。

其次，壮大创新人才队伍。习近平总书记指出：“推动乡村全面振兴，关键靠人。”人才是第一资源，推动乡村全面振兴，壮大农村创新人才队伍至关重要。要坚持培养与引进、引才与引智相结合，拓宽乡村人才来源，聚天下英才而用之。聚焦乡村振兴主战场，整合利用农业科研院所、涉农院校、农业龙头企业等各类资源，构建高素质农民教育培训体系，注重激发农民群众创新发展能力，培养一批有技术、懂管理、善经营的高素质新型农民。地方政府和相关部门可进一步优化人才政策，深化乡村人才培养、引进、管理、使用、流动、激励等制度改革，营造有利于创新创业的人才政策环境，吸引更多有文化、有能力、有技术、有情怀的创新人才在乡村振兴中建功立业。涉农院校可通过创新人才培养模式、优化学科专业结构、打造孵化创业平台等，培养更多知农爱农的新型人才。

再次，营造良好创新环境。习近平总书记指出：“创新是一个民族进步的灵魂，是一个国家兴旺发达的不竭动力，也是中华民族最深沉的民族禀赋。”推动乡村全面振兴，需要着力营造良好创新环境。一方面，坚持因地制宜、凸显区域特色，整合农村分散资源，推进农村特色创新创业园区、孵化实训基地建设，吸引更多创新资源要素集聚，培育打造农村优势产业集群。为此，要优化服务平台，完善服务清单，细化办事指南、简化办事流程、提升办事效率，通过提供政策法律咨询、培训指导、市场开拓、项目推介等服务，激发农村市场活力和社会创造力。另一方面，加大政策保障和体制机制创新力度，在政策制定上问计于民、聚智成策，加强政策研究、调研、评估，并在一定范围进行试点，从而增强政策的针对性、有效性、连续性，充分发挥政策的引领、激励作用，更好满足农村创新发展需求。例如，可通过综合运用税收减免、以奖代补等政策工具组合，增加对“三农”领域的资源投入；拓宽农村创新创业融资渠道，设计推广契合乡村产业特点的金融产品，推动金融产品和服务方式创新，满足农业科技研发等重点领域的合理融资需求。

最后，强化科技创新赋能。习近平总书记指出：“要给农业插上科技的翅膀”“让农民掌握先进农业技术，用最好的技术种出最好的粮食。”近年来，数字技术蓬勃发展，农村数字基础设施建设加快推进，深刻改变着农村地区生产生活方式，为农业农村现代化注入了强大动力，也为创新创业提供了更多机遇。推动乡村全面振兴，要坚持改革创新，充分发挥网络、数据等新一代信息技术的作用，激活农村要素资源，激发农村发展内生动力。例如，在农业生产领域，促进新一代信息技术与种植业、畜牧业、渔业等全面深度融合，在农业基础数据采集、种植养殖过程把控、农产品生产加工等方面实现智能生产决策，提高农业生产的标准化、精细化、智能化水平。在农产品销售领域，加强农产品包装、冷链、仓储、物流等配套设施建设，推动人工智能、大数据赋能农村实体店，培育农村电商产品品牌，促进线上线下渠道融合发展。在农村新兴产业领域，推动互联网与特色农业深度融合，发展创意农业、观光农业、都市农业等新业态，促进游憩休闲、健康养生、创意民宿等新产业发展，为乡村经济振兴注入新动力。

二、坚持和完善分配制度改革

习近平总书记指出："正确处理效率和公平的关系，构建初次分配、再分配、三次分配协调配套的基础性制度安排。"共同富裕是社会主义的本质要求，是人民群众的共同期盼。党的十九届五中全会顺应新发展趋势，结合新发展理念，针对人民对美好生活的新期待，将"全体人民共同富裕取得更为明显的实质性进展"确立为2035年基本实现社会主义现代化的远景目标之一。

作为社会主义市场经济体制的重要组成部分，收入分配制度改革是影响共同富裕的重要因素。收入分配问题关系着人民群众的切身利益与我国发展的稳定性，坚持走共同富裕之路，必须完善收入分配制度，兼顾收入分配的公平与效率。加快形成"托低、限高、扩中"的收入分配体制。不断提高低收入人群的收入水平，规范和限制高收入人群的收入水平，逐步扩大中等收入人群规模，逐步形成"橄榄型"社会，不仅是全面建成小康社会的"目标模式"，而且是实现共享发展的"收入分配路径"。为此，一方面要坚持多劳多得，着重保护劳动所得，增加劳动者特别是一线劳动者劳动报酬，提高劳动报酬在初次分配中的比重，在经济增长的同时实现居民收入同步增长，在劳动生产率提高的同时实现劳动报酬同步提高；另一方面要健全劳动、资本、土地、知识、技术、管理、数据等生产要素由市场评价贡献、按贡献决定报酬的机制。

（一）坚持党对经济工作的全面领导

中国共产党领导是中国特色社会主义最本质的特征，是中国特色社会主义制度的最大优势。坚持党的领导，发挥党总揽全局、协调各方的领导核心作用，是我国社会主义市场经济体制的一个重要特征。中国共产党代表中国最广大人民根本利益，始终坚持全心全意为人民服务的根本宗旨，始终坚持发展为了人民、发展依靠人民、发展成果由人民共享，坚定不移走全体人民共同富裕道路，是实现全体人民共同富裕的根本政治保障。习近平总书记强调，实现共同富裕不仅是经济问题，而且是关系党的执政基础的重大政治问题。我们推动经济发展，归根结底是要实现全体人民共同富裕。

在新征程上，能不能保持经济社会持续健康发展，能不能实现全体人民的共同富裕，从根本上讲取决于党在经济社会发展中的领导核心作用发挥得好不好。必须坚持党对经济工作的全面领导，始终把增进人民福祉、促进人的全面发展、朝着共同富裕方向稳步前进作为经济发展的出发点和落脚点，自觉主动解决地区差距、城乡差距、收入差距等问题，推动社会全面进步和人的全面发展，促进社会公平正义，让发展成果更多更公平惠及全体人民，不断增强人民群众获得感、幸福感、安全感，让人民群众真真切切感受到共同富裕不仅仅是一个口号，而是看得见、摸得着、真实可感的事实。

（二）建设统一开放、竞争有序的要素市场

习近平总书记指出：打造统一开放、竞争有序的市场体系，不断夯实中国经济长远发展根基，并为亚太及全球工商界来华投资兴业提供更好保障。统一开放、竞争有序，是现代市场体系的基本要求，也是经济循环畅通的根本保证。《中共中央 国务院关于加快建设全国统一大市场的意见》明确提出，加快建设高效规范、公平竞争、充分开放的全国统一大市场，全面推动我国市场由大到强转变，为建设高标准市场体系、构建高水平社会主义市场经济体制提供坚强支撑。建设全国统一大市场，构建新发展格局，关键在于经济循环畅通无阻，应积极贯彻落实党中央战略部署，加快打通制约

经济循环的关键堵点，使生产、分配、流通、消费各环节更加畅通，提高市场运行效率。

首先，着力打造更加高效优质的生产供应体系。生产是经济循环的起点。新时代必须坚持深化供给侧结构性改革这条主线，全面优化升级产业结构，提升创新能力、竞争力和综合实力，增强供给体系的韧性，打造高效优质的生产供应体系。一是促进创新链与产业链的精准对接。充分发挥国家作为重大科技创新组织者的作用，发挥企业在科技创新中的主体作用，同时发挥好重要科研院所、高校等国家队的作用。积极运用市场和政府的力量，促进创新主体与生产主体、创新过程与生产过程、创新供给与创新需求的精准对接，加快科技创新成果的转化。二是促进传统产业与现代产业的融合共进。通过拥抱数字化、智能化，传统产业同样可以焕发新动能，为现代产业体系提供有力支撑。努力打造新兴产业链，推动传统产业高端化、智能化、绿色化发展，补齐短板，锻造长板，推进产业基础高级化、产业链现代化，推动全产业链优化升级。三是促进实体经济与虚拟经济协调发展。坚持把发展经济的着力点放在实体经济上，做实做强做优实体经济。坚决遏制经济“脱实向虚”，坚持以服务实体经济为方向，对金融体系进行结构性调整，完善金融支持创新的政策，发挥资本市场对于推动科技、资本和实体经济高水平循环的枢纽作用，畅通金融和实体经济之间的良性循环。

其次，着力构建更加畅通高效的现代流通体系。流通是经济循环的实现环节。高效的流通体系能够更好地引导生产、更合理地调节分配、更有效地促进消费，加快推动国内统一大市场建设，进而提高整个经济体系循环的效率。立足新发展阶段，贯彻新发展理念，推动高质量发展，要坚持系统观念，统筹推进畅通高效的现代流通体系建设。一是建设现代综合运输体系，形成统一开放的交通运输市场，优化完善综合运输通道布局，加强高铁货运和国际航空货运能力建设，加快形成内外联通、安全高效的物流网络。二是完善现代商贸流通体系，培育一批具有全球竞争力的现代流通企业，鼓励互联网、大数据、人工智能、云计算等数字技术的推广应用，推进数字化、智能化改造和跨界融合，加强标准化建设和绿色发展，支持关系居民日常生活的商贸流通设施改造升级、健康发展。三是完善社会信用体系，加快建设重要产品追溯体系，建立健全以信用为基础的新型监管机制。四是加强金融支撑体系，强化支付结算等金融基础设施建设，深化金融供给侧结构性改革，提供更多直达各流通环节经营主体的金融产品。

最后，着力培育更加全面的内需消费体系。消费既是经济循环的终点，也是经济循环新的起点。加快建设全国统一大市场，须将巨大的市场潜力转化为实际的市场需求，发挥超大规模市场优势，这要求坚持扩大内需这个战略基点，加快培育更加全面的内需消费体系。一是提升传统消费，以质量品牌为核心，推动汽车、住房、家电等消费朝着绿色、健康、安全的方向发展。二是培育新型消费，鼓励网络购物、移动支付、线上线下融合等消费新业态新模式迅速发展，加快推动新型消费扩容提质，推动线上线下融合消费双向提速，激活市场消费潜力。三是适当增加公共消费，扩大政府在公共卫生、文化教育、社会保障、环境保护、城市公用事业等方面的支出，引导居民将这些领域的消费能力释放到其他领域，间接刺激居民消费，推动居民消费升级。四是开拓城乡消费市场，加强农村信息基础设施建设，充分利用电子商务打通农产品市场通道，促进生产供给与终端消费的良性循环。五是发展服务消费，放宽服务消费领域市场准入，加快教育、育幼、养老、医疗、文化、旅游等服务业发展，推动“互联网＋服务”，鼓励在线教育、远程医疗、线上娱乐、智慧旅游、智能体育等新型服务消费的发展。

（三）发挥政府宏观调控作用，着力缩小城乡贫富差距

创新和完善政府宏观调控，是完善社会主义市场经济体制、建设现代化经济体系、实现社会主义现代化的必然要求。习近平总书记在 2017 年底召开的中央经济工作会议上指出，中国特色社会主义进入了新时代，我国经济发展也进入了新时代，基本特征是我国经济已由高速增长阶段转向高质量发展阶段。新时代经济发展阶段的变化，对中国特色宏观调控提出了新要求。经济发展环境变化要求重新审视和把握我国经济发展规律。进入新时代，我国经济发展形势发生了巨大变化，经济增速从高速转向中高速，经济发展方式从规模速度型转向质量效率型，经济发展动力从传统动能转向新动能。这说明，随着经济发展阶段变化，经济发展规律也随之发生变化。宏观调控不能再简单盯住经济增长速度目标，而必须将重点放在打造新的经济发展动力、提高发展质量上。

此外，我国全面建成小康社会的进程，是贫困现象不断减少的过程，也是人民日益富裕起来的进程。党的十八大以来，我国经济实力持续跃升，人民生活水平全面提高，居民收入分配格局逐步改善。虽然存在贫富差距，但城乡、地区和不同群体居民收入差距总体上趋于缩小。2021 年 7 月 1 日，习近平总书记在庆祝中国共产党成立 100 周年大会上庄严宣告："经过全党全国各族人民持续奋斗，我们实现了第一个百年奋斗目标，在中华大地上全面建成了小康社会，历史性地解决了绝对贫困问题，正在意气风发向着全面建成社会主义现代化强国的第二个百年奋斗目标迈进。"虽然我国已经全面建成了小康社会，但发展不平衡不充分问题仍然突出。重点领域关键环节改革任务仍然艰巨，创新能力不适应高质量发展要求，农业基础还不稳固，城乡区域发展和收入分配差距较大，民

生保障存在短板，社会治理还有弱项，因此还需要进一步发展和完善。

首先，毫不动摇巩固和发展公有制经济。经过多年的改革，我国公有制总体上已经同市场经济相融合，同时，还需要在一些重要领域继续深化改革。一是探索公有制多种实现形式，鼓励发展国有资本、集体资本、非公有资本等交叉持股、相互融合的混合所有制经济，实现各种所有制资本取长补短、相互促进、共同发展，使我国基本经济制度发挥出更大优越性。二是推进国有经济布局优化和结构调整，更多投向关系国家安全、国民经济命脉的重要行业和关键领域，服务国家战略目标，增强国有经济竞争力、创新力、控制力、影响力、抗风险能力，做强做优做大国有资本。三是深化国有企业改革，加快完善国有企业法人治理结构和市场化经营机制，健全完善经理层任期制和契约化管理，改革国有企业工资决定机制，推进骨干员工持股制度，充分调动干部职工积极性，完善中国特色现代企业制度，激发国有企业发展活力和内生动力。四是形成以管资本为主的国有资产监管体制，有效发挥国有资本投资、运营公司功能作用，加大对企业授权放权力度，赋予企业更多自主权，进一步强化国有企业市场主体地位。在市场经济中，生产者无法掌握市场完整的信息，只看到价格大幅上涨就认为有利可图从而加大生产该种商品或增加对该服务的提供。这种行为可能导致资源的无端浪费。所以市场这只“看不见的手”自身存在着一些不足和缺陷，这就需要政府这只“看得见的手”去发挥作用，进行必要的宏观调控以弥补市场的不足。政府的宏观调控不仅有助于解决社会总需求与社会总供给之间的不平衡问题，还可以促进社会公平正义等。

其次，毫不动摇鼓励、支持、引导非公有制经济发展。习近平总书记指出：“民营经济是我国经济制度的内在要素，民营企业和民营企业家是我们自己人。”这为广大民营企业家吃下了定心丸。要在前期工作基础上，为非公有制经济特别是民营经济发展营造更好环境，推动其走向更加广阔的舞台。一是健全支持民营经济、外商投资企业发展的法治环境，坚持科学立法、严格执法、公正司法，实现各种所有制经济权利平等、机会平等、规则平等。二是完善构建亲清政商关系的政策体系，把构建亲清政商关系落到实处，推动领导干部同民营企业家交往既坦荡真诚、真心实意、靠前服务，又清白纯洁、守住底线、把握分寸，促进非公有制经济健康发展和非公有制经济人士健康成长。三是营造各种所有制主体依法平等使用资源要素、公开公平公正参与竞争、同等受到法律保护的市场环境，健全支持中小企业发展制度，对国有和民营经济一视同仁，对大中小企业平等对待，在加强产权和知识产权保护、健全完善金融体系、平等放开市场准入等方面深化改革，推动政策落准、落细、落实。

再次，着力缩小城乡区域收入差距。全面小康是城乡区域共同发展的小康。城乡间、区域间收入差距是我国扎实推进共同富裕的重要制约因素。当前我国因经济发展差异带来的居民收入差距比较突出，着力缩小城乡间和区域间的发展差距是促进共同富裕的应有之义。在缩小城乡发展差距方面，主要发力点在于推进城乡融合发展。要推动城市与乡村在基础设施建设、产业发展等方面的一体化布局，为城乡融合发展奠定坚实经济基础。深化户籍制度改革，逐步消除因户籍差异带来的城乡居民福利待遇差别。加大对农村低收入人群的兜底保障，增进民生福祉。在缩小区域发展差距方面，主要发力点在于促进省域一体化发展。要创新南北合作机制，引导全国各地区基于市场主导与行政推动相结合构建更为紧密的区域合作关系，形成区域一体化发展合力。

最后，要推进基本公共服务均等化。推进基本公共服务均等化是政府进行收入再分配的重要手段，也是实现共同富裕的关键环节和重要着力点。低收入群体是促进共同富裕的重点帮扶保障人群。要加大普惠性人力资本投入，有效减轻困难家庭教育负担，提高低收入群众子女受教育水平。要完善养老和医疗保障体系，逐步缩小职工与居民、城市与农村的筹资和保障待遇差距，逐步提高城乡居民基本养老金水平。要完善兜底救助体系，加快缩小社会救助的城乡标准差异，逐步提高城乡最低生活保障水平，兜住基本生活底线。要完善住房供应和保障体系，坚持房子是用来住的、不是用来炒的定位，租购并举，因城施策，完善长租房政策，扩大保障性租赁住房供给，重点解决好新市民住房问题。针对我国当前客观存在的城乡间和区域间的发展差距，要着力从教育、医疗、社保、养老等领域提高基本公共服务的均等化水平。在教育方面，要通过加大对农村地区和经济相对落后地区的教育基础设施投入、探索学校跨区域跨城乡合作交流、建立健全教师轮岗交流制度等方式促进教育资源共享，进一步缩小城乡教育资源差距，有效促进城乡义务教育一体化发展。在医疗卫生方面，要进一步优化医疗卫生资源配置，通过加大对村级医疗卫生事业投入、加快推进紧密型医联体建设、进一步完善分级诊疗制度和异地就医结算制度等途径，促进优质医疗资源下沉基层和跨区域共享。在社会保险方面，要着力加强城乡社保一体化建设，立足本地区人口居住情况和可用财力，科学规划本地区社保公共服务支出，不断缩小社保城乡差距；要着力加强社保信息化、标准化建设，构建和完善社保相关部门协同工作机制，显著提高社保便民化水平。

（四）着力营造良好社会氛围，构建和完善分配制度和方式

习近平总书记指出，要发挥分配的功能和作用。要处理好效率

和公平关系，构建初次分配、再分配、三次分配协调配套的基础性制度安排。要坚持按劳分配为主体，提高劳动报酬在初次分配中的比重，完善按要素分配政策。要发挥再分配的调节作用，加大税收、社保、转移支付等的调节力度，提高精准性。要发挥好第三次分配作用，引导、支持有意愿有能力的企业和社会群体积极参与公益慈善事业，但不能搞道德绑架式"逼捐"。从中可以看出，不断完善收入分配制度是实现共同富裕的重要制度保障。我国社会主义基本经济制度具有显著特点和优势：一是同社会主义初级阶段生产力发展水平相适应，坚持"两个毫不动摇"，既坚持公有制为主体和国有经济的主导作用，充分发挥社会主义制度集中力量办大事的优越性；又放手发展非公有制经济，充分调动全社会投资创业、劳动就业的积极性，让一切发展生产力的积极因素和创新创造活力竞相迸发。二是同所有制结构相适应，坚持按劳分配为主体和多种分配方式并存，使一切创造社会财富的源泉充分涌流。三是创造性地把社会主义制度和市场经济结合起来，既使市场在资源配置中起决定性作用，提高资源配置效率效益，又更好发挥政府作用，弥补市场失灵，推动经济稳定协调发展。因而，我国社会主义基本经济制度具有广泛包容性，既有利于促进生产力发展，又有利于促进共同富裕，必须长期坚持。同时，在高质量发展中促进共同富裕，需要进一步完善分配制度和分配方式，逐步形成中间大、两头小的橄榄型分配结构和人人享有的合理分配格局。

当前中国特色社会主义进入新时代，我们党努力建设体现效率、促进公平的收入分配体系，对第三次分配的认识不断深化，并将其作为调节收入分配、促进共同富裕的重要手段。第三次分配以慈善、捐赠等为主要实现方式，是缩小收入差距、实现共同富裕的有益补充。第三次分配基于社会成员自觉自愿的行动，国家税收政策可以给予适当鼓励，但不带任何强制性。随着社会财富积累的规模越来越大，全社会尤其是富裕群体更有能力和意愿为社会公益慈善事业作出贡献，第三次分配对促进共同富裕也将发挥更大作用。客观而言，当前我国慈善和捐赠热情虽然日益高涨，但其规模与经济总量还不匹配。构建和完善第三次分配制度，有赖于良好社会氛围的营造以及鼓励慈善事业发展的政策体系构建。

首先，要营造民心向善的良好氛围，鼓励与扩充第三次分配。第三次分配主要是指企业和个人在自愿基础上以捐赠形式实现的收入转移。虽然第三次分配是自愿而非强制性的，在实现共同富裕的过程中起到补充作用，但必须重视其在实现共同富裕中的作用。根据马斯洛需求层次理论，人的需求从低到高分别是生理需求、安全需求、归属需求、尊重需求和自我实现需求，其中自我实现需求是人们达到富裕阶段以后的需求，包括道德、创造力等内容，捐赠等慈善公益行为正是人们在道德和公平方面的自我实现。我国已经把第三次分配作为促进共同富裕的一项基础性制度安排，迫切需要在全社会营造有利于慈善事业发展的良好氛围。一方面，要加强媒体舆论引导，通过各种渠道加强对慈善文化、慈善理念的宣传教育，在全国上下形成主动参与慈善捐赠的行动自觉；另一方面，要着力加强对慈善捐赠人和慈善从业人员的精神鼓励，为慈善事业发展和第三次分配营造良好社会氛围，释放企业和中高收入人群参与慈善公益事业的需求，让慈善捐助成为个人自我价值实现、企业履行社会责任的重要组成部分。

其次，要加快完善法律法规。完善的法规制度是第三次分配健康发展的重要保障。应根据现实需要进一步完善社会公益事业相关法律法规，细化配套规定，为第三次分配提供法规制度保障。这样才能构建良好的分配秩序，形成正确的激励导向，有助于全社会弘扬勤劳致富、艰苦奋斗精神，主动通过自身劳动和努力去创造美好生活。为此，必须鼓励勤劳致富，保护合法收入，清理规范隐性收入，取缔非法收入，将分配制度建立在法治的轨道之上。要遏制以权力、垄断和不正当竞争行为获取收入，将收入获取建立在公平竞争和要素贡献基础之上。

再次，要进一步转变政府职能。探索建立政府与慈善组织沟通和服务的机制；增强慈善组织信息透明度，提高慈善组织的资源使用效率；加强对慈善组织的监督，提高慈善机构的公信度；及时总结第三次分配探索创新中的经验，进一步发现规律，完善相关政策和体制机制。

最后，要构建激励慈善的政策体系。第三次分配制度还应特别注重构建激励慈善捐赠的配套政策体系。要着力强化慈善公益顶层设计，为第三次分配提供配套政策支持，进一步细化落实各项慈善促进措施，切实保障慈善组织的合法权益，推动慈善事业快速发展；进一步完善有利于慈善事业发展的激励政策，通过在金融、税收、用地、慈善信托等方面给予慈善捐赠主体相应的优惠政策，有效激发市场主体参与慈善捐赠活动的积极性和主动性。①

三、促进共同富裕实现普惠民生

习近平总书记指出："共同富裕是中国特色社会主义的本质要求，是人民群众的共同期盼，是中国式现代化的重要特征，要坚持以人民为中心的发展思想，在高质量发展中促进共同富裕。"共同

① 黄姝菡，张奎，谭永生．新发展格局下构建高质量收入分配体系的路径研究［J］．经济问题探索，2022（2）：58-66.

富裕是中国特色社会主义的根本原则，所以必须使其发展成果更多更公平惠及全体人民，必须坚持先富带后富、帮后富，实现全社会的共同富裕。

改革开放后，我们党深刻总结正反两方面历史经验，打破传统体制束缚，允许一部分人、一部分地区先富起来，解放和发展社会生产力，在中国特色社会主义道路上分阶段逐步实现共同富裕。党的十三大制定分三步走到 21 世纪中叶基本实现现代化的发展战略：第一步解决人民温饱问题，第二步人民生活达到小康水平，第三步到 21 世纪中叶基本实现现代化。到 20 世纪末，我国成功实现了第一步和第二步目标，人民生活总体上达到小康水平，在迈向共同富裕的道路上前进了一大步。但是，当时达到的小康还是低水平的、不全面不平衡的小康。2002 年，党的十六大提出，在 21 世纪头二十年，集中力量，全面建设惠及十几亿人口的更高水平的小康社会。党的十八大以来，以习近平同志为核心的党中央把逐步实现全体人民共同富裕摆在更加重要的位置上，采取有力措施保障和改善民生，打赢脱贫攻坚战，全面建成小康社会，在团结带领人民创造美好生活、实现共同富裕的道路上迈出了坚实的一大步。共同富裕是全体人民的富裕，是人民群众物质生活和精神生活都富裕，不是少数人的富裕，也不是整齐划一的平均主义，而是通过先富带动后富、帮助后富，推动实现共同富裕。共同富裕具有鲜明的时代特征，是全体人民通过辛勤劳动和相互帮助，普遍达到生活富裕富足、精神自信自强、环境宜居宜业、社会和谐和睦、公共服务普及普惠，实现人的全面发展和社会全面进步，共享改革发展成果和幸福美好生活的状态。

（一）要下大力气完善覆盖全民的社会保障体系

习近平总书记指出：“社会保障是保障和改善民生、维护社会公平、增进人民福祉的基本制度保障，是促进经济社会发展、实现广大人民群众共享改革发展成果的重要制度安排，是治国安邦的大问题。”

首先，加快健全多层次社会保障体系。完善覆盖全民的社会保障体系，健全统筹城乡、可持续的基本养老保险制度、基本医疗保险制度，稳步提高保障水平。社会保障体系是让人民群众共享发展成果的“兜底制度”，是确保社会和谐稳定的“安全网”。因此，全面小康社会是否真正建立起来，共同富裕是否真正实现，从某种程度上说是要看社会保障体系是否真正“覆盖全民”。因此，要认真查摆我国现行社会保障体系存在的“短板弱项”，多管齐下，进行弥补和增强。

其次，发展成果更多更公平惠及全体人民。社会保障是民生安全网、社会稳定器，关系人民群众的切身利益。中国社会保障学会会长、中国人民大学教授郑功成代表委员表示，完善社会保障体系，要坚持尽力而为、量力而行，让发展成果更多、更公平惠及全体人民。“我们之所以能在短时间内实现社会保障制度全覆盖，靠的就是坚持党的领导和发挥中国特色社会主义制度优势。”“十四五”时期，要继续发挥集中力量办大事的制度优势，坚持制度引领，围绕全覆盖、保基本、多层次、可持续等目标，加强社会保障体系建设。

最后，确保各项改革形成整体合力。当前我国社会保障制度改革已进入系统集成、协同高效的阶段。要准确把握各方面、各领域间的联系，提高统筹谋划和协调推进能力，确保各项改革形成整体合力。“以医保改革为例，一方面，需要细化医保目录分级与分类管理，推进国家药品和耗材集中带量采购改革，深化医保支付方式改革，提高医保基金使用效能。另一方面，还要从医疗服务供给侧发力，让基本医疗保险制度实现可持续发展。当前，农民工、灵活就业人员、新业态就业人员等群体的社保问题备受关注。我们要健全灵活就业人员社保制度，让社会保障体系更好惠及全体人民，要把农村社会救助纳入乡村振兴战略统筹谋划，健全农村社会救助制度，进一步织密织牢民生保障网，让群众获得感成色更足、幸福感更可持续、安全感更有保障。

（二）在创新发展中增强实力，夯实共同富裕基础

创新是一个民族的灵魂，时代的发展，社会的进步，都离不开改革创新。经济发展是增加收入、推进共同富裕的基础，而创新是经济发展的第一动力，抓住了创新，就抓住了牵动经济社会发展全局的"牛鼻子"。促进共同富裕必须把创新摆在国家发展全局的核心位置，大力发展数字经济、智能经济、绿色经济等，以创新促发展，以发展增实力，做大国民经济"蛋糕"，不断实现好、维护好、发展好最广大人民根本利益，激发全体人民的积极性、主动性、创造性，形成人人参与的发展环境，扎实推动全体人民共同富裕。

习近平总书记强调，从大国到强国，实体经济发展至关重要，任何时候都不能脱实向虚。这不仅是提振中国制造业整体水平之需，也是中国经济迈向高质量发展的根基所在。这个问题，任何时候都不能忽视，任何时候都要坚定不移。制造业是实体经济的一个关键，制造业的核心就是创新，就是掌握关键核心技术，必须靠自力更生奋斗，靠自主创新争取。新的征程上，我们需进一步解决我国发展不平衡不充分问题，逐步缩小城乡区域发展和收入分配差距，推动全体人民共同富裕取得更为明显的实质性进展。在这一过程中，要把科技创新作为促进共同富裕的关键支撑，着力提高发展的平衡性、协调性、包容性，在高质量发展中促进共同富裕。

首先，以科技创新推动数字经济健康发展，为高质量发展提供动能，为扎实推动共同富裕夯实经济基础。互联网、大数据、云计算、人工智能、区块链等技术加速创新，日益融入经济社会发展各领域全过程，各国竞相制定数字经济发展战略、出台鼓励政策，数字经济发展速度之快、辐射范围之广、影响程度之深前所未有。与此同时，数字经济也是当前和今后一个时期科技创新的重要战略方向之一，涉及计算机、通信、信息服务等多个技术密集型产业。近年来，我国数字经济蓬勃发展，数字赋能产业转型升级成效显著，数字经济核心产业增长强劲，但同时也存在数字产业关键核心技术短板有待补齐、高水平人才缺乏、对中小企业转型带动不足等问题。在这些方面，尤其需要发挥科技创新的支撑和引领作用。

其次，以科技创新推动绿色发展，为扎实推动共同富裕夯实绿色低碳发展基础。良好生态环境是最普惠的民生福祉。我们扎实推动共同富裕，既要创造更多物质财富和精神财富以满足人民日益增长的美好生活需要，也要提供更多优质生态产品，不断满足人民日益增长的优美生态环境需要。当前，我国生态文明建设进入以降碳为重点战略方向、推动减污降碳协同增效、促进经济社会发展全面绿色转型、实现生态环境质量改善由量变到质变的关键时期，需进一步强化生态文明建设的科技支撑，以科技创新推进产业绿色转型，特别是要在推动绿色低碳科技创新上下功夫。

再次，以科技创新支撑产业发展和城乡区域协调发展，在高质量发展中促进共同富裕。巩固壮大实体经济根基，实现区域协调发展和城乡一体化发展，是实现共同富裕的必然要求。[①] 当前，我国传统产业改造升级尚不够快，战略性新兴产业尚未形成有力支撑，产业间劳动生产率和工资水平差距较大，区域和城乡发展不平衡不

---

① 任保平，巩羽浩．新发展格局构建中我国新经济发展的政策支持体系构建［J］．湘潭大学学报（哲学社会科学版），2021，45（4）：41–48.

充分问题仍然突出。扎实推动共同富裕，就要着力提高发展的平衡性、协调性、包容性。既要在提升产业发展的协调性上下功夫，依托科技创新赋能传统产业、催生新兴产业，又要增强区域发展的平衡性，更好实施区域重大战略和区域协调发展战略，依靠科技创新不断缩小地区之间和城乡之间的发展差距，实现区域协调发展和城乡一体化发展。

最后，必须深化科技创新体制改革。在国内外发展环境条件变化新形势下，一是要构建社会主义市场经济条件下关键核心技术攻关新型举国体制，把集中力量办大事的制度优势、超大规模的市场优势同发挥市场在资源配置中的决定性作用结合起来，以健全国家实验室体系为抓手，加快建设跨学科、大协作、高强度的协同创新基础平台，强化国家战略科技力量。二是要加大基础研究投入，健全鼓励支持基础研究、原始创新的体制机制。三是建立以企业为主体、市场为导向、产学研深度融合的技术创新体系，支持大中小企业和各类主体融通创新，创新促进科技成果转化机制，积极发展新动能，强化标准引领，提升产业基础能力和产业链现代化水平。同时要弘扬科学精神和工匠精神，完善科技人才发现、培养、激励机制，健全符合科研规律的科技管理体制和政策体系，改进科技评价体系，这对于充分尊重和极大调动人才第一资源的创造精神，十分重要。

（三）坚持和完善基本经济制度，处理好效率与公平的关系

习近平总书记指出："必须坚持和完善我国社会主义基本经济制度和分配制度，毫不动摇巩固和发展公有制经济，毫不动摇鼓励、支持、引导非公有制经济发展。"在社会主义条件下发展市场经济，是我们党的一个伟大创举，是我国社会主义基本经济制度的一项创新性的内容。我国经济发展获得巨大成功的一个关键因素，就是我们既发挥了市场经济的长处，又发挥了社会主义制度的优越

性，具有把“有为政府”和“有效市场”有机结合起来的优势，有利于政府发挥强有力的宏观调控作用，防止出现周期性的经济危机，依法加强对资本的有效监管，防止资本野蛮生长，保障全体人民的长远和共同利益，为经济持续健康发展提供政策保障；同时也有利于激发各类市场主体活力，实现产权有效激励、要素自由流动、价格反应灵活、竞争公平有序、企业优胜劣汰，使一切有利于社会生产力发展的力量源泉充分涌流，为经济持续健康发展提供强大增长动力，保证在高质量发展中促进全体人民共同富裕的实现。

要坚持以公有制为主体、多种所有制经济共同发展，以按劳分配为主体、多种分配方式并存的社会主义基本经济制度，既体现了社会主义制度优越性，又同我国社会主义初级阶段社会生产力发展水平相适应，是党和人民的伟大创造。必须坚持和完善基本经济制度，正确处理效率和公平的关系，坚持“两个毫不动摇”，才能真正扎实推进共同富裕。推动有效市场和有为政府的更好结合，激发各类市场主体活力。完善收入分配制度，把按劳分配和按生产要素分配结合起来，建立健全初次分配、再分配、三次分配的调节机制，缩小贫富差距，促进社会公平正义。

首先，坚持和完善社会主义基本经济制度。社会主义基本经济制度是中国特色社会主义制度的根基，对国家治理体系和治理能力现代化有着重要影响，是新时代经济改革发展的根本遵循。为了更好地坚持和完善中国特色社会主义制度，推进国家治理体系和治理能力现代化，深化经济体制改革、促进经济高质量发展，必须坚持和完善社会主义基本经济制度。毫不动摇巩固和发展公有制经济。深化国有企业改革，完善中国特色现代企业制度，使国有企业成为更加符合社会主义市场经济要求的市场主体，培育具有全球竞争力的世界一流企业。推进国有经济布局优化和结构调整，发展混合所有制经济，在市场竞争中增强国有经济的竞争力、创新力、控制力、影响力、抗风险能力，做强做优做大国有资本。转变国有资产监管机构职能，形成以管资本为主的国有资产监管体制，有效发挥国有资本投资、运营公司功能作用。毫不动摇鼓励、支持、引导非公有制经济发展。着力放开市场准入，解决中小企业融资难问题。支持建立面向民营企业的共性技术服务平台，提升民营企业技术创新能力。减轻企业负担，引导民营企业进行跨地区、跨行业兼并重组，培育一批特色突出、市场竞争力强的大企业集团。健全支持民营经济、外商投资企业发展的法治环境，完善构建亲清政商关系的政策体系。健全支持中小企业发展制度，促进非公有制经济健康发展和非公有制经济人士健康成长。

其次，完善社会主义分配制度，实现效率与公平的统一。坚持多劳多得，着重保护劳动所得，增加劳动者特别是一线劳动者劳动报酬，提高劳动报酬在初次分配中的比重。切实保证劳动者共同参与财富创造，共享发展成果，维护公平正义，实现共同富裕。健全知识、技术、管理、数据等生产要素由市场评价贡献、按贡献决定报酬的机制。健全以税收、社会保障、转移支付等为主要手段的再分配调节机制，合理调节城乡、区域、不同群体间分配关系。遏制以不正当竞争获取收入的行为，将收入获取建立在公平竞争和要素贡献的基础之上。规范收入分配秩序，鼓励勤劳致富，保护合法收入，将分配制度建立在法治的轨道之上。增加低收入者收入，扩大中等收入群体，调节过高收入，形成橄榄型的收入分配结构。

再次，推动实现公平正义和共同富裕。按劳分配体现了公有制条件下劳动者根本利益的一致性，根据劳动者劳动贡献的质量和数量进行分配，多劳多得，有利于调动劳动者的生产积极性、主动性。资本、土地、知识、技术、管理、数据等生产要素按贡献参与分配，激励要素所有者将各类生产要素积极投入社会财富生产过程中，有利于提高要素使用效率，节约社会资源。作为社会主义基本经济制度的组成部分，按劳分配与按要素贡献分配相结合具有显著优势，它让劳动、知识、技术、管理、资本的活力竞相迸发，让一切创造社会财富的源泉充分涌流，让发展成果更多更公平惠及全体人民，有力推动了公平正义和共同富裕，充分显示了社会主义制度的优越性。

最后，保障经济行稳致远。社会主义基本经济制度坚持以公有制为主体，这是我国集中力量办大事举国体制的坚实经济基础。举国体制通过中长期经济社会发展规划、国家重大发展战略、国有经济战略布局、宏观调控政策、产业发展政策、微观规制政策、社会管理政策等手段，保持宏观经济总量和结构平衡，保重点，补短板，能够有效防范和克服系统性风险和经济波动。社会主义基本经济制度坚持多种所有制经济共同发展，充分尊重经济主体的独立性和自主性，让市场在资源配置中发挥决定性作用，充分激发了市场活力。将社会主义集中力量办大事的制度优势与市场调动各方积极性的优势结合在一起，有效化解了个人利益与社会利益、局部利益与整体利益、短期利益与长期利益之间的矛盾，有助于实现经济健康稳定协调发展，保障经济的行稳致远。

第六章　建设彰显优势、协调联动的区域发展体系

关于区域协调发展，习近平总书记亲自谋划、亲自部署、亲自推动。习近平总书记在党的十九大报告中明确提出要“实施区域协调发展战略”“建立更加有效的区域协调发展新机制”“要着力增强发展的整体性协调性”“要根据各地区的条件，走合理分工、优化发展的路子，落实主体功能区战略，完善空间治理，形成优势互补、高质量发展的区域经济布局”。这是中国特色社会主义进入新时代，以习近平同志为核心的党中央紧扣我国社会主要矛盾变化，按照高质量发展的要求提出的重要战略举措，对促进我国经济社会持续健康发展具有重要而深远的意义。党的十八大以来，以习近平同志为核心的党中央高瞻远瞩、审时度势地提出了京津冀协同发展、长江经济带发展、粤港澳大湾区建设、长三角一体化发展、黄河流域生态保护和高质量发展、成渝地区双城经济圈建设等新的区域发展战略，深入推进西部大开发、东北全面振兴、中部地区崛起、东部率先发展。随着这些区域发展战略的实施，我国各区域经济总量不断攀升，经济结构持续优化，区域协调发展成效显著。

一、新时代区域协调新发展格局的科学内涵与框架体系

习近平总书记指出，我国经济由高速增长阶段转向高质量发展阶段，对区域协调发展提出了新的要求。“不平衡是普遍的，要在发展中促进相对平衡。这是区域协调发展的辩证法。”面对新情况、新要求，从国家发展全局的高度去擘画和推动，跳出“一城一地”得失来思考发展路径，习近平总书记指出：“不能简单要求各地区在经济发展上达到同一水平，而是要根据各地区的条件，走合理分工、优化发展的路子。”“解决发展不平衡问题，要符合经济规律、自然规律，因地制宜、分类指导，承认客观差异，不能搞一刀切。”学界和决策层对区域协调发展内涵的认识是一个由浅入深，由局部到全局的过程，是在国家改革开放事业进程中逐步形成的区域协调发展内涵的基本认识。

（一）新时代区域协调新发展格局的科学内涵

《中华人民共和国国民经济和社会发展第十四个五年规划和二〇三五年远景目标纲要》（以下简称为《纲要》）开辟专门篇章论述区域协调发展，勾勒区域协调发展的总体思路与方向，明确区域协调发展的战略目标，提出区域协调发展的战略举措，凸显出区域协调发展战略在实现第二个百年奋斗目标的重要性，意味着我国进入了实施区域协调发展战略的新阶段。新发展阶段赋予区域协调发展的新方向、新要求、新使命。

1. 以构建新发展格局为根本方向

《纲要》明确提出加快构建以国内大循环为主体、国内国际双

循环相互促进的新发展格局。这就要求加快研究适应新发展格局的区域经济布局，以要素市场一体化为导向，深化地区间产业合理分工，打通区域间的生产、分配、需求、流动的内部和外部循环发展的堵点，破解在区域协调发展机制中面临的阻碍，促进要素有序自由流动，加快推进区域一体化进程，从而提升资源空间配置效率，实现区域协调发展的“双循环”新格局。

2. 以推动高质量发展为根本要求

《纲要》明确提出，“十四五”时期经济社会发展要以推动高质量发展为主题。这体现党的十九大关于我国经济已由高速增长阶段转向高质量发展阶段的科学判断，标志着全党对经济社会发展规律的认识和运用达到新高度。因此，要把高质量发展融入区域协调发展战略中，进一步丰富区域协调发展的基本内涵和空间层次，切实提升区域发展的质量、效率和动力，实现各地区更高质量、更有效率、更加公平、更可持续、更为安全的发展格局。

3. 以增进民生福祉为根本宗旨

《纲要》明确提出，“十四五”时期经济社会发展必须遵循坚持以人民为中心的原则。这是由全党的根本宗旨、我国经济社会发展的根本目的和人民在国家的主体地位决定的。因此，必须践行以人民为中心的发展思想贯彻落实到区域协调发展的各方面，切实做到协调发展成果惠及全体人民，在发展过程中实现区域公平。这里公平的着眼点主要不是缩小地区间经济总量的差距搞平均主义，而是缩小地区间人民享有的基本公共服务、交通基础设施、生活保障水平等方面差距。

4. 以坚持系统观念为根本方法

《纲要》明确提出，“十四五”时期经济社会发展必须遵循坚持系统观念的原则，加强前瞻性思考、全局性谋划、战略性布局、整体性推进。这是增强区域协调发展的整体性、全局性、协同性的必由之路，也是全党一贯坚持的科学有效的工作方法。因此，需要牢固树立系统观念，坚持全国“一盘棋”，更好发挥中央、地方和各方面积极性，统筹重大战略、重大布局、重大举措的时空功能，明确空间结构优化和重大生产力布局安排。也就是说，要善于从整体上、全局上把握，而不是片面地、零散地、孤立地看待区域协调发展的问题，这将为我国应对复杂局面，推动区域协调发展提供强大思想武器和科学行动的指南。

（二）区域协调发展的理论依据

1. 均衡发展战略

（1）综合平衡发展战略

综合平衡发展战略产生于新中国成立前到成立初期物质资金极度匮乏的特定历史条件下，并在此后的经济建设中不断得到丰富与发展，对我国的经济发展起到了举足轻重的作用。

综合平衡发展战略思想的重要理论来源是马克思主义的社会再生产理论，社会再生产理论在社会总需求的平衡方面提出了社会总产值与总购买力的平衡，物耗价值与补偿基金的平衡以及消费基金与积累基金的平衡。在结构平衡方面提出了社会总产品在实现过程中的三大交换关系，即两大部类之间的交换、第一部类内部各部门之间的交换和第二部类内部各部门之间的交换。作为马克思主义中国化的重要成果，陈云、薄一波等以马克思主义社会再生产理论作为基础，在详细分析国民经济客观存在的各种比例关系的基础上，提出了更具实践意义的综合平衡发展战略。该战略认为社会主义国家在经济发展中应保持总量平衡和结构平衡，尤其应注重财政（基础）、信贷、物资和外汇四个方面的平衡，并指出要使国民经济发展中的各种比例关系协调，秉承建设规模与综合国力相适应的原则，实施略有结余的财政政策，在消费、投资等领域的增长方面考虑综合国力。

尽管从现在来看，综合平衡发展战略中的一些主张与在供给过剩、有效需求不足的背景下主张财政赤字无害的凯恩斯主义的调控理念格格不入，但其寻求区域经济协调发展的思想精髓在今天依然是有价值的。

（2）可持续发展战略

如果说综合平衡发展战略是横向均衡战略的代表的话，那么可持续发展战略无疑是纵向均衡战略的典型代表。该战略思想于1987年由时任世界环境与发展委员会主席布伦特兰夫人第一次提出。可持续发展战略是指实现可持续发展的行动计划和纲领，是在社会、经济、生态、环境多个领域实现可持续发展的总称。它所追求的目标是既要使当代人的各种需要得到满足，又要保护资源和生态环境，不对后代的生存和发展构成威胁。它特别关注的是各种经济活动的生态合理性，强调人口、资源、环境、经济、科技、社会等各方面达成相互协调和平衡。说到底，就是要在地球系统和人类系统之间建立一种和谐平衡的关系。

可持续发展战略思想对我国现阶段协调发展理念的提出具有重要的影响。作为一个人口多、底子薄、资源有限的发展中国家，不计后果地盲目追求经济增长必然会导致我国资源环境状况的不断恶化，使经济发展遇到瓶颈，因此我国高度重视经济发展与生态环境的协调，将经济发展的目标由单纯地追求经济总量的增长转变为全面改善经济发展的结构和质量、提高人口素质、节约资源和保护环境等。从这个意义上说，我国现阶段的经济发展理念与可持续发展战略是一脉相承的。

（3）比较优势发展战略

比较优势发展战略源于古典比较优势贸易理论，是均衡发展战略的又一流派（尽管其政策主张中包含了非均衡发展的成分），其在我国的代表人物为林毅夫。根据该战略，任何国家的发展战略都应该基于其比较优势，否则将会产生极为严重的负面影响。该流派认为实行赶超式发展战略的国家之所以取得成就并非因为赶超式发展战略的成功运用，而是因为赶超式发展战略在促使一国某些产业迅速发展的同时，也扭曲了该国国内的市场价格和汇率水平。比较优势发展战略认为真正促使后发国家经济腾飞的关键在于能够在经济发展的特定阶段不失时机地恰当利用本国的要素禀赋。该战略同时认为由于赶超式发展战略将不可避免地造成资源极大的浪费，因此不可能维持长期的发展，尤其是对人口规模较小、资源蕴藏量并不大的国家来说更是如此。发展中国家应在逐步调整资源禀赋结构的基础上进行技术创新和产业结构的调整和优化升级，在较短时间内实现国民经济稳定、快速、持续增长，从而在总体发展水平上赶上发达国家。

比较优势发展战略假定各个经济体具有不同的经济优势，应利用这种相对优势进行分工和贸易，从而寻求各自利益最大化。这种范式是典型的古典主义经济解说，而古典主义构想的经济世界就是均衡的世界。各个经济体的相对优势只有在一个均衡的世界体系之中才能判定，离开这个均衡的世界经济体系，各个经济体的比较优势是模糊不清的。值得一提的是，该战略隐含着一个经济体利用静态相对优势寻求动态均衡发展，从而以初始的非均衡优势发展到均衡的意思，这与后面提到的非均衡发展战略有相似之处。但是它在总的战略理念上依然属于均衡发展战略。在比较优势发展战略的贯彻执行上，民主德国提供了良好的范例。早在 20 世纪七八十年代，民主德国就提出了“发展经济同改善人民生活相统一”的战略，积极引导科技创新，通过全面集约化生产促进经济增长。根据该战略思想，民主德国利用自身科技优势，采取了以煤代油，对原材料和半成品进行精加工和广泛利用再生原料等的集约生产战略，以市场为导向，重视产品升级换代和提升产品质量等的产品战略，以及加强基础设施建设和企业设备及时更新改造的投资合理化战略，充分发挥其在人才、技术和资金等方面的优势，自 20 世纪 70 年代起始终保持 4%以上的年经济增长率，遥遥领先于其他东欧国家。

2. 非均衡发展战略

非均衡发展战略是指，根据本国自身的实际情况，选择优先发展的产业和地域，集中有限的资金、技术和资源进行重点发展或因地制宜地发展本国核心竞争要素，通过重点产业、核心地区以及核心竞争要素的发展带动其他地区、产业乃至整个国民经济的发展。具体而言，非均衡发展战略又可细分为核心——边缘发展战略、竞争优势发展战略。

（1）核心——边缘发展战略

该战略的代表人物是发展经济学家阿尔伯特・赫希曼。他强调通过核心区的非均衡发展带动整个经济体的发展。由于各地区的资源禀赋和发展水平存在差异，将有限的资源首先投向效益较高的区域和产业，并进一步带动其他区域和产业的发展，要比齐头并进的发展战略更加具有现实性。核心区的迅速发展能够通过“涓滴效应”带动其他地区的发展。在提出区域非均衡发展的同时，赫希曼认为产业发展亦应采用非均衡发展战略，即某一产业的经济活动能够通过产业之间的关联效应影响其他产业的经济活动。关联效应较强的产业能够对其他产业和部门产生很强的前向关联、后向关联和旁侧关联，并依次通过扩散影响和梯度转移形成的“波及效应”来促进区域经济的发展。区域内主导产业只有与其他产业具有广泛密切的技术经济联系，才有可能通过聚集经济与乘数效应的作用带动区域内相关产业的发展，进而带动整个区域经济的发展。国民经济中那些产业关联效应较强的产业得到足够的发展后，就会带动其他产业同时发展，最终实现一国经济的均衡发展。我国改革开放之初所采用的优先发展沿海地区经济的出口导向型经济发展战略即可归为该战略。沿海地区交通便利、资源丰富，通过特殊的政策安排和扶持不仅可以使沿海地区迅速取得经济发展优势，形成产业集群和技术人才优势，而且可以通过示范效应和产业链效应带动内陆地区一系列相关产业的发展。经过三十多年的改革开放，我国沿海地区的经济结构、产业结构变化显著，资金密集型和技术密集型企业的占比不断提高，以高科技产业园区为核心的产业集群基本形成；与此同时，承接发达地区资金、科技、产业优势的内陆产业也获得了巨大的发展机遇，在与发达地区进行内外资源、生产要素以及产品市场的对接整合过程中形成了自身完整的产业体系，实现了与发达地区经济的良性互动发展。

（2）竞争优势发展战略

竞争优势发展战略以迈克尔·波特等人为代表，该战略通过钻石模型诠释了国家竞争优势的真正源泉。钻石模型由生产要素，需求条件，相关产业与支持性产业，企业战略、结构和同业竞争四个核心要素构成，机会和政府作为两个变量与这四个核心要素构成菱形关系。该战略的核心理念在于把实现经济均衡的功能留给市场自身，政府和企业要做的事情是全力打造和培育产业的核心竞争力。一旦获得核心竞争优势，围绕着核心竞争优势形成的整体均衡就会自动实现。波特认为，国家竞争优势的重要来源为产业链集群，即在地理上互相靠近、在技术上和人才上互相支持并具有国际竞争力的相关产业和支持产业所形成的产业链。地理上的相对集中不仅可以加强同业之间的竞争，而且可以缩短相互之间沟通的渠道，加速相互学习，有利于观念创新与交流，不断扩大其专业人才队伍和专业研究力量，从而形成产业集群内部的一种自加强机制，这种由本地企业组成的上下游配套齐全的产业发展链条所形成的国际竞争优势是很难被其他国家的企业超越的。克林顿政府时期的美国经济无疑是这一战略成功应用的最好诠释，克林顿上任伊始便在科技创新的心脏——硅谷地区——发布了代表美国未来经济发展方向的纲领性文件——《技术为美国经济增长服务：一个建设经济实力的新方针》，确立了以硅谷为核心建立科技产业集群来打造国家竞争优势的经济发展战略。基于该战略思想，克林顿政府成立了内阁级的国家科技委员会作为技术政策的决策机构，将先进技术计划、制造业发展合作计划正式确定为国家计划，制定了促进军转民和“两用”技术开发的技术再投资计划，在克林顿政府的强力推动下，美国以产业技术为重点的国家技术政策体系和产业链条逐步形成。随着该战略的顺利实施，美国的 GDP 由 1992 年的 6.1 万亿美元持续增长到了 1999 年的 9.1 万亿美元，国家经济总量提升了近一半，占全球 GDP 的百分比也从 1992 年的 23% 上升到了 1999 年的 28%，剔除膨胀因素，实际的年增长率达到了 4%，出现了美国经济近三十年来最长的也是增长最快的一段黄金时期。在此期间，美国政府的财政收支也从 1992 年创纪录的负债 2900 亿美元转变为 1997 年首次出现持平，而 1999 年的财政盈余则达到空前的 2110 亿美元。在就业方面，克林顿执政期间共创造了 2200 万个新的就业岗位，失业率为三十年来的新低。

（三）不同发展阶段的战略范式选择

不同的战略流派各有特点，各有自身的现实意义。然而无论采取哪种发展战略范式，都要充分考虑不同国家的国情。从实际经历考察，一个国家始终奉行一种发展战略并一以贯之是很难成功的；相反，依照国家发展所进入的一定阶段采用适合于该阶段的战略往往是成效显著的。

1. 起步阶段：非均衡发展战略占据主导地位

对于经济刚刚起步的国家来说，采取均衡发展战略往往不切实际，受自身资源、技术水平以及工业基础等的限制，一国很难同时使所有产业部门的发展齐头并进，因此集中资源发展有相对优势的地区和产业，通过核心区的发展来带动边缘区的发展，通过终端产品产业的发展来带动中间产品产业和初级产品产业的发展，对于工业基础差、科技水平低、资本投资能力差的国家无疑具有重要的实践意义。然而实施非均衡战略存在的风险也是显而易见的。

其一，非均衡战略的成功实施依赖于对优先发展的核心区域和重点产业的正确选择。处于经济发展初期的国家由于经济建设经验匮乏，也鲜有现成的适合本国的经济发展战略可循，因此在确定战略方针时存在较大的盲目照搬套用发达国家的经济建设经验的倾向，而一旦核心区域或重点发展产业的确定出现失误，如将资源禀赋较差的区域确定为核心区，将产业关联性不强或不具有发展潜力的产业确定为重点产业，就势必会浪费大量的资源和财力。这对于急于利用有限资源优先发展地区和产业的国家而言无疑将会造成毁灭性的后果。

其二，尽管优先发展核心区域和重点产业的最终目的是带动边缘区域和其他关联产业的发展，但在核心区域与边缘区域之间的所谓“极化效应”和“涓滴效应”的作用下，区域之间或是产业之间并不必然会形成循序渐进、相互促动的发展格局，相反还有可能形成巨大的地区间和产业间的发展断层，导致贫富差距扩大和社会矛盾激增。如何利用已经发展起来的核心区域带动边缘区域、利用优先发展的重点产业的关联效应催生有竞争力的中间产业和初级产业是非平衡发展战略成功实施之后所出现的问题。

成功地采用非均衡发展战略实现经济腾飞的国家在成功之后，地区之间和产业之间比例严重失调等问题也渐渐显露出来，低端产业产品换取高技术高附加值产品的发展模式不仅没有形成有竞争力的核心产业和产业集群，而且丧失了本国一部分既有的核心竞争力，沦为发达国家的经济附庸。苏联的发展经验尤其值得我们借鉴。苏联的发展战略大体上可分为两个阶段。第一个阶段即列宁和斯大林时期到 20 世纪 60 年代末，列宁于十月革命前夕提出赶超思想并由斯大林进一步贯彻执行，该战略的核心思想是通过加快技术进步促进经济发展，通过短期内形成坚实的工业基础缩小与西方发达国家的差距。通过这一时期的发展，苏联一跃成为世界上第二大工业强国，且许多重要工业产品的数量都超过美国。第二阶段即自 20 世纪 70 年代起至苏联解体，基于产业结构严重失调的状况，苏联及时调整了经济发展战略，并将改善人民生活作为目标。然而由于长期以来重化工业优先发展所形成的路径依赖，苏联的经济战略转变并不成功，在调整产业结构、提高经济质量和效率以及改善人民生活水平方面的成效有限，最终与其实现经济强国的宏伟目标渐行渐远。

2. 腾飞阶段：从非均衡战略到均衡战略的过渡

对处于经济腾飞初期的国家而言，由于在起步阶段已经初步完成基础设施建设，拥有相对良好的内部投资环境，采用均衡发展战略固然可以在继续巩固和发展具有竞争优势的产业部门的同时弥补和修复在工业化初期非均衡发展战略造成的种种弊端，然而，工业基础薄、技术水平低、核心竞争力差的弱势很容易在均衡战略的实施中凸显出来，甚至还有可能导致在起步阶段积累起来的优势丧失殆尽。而且，腾飞初期的发展中国家虽然劳动力资源丰富，但无法实现充分就业，虽然某些区域已经形成了潜在的优势，但无法转化为实实在在的产业优势，虽然某些行业初具发展动力，但无法完成飞跃。在这种情况下，国家利用在起步阶段因推行非均衡战略而累积起来的比较优势，通过积极有效的产业政策打造优势产业和经济发达区域，不仅可以鼓励先发产业带动后发产业，先发地区带动边缘区的发展，最终开创一个均衡、合理的发展局面，而且可以避免均衡发展战略需要大规模资金和技术投入的问题。20 世纪 50 年代至 60 年代的日本和亚洲“四小龙”所创造的奇迹，以及我国在改革开放初期提出的沿海地区优先发展的战略思想，都可以说是依靠政府的调控能力和产业政策进行倾斜式发展的成功案例。

当然，腾飞阶段的非均衡发展战略并非一成不变，该战略成功实施的关键在于能够根据实际情况及时准确地进行调整，这在日本赶超式战略的实践中表现得尤为显著。20 世纪 70 年代以前，日本政府实施子产业合理化政策，通过设备更新和技术改进来促进基础工业的发展，通过租税特别措施、财政投资贷款、海运利息补贴、外汇配额等取得了赶超式发展战略的巨大成功，在钢铁、造船、机械乃至整个工业制造业领域日本都完成了对欧洲主要经济体的超越，逐步成为世界第二大经济体。然而日本的赶超式发展战略并没有僵化地一路走下去，在西方发达国家技术溢出效应降低和资本边际效应递减双重因素的作用下，在单纯依靠吸收和改进发达国家技术取得相对竞争优势的发展战略难以为继的背景下，日本采取了竞争优势战略，提出了“技术立国”的发展方针，逐步从资源密集型的产业转向了知识、技术密集型的产业，开发了具有自主知识产权的先进技术，培养了本国产业的核心竞争力，以此摆脱了对美欧的技术依赖，从而一举占据了高科技领域的制高点。

韩国明显地依循了从非均衡战略向均衡战略转变的过程，韩国经济从 20 世纪 60 年代的起步阶段进入 20 世纪 90 年代的腾飞阶段，高速增长的消极后果是首都经济圈过于集中，国土资源布局严重失衡，为此韩国政府主动采取区域均衡战略，积极实现战略转型。其区域均衡战略包含国家中枢管理功能的分散化、中央向地方下放行政和财政权力的分权化、战略产业向地方合理分布的分工化三个核心内容。难得的是，这个国家均衡发展战略在政府更迭过程中始终被坚持。

新加坡的经济发展也同样经历了从非均衡发展到均衡发展的过程，面临立国初期工业基础薄弱，既缺乏资金设备，又缺少技术和管理人才的客观现实，新加坡政府当局将吸引外国投资，利用外国的资金、设备、生产技术和管理技术来促进本国工业发展作为经济战略的重点，外国投资额曾一度占据投资总额的 3／4，并主要集中于石油提炼、电子电气、金属机械和修造船等主要工业部门。新加坡政府在制定国家经济发展战略的同时还根据各个战略阶段所出现的新情况、新问题，及时地对其进行调整，在工业化战略取得成功后，及时根据国情推行各项社会发展计划，如公共建屋计划与城市重建计划、教育事业计划以及家庭计划等，实现了经济与社会的适度平衡发展。

而反观历史上同样实施过以重化工业为导向的倾斜式发展战略的苏联，由于没有及时对其已经失衡的产业结构做出必要的调整，并且在与美国的争霸过程中让经济发展的重心变本加厉地向重工业和军工业领域倾斜，因而国民经济过度失衡，走向了崩溃。

在经济腾飞阶段，顺利实现发展战略的转型是非常必要的，但是也是比较困难的，因为放弃一种在现实中已经成功的战略，转而采用一种还只是在口头上宣称必要的战略，没有确切的事实和依据难以做到。战略显效往往需要较长的时间，而在没有新的战略成功证明的情况下，改变原来的战略十分困难。

3. 发达阶段：以均衡发展实现可持续

从目前世界不均衡发展的现实角度看，已经达到经济发达水平的国家必然要在一些重要产品的生产中占据绝对垄断的优势地位。此时，采取波特的竞争优势发展战略似乎是这类拥有先发优势国家的必然选择，其可以借此打造国家竞争优势，从而在全球产业链竞争中取得优势，在利益的全球化分配环节获得更高的利润。但是在国内发展上，经济发达国家都开始推行均衡发展战略。以日本为例，其早在 20 世纪 80 年代就在国内推行社会经济协调发展战略，当然成效并不显著。在经历了 20 世纪 90 年代的经济停滞之后，日本开始重新将经济的增长点放在全新的产业上。根据日本经济产业省最新编制的《日本新经济增长战略》，日本提出的是新经济增长战略、新能源战略和全球经济战略并行的发展战略。在其战略中，新能源领域的国际合作、能源应急策略、尖端技术研发、打造品牌等都是要点。另一个采用非均衡发展战略取得成功的国家韩国则在进入经济全球化时，更加明确地宣布国家由非均衡发展进入均衡发展阶段。在均衡发展阶段，国家的发展战略侧重于平衡区域之间以及社会各个阶层之间的发展。

目前处于发达阶段的经济体已经就均衡发展达成了共识。作为这个均衡战略的集中表达形式，可持续发展战略业已成为发达国家的首选。但是这种均衡发展战略要想在非均衡状态的全球化过程中取得成效，还要其他发展中国家给予配合。而此时，广大的发展中国家以及新兴经济体尚处于发达阶段之前的发展阶段，适合于它们的发展战略还是非均衡战略。由于各国在不同阶段上推行各自不同范式的发展战略，因而在总体上会产生复杂的局面。目前，发达国家力图用其均衡发展战略的理念引诱发展中国家改变自己目前适宜的发展战略，而这需要付出额外的代价才能有双赢的局面。

二、客观辩证地看待我国区域经济发展的问题

区域经济发展是一个复杂的巨系统，在摸清发展规律之前，盲目下结论和做干预并不一定总是能达到预期的政策效果。所以建议，应该客观辩证地看待区域经济发展的问题。习近平总书记深刻指出："我国经济发展的空间结构正在发生深刻变化，中心城市和城市群正在成为承载发展要素的主要空间形式。我们必须适应新形势，谋划区域协调发展新思路。"新形势下促进区域协调发展，就要按照客观经济规律调整完善区域政策体系。近些年来，区域协调发展持续释放出中国经济的潜力。从京津冀到粤港澳，从长江之滨到黄河之畔，从东部到中部、西部，不同地区发展相互促进、相得益彰，共同推动大国经济高质量发展。

（一）人们在观念和意识上对平衡发展存在一系列误解

长期以来，经济空间集聚和区域平衡发展两者间一直被认为是存在矛盾的。学术界普遍认为，经济的"过度集聚"是导致资源空间错配进而产生地区间收入差距的主要原因。管理学上有一个著名的"霍桑实验"，就是人们对某种"政策实验"的态度，而不是经济刺激，在决定其行为方面起着重要作用。就是当我们每一个人都认为"东北问题""北方问题"是一个区域经济问题的时候，这种"态度""观念"很大程度上比这些地区实际存在的经济基本面上的问题更多地成为"区域问题"的重要来源。通过"霍桑实验"视

角来看，之所以出现空间错配的导向，是因为人们在观念和意识上存在一系列误解。一方面，规模经济和大城市发展对现代经济增长的重要推动作用并没有被充分理解和重视，相反大城市出现的一些交通拥堵和环境污染问题却被简单地归结为“要素过度集聚”。另一方面，人们又对经济和要素的集聚过分惧怕，担心经济的集聚会导致区域经济发展不平衡。而事实上，人们混淆了规模的平衡（均匀）和人均的平衡之间的关系，进而将区域间平衡发展错误地理解为经济和要素的均匀分布，而这不是真正意义上的平衡发展。真正意义的平衡发展是人均平衡发展，包括人均 GDP、人均实际收入和生活质量三个层面，这些目标均可以借助要素自由流动来实现。例如，在美国、日本和欧洲国家，经济的地区集聚程度都远远高于中国，但其人口空间分布和经济空间分布高度一致，实际上地区之间的人均 GDP 是大致相当的。而中国的情况是，区域间的经济集聚程度远低于发达国家，区域间人均 GDP 的差距不是因为经济的集聚程度太高，而是因为相对发达地区的人口份额远低于 GDP 份额，而欠发达地区的人口份额远高于 GDP 份额。换句话说，中国人口的集聚程度明显低于经济的集聚程度，才是导致区域间不平衡发展的真正原因。

（二）区域一体化背景下经济空间集聚和区域平衡发展并不矛盾

1. 区域一体化背景下集聚经济能够促进区域间收入的合理分配

经济集聚的“极化效应”和“涓滴效应”是优先发展核心区域和重点产业带动边缘区域和其他关联产业的重要机制。现代经济的发展，不管是理论上还是一些发达国家的历史经验里，都说明经济的集聚可以伴随着不同地区之间、不同城市之间、农村和城市之间在人均 GDP、人均收入和生活质量方面的均等化。我国过去将近 20 年的发展也有同样的规律。换句话说，如果我们把均衡发展理解为人均意义上的差距缩小的话，中国今天正在出现的态势是，经济和人口在向少数地区集中，但是地区之间、城乡之间、南北之间的人均 GDP 差距都是缩小的。这就是发展理念的变化。

一方面，在规模经济效应的驱动下，人口城市化并向中心城市周围的都市圈以及沿海地区集聚，是城乡和区域发展的客观规律。另一方面，人口流动的结果是城乡地区间实际收入和生活质量趋同。具体来说，当区域间存在收入差距时，劳动力从欠发达地区向发达地区流动，使得欠发达地区的人均资源拥有量（如土地、矿产等）提高，从而推动欠发达地区人均收入的提高；而发达地区因为人口流入，使得劳动力市场供给充足，工资上升速度放缓。在这两种效果的共同作用下，人口流动会导致区域间人均收入差距缩小，而收入差距的缩小反过来又会削弱人口流动的动力，最终地区间人均收入和各城市的人口规模都达到“空间均衡”的状态。

2. 区域一体化背景下集聚经济能够推动地区间资源的有效配置

改革开放以来，特别是 20 世纪 90 年代中期以来，随着我国市场经济的开放程度和市场化进程的日益深化，出现了要素从中西部地区向东部沿海地区和大城市（包括中西部的大城市）集中的趋势，到目前为止这一趋势不仅没有逆转，还仍然在不断加强。同时，随着中国全面开放发展战略的深入，具有得天独厚地理优势和港口条件的沿海地区逐步出现了国际剩余资本和国内剩余劳动力结合的经济发展方式。这种发展方式促使沿海地区，特别是京津冀、长三角和珠三角地区成为国际国内资本和劳动力投资的热点，促进了出口导向型的经济发展战略，创造了就业和收入，从而成为要素流入地。与此相反，中西部地区却成了要素流出地。而资本与劳动之所以在沿海地区结合，就是因为沿海地区具备了国际贸易最便宜的运输方式——海运。

所以“集聚经济”是市场经济的必然产物。当产业集聚处于起步阶段时，在外部规模经济效应的驱动下，要素在中心城市集聚，并随着产业集聚度的提高，尤其是生产性服务业与制造业协同集聚度的提高，在内在自我强化机制的作用下会持续提升整体产业链的创新效率，而对外却能够产生虹吸效应，吸引周边地区研发资本和大规模高素质专业性人才的流入，由此将资本与劳动力配置到更高效率的地区与部门，这不仅改善集聚区内资本与劳动力配置不足情况，而且还会充分利用周边地区剩余劳动力与资本，从而同时改善集聚地区与周边地区的资源错配水平。因此，此阶段随着要素与产业的流入，整个集聚体呈现出资源错配程度低、生产率高的状态。在产业协同集聚的成熟期或衰退期，随着产业协同集聚程度的继续提高，如果要素流入地与流出地的效率差异大于零，那么随着产业协同集聚的提高，资源错配水平会随之减少（极化效应）。相反，如果要素流入地与流出地的效率差异小于零，或者要素过度集聚所造成的高额地价、人口拥挤、环境污染和交通拥堵等负面效应抵消了集聚产生的正向经济效果，那么随着产业协同集聚程度的提高会进一步推动集聚中心投入品价格的上涨和企业经营管理成本的增加，出现资本配置缺口，资源错配愈演愈烈。此时，如果不存在非市场因素的干扰和限制，产业和要素在要素流动机制的作用下转移和流入周边地区，就会改善资源错配水平（溢出效应）。

（三）依靠行政力量来转移资源的结果必然会加剧资源的错误配置

薛晴等（2014）[1] 研究发现，改革开放以来我国区域经济发展出现不平衡的主要原因之一就是行政分权。改革开放以来实施的分权改革，使更多的经济发展权利由中央政府向地方政府转移，同时也包含向企业转移。中央与地方的关系处于不断博弈的状态，地方政府成为一个拥有自我主体意识的地方利益代表者。生产要素向少数地理条件较好的地方集中，这与我们传统上强调经济资源均匀分布的观念，形成了一定冲突。因此有一段时间，社会各界都主张通过行政干预的方式，把一些经济资源引导到缺乏地理优势的地区，这就客观上形成了经济在行政力量的干预下分散发展，与市场化、全球化、现代化的经济发展要求生产要素集聚，这两者之间的矛盾。这种矛盾实际上是因为在区域经济问题上，没有在理论上解释清楚集聚和平衡之间的关系。

在既有研究中，Peter（2019）[2] 研究发现中国经济存在严重的资源错配，在宏观经济学中所说的改善资源错配是指要素在市场力量的主导下逐渐向高效率地区流入的过程，换句话说，当发达地区要素报酬下降到低于欠发达地区时，要素一定是在市场指引下向这些回报率更高的欠发达地区转移，从而出现欠发达地区经济发展水平开始向发达地区收敛的趋势。然而，向宽虎等（2015）[3] 实证研究发现，我国东部地区的要素创新效率远高于中西部地区，这就意味着到目前为止中西部地区经济发展水平向东部地区收敛的条件仍旧未达到经济学意义上的水平。这就说明，在东部地区 TFP 远高于中西部地区的情况下，如果通过依靠行政力量将东部地区的要素转移到中西部地区进而加速中西部地区经济发展水平向东部地区收敛的结果必然会加剧资源错配。此时，产业和要素应该进一步集聚到东部地区，这种发展模式符合经济发展的规律。

陆铭（2016）[4] 研究发现，中国之所以存在严重的资源空间错配现象和区域间发展不平衡现象是由中国要素集聚程度和产业集聚程度高度不一致引起的。目前我国东部沿海地区虽然是要素流入地，但其要素集聚程度远低于产业的集聚程度；而中西部欠发达地区虽然是要素流出地，但其要素集聚程度远高于产业集聚程度。例如，在美国、日本和欧洲国家，经济的地区集聚程度都远远高于中国，但其要素空间分布和产业空间分布高度一致，实际上地区之间的人均 GDP 是大致相当的。而中国的情况是，区域间的产业集聚程度远低于发达国家，区域间人均 GDP 的差距不是因为产业的集聚程度太高，而是因为相对发达地区的人口份额远低于 GDP 份额，而欠发达地区的人口份额远高于 GDP 份额。

陆铭（2019）[5] 进一步研究发现，资源的行政性配置是中国出现要素集聚程度与产业集聚程度高度不一致的原因。在我国特有的政绩考核制度下，土地财政已成为政府预算外收入的主要来源。因此，地方政府通过土地财政规模的扩大来调节产业结构和控制资本及劳动力在地区间的配置水平。土地财政之所以对要素产生锁定效应是因为地方政府对土地财政的偏好直接或间接推动房价。在房地产业高利润的诱导下，大型企业将原有用于技术创新的资金投入房地产部门进行套利，导致研发部门的资本配置不足。余泳泽等（2017）[6] 认为，房价高涨的城市，写字楼价格居高不下，中小企业买不起写字楼，甚至也租不起写字楼，导致限制中小企业进入该城市和抑制企业的集聚水平。李静等（2017）[7] 认为，房地产部门投资产生的高收益为研发部门带来不良激励，这种薪酬激励将会引起高技能流入非创新性的房地产部门，从而创新部门由于缺乏科研人才导致创新效率下降。Helpman（1998）[8] 研究发现，房价高涨的城市，高房价会推动消费者居住成本的上升和相对效用水平的降低，只有那些较高收入的劳动力才能承受房价上涨，而普通收入的劳动力则不会进入该城市，这种由房价上涨造成的“劳动力分层”现象限制劳动力的流动和抑制劳动力的集聚。陆铭（2019）[9] 研究发现，地方政府土地财政推动的高房价促使产业集聚与要素集聚处于分离状态，并且在中国的城市化进程中，不同地区所分配到的不同的建设用地指标却加剧了这种地区资源的空间错配效应。

三、提升区域经济治理能力促进区域经济协调发展

习近平总书记强调指出："要根据各地区的条件，走合理分工、优化发展的路子，落实主体功能区战略，完善空间治理，形成优势互补、高质量发展的区域经济布局。要充分发挥集中力量办大事的制度优势和超大规模的市场优势，打好产业基础高级化、产业链现代化的攻坚战。"党的十八大以来，以习近平同志为核心的党中央与时俱进、科学决策，在区域协调发展方面作出了一系列重要论述、采取了一系列重大创新性举措。经过长期努力，我国统筹区域发展取得重大进展，东部地区率先发展，西部大开发、东北振兴、促进中部地区崛起等区域发展战略相继实施，京津冀协同发展、长江经济带发展、粤港澳大湾区建设、长三角区域一体化发展、黄河流域生态保护和高质量发展等区域发展重大战略高质量推进，主体功能区战略和制度逐步完善，形成了国土空间布局更加优化，东西南北中纵横联动，主体功能明显、优势互补的区域协调发展新格局。

（一）区域经济治理的国际经验借鉴

从其他国家区域经济发展的经验来看，大多经历了不平衡到平衡的发展态势。美国、欧盟都从解决城乡发展不平衡、加快产业转型升级方面作出重大战略调整，实现了区域间的平衡协调发展。

1. 美国：构建"大都市区"城镇体系

城市化是现代化的必由之路，是保持经济持续健康发展的强大

引擎，是加快产业结构转型升级的重要抓手，是推动区域协调发展的有力支撑。孙久文等（2018）[10]通过构建以“大都市区”为特征的高度城镇化的城镇体系来实现城乡一体化发展，是美国治理城乡不平衡发展的重要特征之一。美国是目前全球解决城乡二元经济，城乡协调发展最为均衡的国家。通过大力发展交通方面的基础设施来推进城乡一体化发展，是美国城乡一体化发展的重要举措。遍布全国的公路网尤其是发达的高速公路网，以及私家汽车的普及，城镇发展模式逐步由要素聚集转向周边辐射，城市发展由郊区化进一步分散化，城乡逐步融合发展，形成了许多景观优美、环境优雅、设施齐备的“都市化村镇”。从全国整体出发，采取“都市圈”模式，以开放的、具有梯度辐射效应的“大都市区”为目标，构建以市场为导向、空间适度集聚、区域间相互协调、全国性和区域性中心城市以及众多地方性中小城镇协调互动发展的城镇体系，推动了美国逐步步入城乡一体化高级阶段。

2. 欧盟：“再工业化”实现产业结构转型升级

欧盟“再工业化”战略旨在实现欧盟产业结构升级，推动一批新兴产业发展，同时对目前已有产业进行高附加值环节的改造升级，核心在于重构工业与制造业产业链。一是鼓励技术研发与创新。茶洪旺等（2012）[11]认为在“再工业化”战略的框架下，研发与创新除了提升产业竞争力与拉动经济增长之外，更注重激发投资者参与新一轮工业革命的热情，提振经营者的商业信心。二是改善内外部市场环境，鼓励创业与创新。进一步促进产品市场统一，制定内部市场产品规则改革路线，实现新技术和新产品认证规则统一。培育企业家精神，增进内部市场活力，提出“培育企业家行动计划”，为企业创立、转让、初期运营提供制度便利，改进企业破产程序，顺利实现二次创业。推进欧洲专利整合，加强知识产权保护。三是改善融资环境，增加企业融资机会。通过“地平线2020计划”与“企业与中小企业竞争力项目”，为工业技术研发及应用提供支持，减少企业在技术研发与扩散初期承担的风险。“中小企业融资便利化行动计划”改善欧洲风险资本市场不活跃现状，创新欧洲社会企业家精神，创建欧洲风险资本单一市场等，提高了资源效率和活跃了创新活动。四是培育人力资本与技能转型。促进就业创造，加快成员国间劳动力流动，促进岗位就业的增加。建立培训生质量框架，通过适当的资金支持引导和鼓励企业加强对青年雇员的培训。

3. 荷兰：加强国土空间开发的引导和管治

通过空间规划的方式加强国土空间开发的引导和管治，是荷兰中央政府实施空间管理的重要手段和政策工具。自20世纪60年代编制第一次全国空间规划以来，已历经5次修改，在基础设施建设、平衡区域发展差异、土地利用控制、物质环境保护等方面起到积极显著的成效。首先划定“两色线”，实行面上保护，进行空间挖掘。何雄浪等（2013）[12]研究发现荷兰空间规划分为国土规划、省级区域规划和市级土地利用规划，分别用“红色职能”“绿色职能”和“黑色职能”表示。“红色职能”表示市政府在城市建设中通过市地重建和农地转用来实施空间规划。“绿色职能”指省政府负责改善农村地区的土地利用结构，使其更加符合经济效益和生态效益的统一，包括农业用地的规划、自然保护区的风景区和生态环境的规划。“黑色职能”指政府负责修建基础设施建设项目，一般由省政府负责。中央政府只负责规划框架的制定和对各级政府规划实施进行监督，本身不参与土地开发活动。实行集聚式开发。荷兰政府在编制第二次空间规划时提出“集中分散”的原则，促进兰斯塔德地区的人口和经济活动沿便捷的交通干线向外扩散，尤其沿着正在开垦的土地和新建交通干线扩散。在第三次空间规划中提出“有选择的经济增长”，并划定14个中心城镇作为地区增长极，兰斯塔德地区的空间规划强调空间战略规划与其他规划的相互协调，重视环境保护，将居住的生活中心全部布局在“绿心”之外，实行紧凑型都市发展政策，通过集约式国土空间开发模式提高荷兰的国际竞争力。

（二）国家治理在区域经济发展中的作用

1. 国家治理在区域经济发展中的必要性

中央政府追求的目标是实现社会总产出最大化和促进社会公共福利最大化，其行为可以概括为发展经济、保持社会稳定和财富分配均衡化。而地方政府是中央政府的延伸，代表中央政府对社会和公众行使管理和服务的职责，与此同时，地方政府也有追求自身利益最大化的动机。从这个意义上来讲，中央政府就如同企业所有者，而地方官员就像企业的经营者，二者之间存在“委托—代理”关系。

政府官员如果符合经济理性人假设，那么政府官员也跟企业经营者一样追求个人效用的最大化。因此，在经济理性人假设下，影响政府官员个人效用的因素主要包括职务薪酬、职务晋升和职务控制权收益。其中，职务控制权收益一般指职务级别和职务权利带来的影响力、社会地位、潜在的寻租收益等。职务控制权收益是影响政府官员个人效用的最主要的因素。这是因为，一方面，职务薪酬一般是根据从事的职务和职务级别设定的，相对稳定。另一方面，对于政府官员来讲，职务晋升与控制权收益存在正向关系，职务晋升通常意味着官员可以在更高级别的职务上，行使更大的权力，掌握支配更多的资源，进而扩大职务控制权收益。因此，与企业经营者追求剩余控制权的逻辑一致，地方政府官员主要通过追求扩大职务控制权收益，满足个人效用最大化。

与企业经营者主要通过扩大企业投资规模来扩张剩余控制权收益类似，地方官员扩大职务控制权收益的主要途径是扩大所管辖地区的经济规模。经济规模对职务控制权收益的正向影响主要体现在，一个地方的经济实力越强，地方经济规模越大，财政收入越高，那么可以支配的经济资源就越多，获取职务消费和潜在寻租收益等隐形收入的机会越多，职务控制权收益也因此更高，更易于同上级政府讨价还价，官员晋升的可能性就越大。

从前面的分析可以看出，在扩大自身职务控制权收益的驱动下，地方官员会不遗余力地发展本地经济，对经济发展的过度关注和追求反过来又会强化地方政府对经济发展过程的干预。一般来讲，地方政府通常会采取市场分割和要素竞争两类措施来强化本地区的经济优势。企业会对政府行为“用脚投票”，在区位选择时会将地方政府行为纳入自身的成本收益进行核算。因此，地方政府对市场的干预行为对企业区位决策产生影响，进而对产业空间布局具有重要影响。综上分析，可以看出，地方政府对要素的盲目竞争会阻碍要素在市场组织机制下的自由流动，不利于区域间产业协作和分工的形成。因此，应加强中央宏观事务，破除地方保护主义，激发地方治理活力。

2. 中央和地方政府在区域经济发展中的作用

第一，从中央层面，应该逐渐地调整国家的区域经济治理方式，需要实施差别化的城乡和区域发展政策，“一区一策”“一群一策”点对点精准化兑现。具体路径是分区施策、因地制宜推进产业转移和承接。通过“东部研发设计、中西部制造加工”重塑价值链。把研发设计和海外销售继续留在沿海，深度融入全球价值链并向高端迈进。把生产制造基地转移到中西部，利用中国腹地优势，强化“低成本、高效率”的综合竞争力。对于东部沿海，发挥超大城市群、产能效率、新基础设施等优势，引进全球高端产业、人才、资本等要素，提升东部沿海集聚要素资源向全球价值链高端攀升的能力。对于中部地区和有条件的西部地区，充分发挥市场、劳动力、区位等优势，积极吸引东部地区的企业和集群把生产制造基地转移到中西部，聚合资源打造特色产业集群，巩固“中国制造+中国配套”优势。引导东部地区具有生产或市场优势的“头部企业”和中小企业特色集群，引导中西部地区在产业链上下足“绣花功夫”，引资补链、引资扩链，瞄准区域特色产业链上的“卡脖子”环节，专项信息收集、专题研究评估、专业对接谈判、专人跟踪落实，培养专业化市场化精细化承接产业转移的能力。对于广袤的西部地区，充分发挥能源资源优势和生态保障功能，通过“对口帮扶”，打造绿色化能源资源综合利用基地和特色产业，向全国供给稳定可靠的能源资源，同时涵养生态。为推动东中西部产业有序转移，对有意向国内转移、把项目放在中西部的企业给予政策支持。一是财政政策。国家设立产业链供应链的基金平台，对向中西部转移的龙头企业和重点项目，通过财政贴息、股权投资等方式给予支持。二是金融政策。通过“投贷联动”等方式，金融机构加大对转移项目的信贷支持，允许地方专项债按比例作为重大产业项目的资本金。三是税收政策。对符合转型升级条件、有益于地方延链补链的转移企业和项目，允许企业所得税地方留成部分按比例在一定时期内返还企业。

在人口大量增长的中心城市及周边的都市圈，要顺应人口增长的趋势，通过供给侧的改革来建设高效且宜居的大城市。一方面，城市的规划要以科学预测的人口增长趋势为基础，在保持城市面积适度扩张的过程中，建设紧凑型城市，避免城市出现低密度的蔓延。为了顺应人口增长和出行的需要，在人口聚集的都市圈建设密集的轨道交通网络，提高公共交通在出行中所占的比重。在教育、医疗、文化设施等公共服务的提供中要改善供给的数量、质量、结构和空间布局，适应人口的增长和人口空间布局所出现的调整。在个别超大型城市，随着服务业比重越来越高，服务业的就业岗位和消费需求将集中在中心城区，因此需要做好人口重新向中心城区集中的准备，避免盲目进行居住人口的疏散，造成更为严重的“职住分离”问题。在生态保护方面，在高人口密度的大城市，一方面要在生产中提高环境友好型的服务业占比，对制造业加强污染管控。另一方面，在生活中要通过提高公共交通的比重以及清洁能源的使用，减少碳排放。同时，在生态宜居方面，建设立体绿化、口袋公园等适应高密度城市发展的绿化模式。

在经济和人口向着城市群，特别是中心城市周围的都市圈集中的过程中，一部分省份以及城市群相对外围的地区将出现人口的负增长。一些城市辖区范围之内的农村人口将大幅度减少，甚至有一部分城市的中心城区也会出现人口的负增长，从而呈现出“收缩城市”的现象。在人口负增长地区，将需要进行减量规划。虽然人口的负增长会对经济增长的总量产生负面的影响，但是也要看到，对于发展农业、旅游和自然资源等产业来说，人口负增长恰恰是提高人均 GDP 的机遇。适度的人口负增长，也有利于承载力较弱地区的生态恢复。在收缩城市，需要将公共服务向中心城区适度集中，以提高公共服务的质量和效率。

从传统上以政策打包，包括给补贴、给优惠政策、给土地指标等“吃小灶”“喂奶”式的差别化为主的区域经济治理方式，逐渐地转向以提供全国性普惠化和多层次专门化相结合的产业链集群公共服务为核心的更加精细、精准、精密的区域经济治理方式。

在差别化政策主导的区域经济治理范式下，地方经济发展的基本秩序是“敢破”的先发展，“守成”的后发展。南方的一些城市和地区由于种种原因往往更加敢闯敢试，敢为人先，敢于突破制度“笼子”，敢于打破政策的条条框框，因而就发展起来了，突破了产业链集群发展的“门槛规模”，建立了各具特色的产业链集群和集群网络，而且在特定的发展路径中形成了一套具有自身文化特质的、难以复制和替代的、具有独特竞争价值的、相对持久持续的“产业链集群治理能力”。然而，时至今日，南方经济这种“由破而创”“由破而立”的发展逻辑和发展路径（可以称之为“破创”“破立”发展模式）已经不能适用于指导北方经济发展了，我们现在几乎不可能再去鼓励北方城市与地区突破目前日渐完善的制度体系和政策框架走出一条北方的“破创”发展模式，我们也几乎没有更多的“小灶”和“奶水”（政策牛肉）向北方的城市与地区所倾斜。在这种情况下怎么办？我们需要开创一条以“普惠而又专门化的多层次产业链集群公共服务体系”为核心的新区域经济治理道路。

正确处理比较优势和竞争优势的关系。东部沿海向中西部地区产业转移，就是要挖掘和利用中西部地区市场、劳动力、资源等比较优势。在新发展格局下，中西部地区只有充分发挥经济的比较优势，才有可能升级高级生产要素支撑的产业竞争优势。

正确处理传统产业和新兴产业的关系。作为一个大国必须要有相当数量的基础产业、传统产业，这些产业经过智能化绿色化改造就能产生高品质的供给。作为中西部地区，要遵循规律、科学分析，关键是有什么、能做什么，劳动力多的就做劳动密集型的，资源富集的就做精深加工，合理选择主导产业延链补链、集群发展。

未来在中心城市及周边的都市圈，人口将持续增长。而在远离中心城市的外围地区，将出现人口负增长。为了顺应这一人口重新布局的趋势，需要实施差别化的城乡和区域发展政策。

为了推动形成优势互补高质量发展的区域经济布局，要优化和完善全国主体功能区规划，通过生产要素市场改革，推进一体化发展。

在新区域经济治理模式下，国家发改委、工信部、科技部、教育部等经济治理主管部门应该协同起来，充分发挥社会主义经济制度优势，充分利用云计算、大数据、人工智能、工业互联网等现代化经济治理手段，统一建立感知监测、分析诊断、匹配撮合、指挥调度、考核监察“五位一体”的现代化产业链集群智慧治理平台和“产业集群大脑”，精准提供集群发展综合诊断、规划咨询、人才专利匹配推送、产业资源撮合对接、要素市场设计等多层次产业链集群公共服务，推动产业链集群政策条块协同化决策、全国一盘棋普惠化均等化运行、多级递进连锁化打包化落地、“一区一策”“一群一策”点对点精准化兑现。应组建国家产业链集群服务集团和国家产业链集群治理实验室，促进形成全国统一的厂商服务业市场，提升产业链集群治理智能化、科学化、社会化水平。应推动产业链集群治理组织变革，培训集群治理平台机构，提高产业链集群的自治自生能力。

总之，通过国家区域经济治理方式变革，将“喂奶”“给糖”式地区经济管理模式转为“服务”“赋能”“平台 + 生态”型区域经济治理模式，将为新时代我国南北区域经济协调发展创造更加公平、公正、公开、包容、开放、持续的治理环境。孙久文（2018）[13] 认为实施区域协调发展战略需要培育区域经济新动能，动能的转化需要落实在空间上，即需要进一步完善各类发展平台。国家级新区以及各类试验区、示范区等区域功能平台，应进一步发挥先行先试的政策优势，同时应当建立县域、乡镇和农村居民点的功能发展平台。

第二，从地方层面，应鼓励中西部地区不断提升自身的城市治理和产业集群治理能力，结合自身的区情、市情和治情，探索形成自己特点的治理模式。由于中西部地区与东部地区文化特质、要素禀赋、城镇化和工业化进程等方面的条件不同，中西部地区很难复制通过人类历史上最大规模、最快速度的人口城镇化和产业集群化来实现经济高速增长和产业结构快速转型的东部地区的发展模式。因此，对于已经错失了大国崛起战略机遇的中西部地区而言，锚定一条具有相对优势的产业链“赛道”，走一条类似北欧国家的“精益创新”的创新驱动发展道路，在国际国内双循环大格局中重新寻找和定位自己的区域优势，精准培育和治理具有本地优势的创新型产业链集群，乃是国家新区域经济治理体系下中西部地区经济高质量发展和迈向创新驱动发展新征程的必由之路。所谓“精”就是“少”，所谓“益”就是“好”。同时还要有“网”有“群”，“网”就是要找准自己在全球产业链、价值链、创新链中的位置，链入全球、全国的创新网络中去，“群”就是要聚焦在有限的价值环节、价值“赛道”、“利基战场”比竞争对手更快更优地突破产业链集群“门槛”，形成具有持久自生能力的产业链集群生态。也就是说，所谓“精益创新”战略，就是要求中西部地区充分利用现代化的产业链集群治理工具和能力，提升以资源、能源、原材料供应为核心的区域能力和以关键工业母机、关键新材料、关键零部件等产业链上游研发制造为核心的区域能力，从而融入以东部“世界工厂核心区”为主体的全球产业链、价值链和创新链网络之中去。首先，加快实施以中心城市为带动的都市圈和城市群发展战略。为了顺应区域和城市发展的客观规律，减少我国当前城市人口空间分布存在的不合理之处，建议加快实施以中心城市为带动的都市圈和城市群发展战略，促进各类生产要素合理流动和高效集聚，在发展中营造平衡。其次，提升产业链集群发展的能力。所以区域经济发展很重要的一点就是能够有效管理产业链集群发展的能力，特别是通过综合使用多种手段使得产业链的链主企业、跟随企业、关联企业和各种配套服务机构在空间的集聚顺利地突破某种“门槛规模”，从而使得当地企业集群和产业集群获得了某种自我发展、自我创新、自我约束、相互共生、协同演替的“自生能力”，从而推动了“有为政府、有效市场、有信社会”产业治理格局的形成。这种实施有效公共政策、社会动员和社群营造以实现地区产业集群最优生长的地方能力叫作“产业集群治理能力”。发挥社会主义制度优势，推行有效的产业集群治理，是改革开放以来中国经济高速成长的另一个“密码”。南北方“产业集群治理能力”的异同是南北区域差距扩大的另一个关键机制。经过 40 多年发展，中国地方政府经济治理的重心已经从传统上以征地拆迁、“三通一平”、“七通一平”基础设施建设以及商事制度改革为主体的“营商环境 1.0”战略逐渐转向以产业链集群治理、产业社区营造、产业社会组织变革、产业生态系统运维为核心的更加全面、更加系统、更加动态、更加复杂、更加精细的“营商环境 2.0”战略。

第七章　建设资源节约、环境友好的绿色发展体系

党的十九大要求，“加快建立绿色生产和消费的法律制度和政策导向，建立健全绿色低碳循环发展的经济体系”，“贯彻新发展理念，建设现代化经济体系”。习近平总书记在全国生态环境保护大会上指出，“加快建立健全以产业生态化和生态产业化为主体的生态经济体系”，“全面推动绿色发展，重点是调整经济结构和能源结构，优化国土空间开发布局，调整区域流域产业布局，培育壮大节能环保产业、清洁生产产业、清洁能源产业，推进资源全面节约和循环利用，实现生产系统和生活系统循环链接，倡导简约适度、绿色低碳的生活方式，反对奢侈浪费和不合理消费”。党的二十大进一步提出，加快发展方式绿色转型，“倡导绿色消费，推动形成绿色低碳的生产方式和生活方式”。

习近平经济思想提出，要坚持问题导向部署经济发展新战略，包括建设资源节约、环境友好的绿色发展体系，形成人与自然和谐发展的现代化建设新格局。习近平生态文明思想提出，坚持绿水青山就是金山银山，必须坚持和贯彻绿色发展理念，平衡和处理好发展与保护的关系，推动形成绿色发展方式和生活方式，坚定不移走

生产发展、生活富裕、生态良好的文明发展道路。经过40年发展，我国在处理经济发展和生态环境保护关系方面进行了积极探索，取得了一定成效，积累了丰富经验。当前，绿水青山转变为金山银山的机制还有待健全，生态产品的价值实现也还不充分。因此，建立健全绿色低碳循环发展的经济体系，就是要解决这些长期以来没有得到根本解决的重大难题，切实贯彻落实习近平经济思想和习近平生态文明思想。

一、绿水青山就是金山银山

坚持绿水青山就是金山银山，是习近平生态文明思想的核心理念。这一理念破除了发展与保护的二元对立关系，成为新发展理念的重要组成部分，也是推进人与自然和谐共生现代化的重大原则。

（一）“绿水青山就是金山银山”理念的发展历程

2004年7月，时任浙江省委书记习近平同志在全省“千村示范，万村整治”工作现场会上指出：“实践证明，‘千村示范，万村整治’作为一项‘生态工程’，是推动生态省建设的有效载体，既保护了‘绿水青山’，又带来了‘金山银山’。使越来越多的村庄变成绿色生态富民家园，形成经济生态化、生态经济化的良性循环。”2005年8月15日，他在浙江余村调研时首次明确提出“绿水青山就是金山银山”。同年8月24日，习近平同志在《浙江日报》“之江新语”专栏发表了《绿水青山也是金山银山》，强调“我们追求的人与自然和谐，经济与社会的和谐，通俗地讲，就是既要绿水青山，又要金山银山”。[①] 他提出，如果能够把生态环境优势

① 习近平. 绿水青山也是金山银山［EB/OL-N］. 浙江日报，2005-08-24.

转化为生态农业、生态工业、生态旅游等生态经济的优势，那么，绿水青山也就变成了金山银山。“绿水青山可带来金山银山，但金山银山却买不到绿水青山。”“绿水青山与金山银山既会产生矛盾，又可辩证统一。”对“绿水青山”和“金山银山”二者关系如何理解，可以从他在 2006 年 3 月 23 日《浙江日报》“之江新语”专栏发表的《从“两座山”看生态环境》一文得到解答：“在实践中对这‘两座山’之间关系的认识经过了三个阶段：第一个阶段是用绿水青山去换金山银山，不考虑或者很少考虑环境的承载能力，一味索取资源。第二个阶段是既要金山银山，但是也要保住绿水青山，这时候经济发展和资源匮乏、环境恶化之间的矛盾开始凸显出来，人们意识到环境是我们生存发展的根本，要留得青山在，才能有柴烧。第三个阶段是认识到绿水青山可以源源不断地带来金山银山，绿水青山本身就是金山银山，我们种的常青树就是摇钱树，生态优势变成经济优势，形成了一种浑然一体、和谐统一的关系，这一阶段是一种更高的境界，体现了科学发展观的要求，体现了发展循环经济、建设资源节约型和环境友好型社会的理念。以上这三个阶段，是经济增长方式转变的过程，是发展观念不断进步的过程，也是人和自然关系不断调整、趋向和谐的过程。”①

2013 年 9 月 7 日，习近平主席在哈萨克斯坦纳扎尔巴耶夫大学发表演讲时再次论述“两山”理论：“我们既要绿水青山，也要金山银山，宁要绿水青山，不要金山银山，而且绿水青山就是金山银山。”生动表达了我们党和政府大力推进生态文明建设的鲜明态度和坚定决心。

随着理论的发展和实践的验证，“两山”理念逐渐从一种区域性实践和探索发展到全党的普遍认同。2015 年 3 月 24 日，中央政

① 习近平. 从“两座山”看生态环境［M］. 杭州：浙江人民出版社，2007：223–224.

治局会议提出，生态文明建设应该牢固树立“绿水青山就是金山银山”的理念，并将“两山”理念及思想正式写进《中共中央、国务院关于加快生态文明建设的意见》。2015 年 9 月，中共中央、国务院印发的《生态文明体制改革总体方案》将“绿水青山就是金山银山”作为中国生态文明体制改革的重要理念之一。2017 年党的十九大报告中提出“必须树立和践行绿水青山就是金山银山的理念”。十九大修订的党章中写入了“增强绿水青山就是金山银山的意识”。2018 年 5 月 18 日，习近平总书记在全国生态环境保护大会上的讲话强调：“这是重要的发展理念，也是推进现代化建设的重大原则。绿水青山就是金山银山，阐述了经济发展和生态环境保护的关系，揭示了保护生态环境就是保护生产力、改善生态环境就是发展生产力的道理，指明了实现发展和保护协同共生的新路径。”[①]2018 年全国“两会”通过的宪法修正案又将建设“美丽中国”和生态文明写入宪法，生态文明的主张已经成为国家意志的体现，绿色发展理念更加深入人心。党的二十大报告指出，“尊重自然、顺应自然、保护自然，是全面建设社会主义现代化国家的内在要求。必须牢固树立和践行绿水青山就是金山银山的理念，站在人与自然和谐共生的高度谋划发展”。

（二）“绿水青山就是金山银山”理念的内涵

2016 年 3 月 7 日，习近平总书记参加十二届全国人大四次会议黑龙江省代表团审议时指出：“绿水青山是金山银山，黑龙江的冰天雪地也是金山银山。”“金山银山”，狭义地讲，就是良好生态环境的货币化体现；广义上是包含生态价值、经济价值、社会价值在内的综合价值。习近平总书记强调，“生态环境保护和经济发展不是矛盾对立的关系，而是辩证统一的关系。要坚持在发展中保

① 习近平．推动我国生态文明建设迈上新台阶［J］．求是，2019（3）．

护、在保护中发展，实现经济社会发展与人口、资源、环境相协调，使绿水青山产生巨大生态效益、经济效益、社会效益”。[①]

“绿水青山就是金山银山”体现了绿色发展理念。强调实现经济发展与生态环境保护互动双赢，要努力做到在发展经济的同时保护好生态环境，在保护生态环境的同时发展好经济。绿色发展理念的基本要求是“既要绿水青山，又要金山银山”，也就是既要保护好生态环境又要发展好经济，这一理念也是对只要金山银山不要绿水青山那种“先污染后治理”的做法的一种反思。绿色发展新理念的价值导向是“绿水青山就是金山银山”，即在充分体现绿水青山生态优势的同时要善于把生态优势转化为经济优势、发展优势。在生态环境保护大会的讲话中，习近平总书记强调绿水青山既是自然财富、生态财富，又是社会财富、经济财富。

（三）保护生态环境就是保护生产力 改善环境就是发展生产力

“保护生态环境就是保护生产力，改善生态环境就是发展生产力”是“两山”理念的重要理论立足点。党的十八大之后，习近平总书记在继承“保护生态环境就是保护生产力”理念的同时，创造性地提出“改善生态环境就是发展生产力”，形成了完整的社会主义环境生产力论。2018 年 6 月 16 日，《中共中央 国务院关于全面加强生态环境保护坚决打好污染防治攻坚战的意见》（中发〔2018〕17 号）明确提出，“保护生态环境就是保护生产力，改善生态环境就是发展生产力”。

“保护生态环境就是保护生产力”的前提是深刻认识自然资源和生态环境的生产力属性。从环境生产力视角理解人与自然和谐关系，就要求我们在进行物质财富生产时必须尊重生态环境阈限规

① 习近平．在深入推动长江经济带发展座谈会上的讲话［EB/OL-N］．人民日报，2018-06-14（2）.

律，并在尊重自然规律的前提下更高效率地利用生态环境资源，从而体现人类需求增长规律，达到“在更高层次上实现人与自然的和谐”的境界，即经济与社会的和谐。

“改善生态环境就是发展生产力”意味着不仅要保护生态环境、保持现有的生产力水平，更要谋求突破，通过生态环境的改善实现生产力水平的发展和提高，在新时代、新阶段实现高质量发展。只有更加重视生态环境这一生产力的要素，更加尊重自然生态的发展规律，保护和改善生态环境，才能更好地利用生态环境，发展生产力，在更高层次上实现人与自然的和谐。

习近平总书记在北京世界园艺博览会开幕会上的讲话指出：“杀鸡取卵、竭泽而渔的发展方式走到了尽头，顺应自然、保护生态的绿色发展昭示着未来。”

推动绿色发展，就是要正确处理经济发展和生态环境保护的关系，就是要坚持绿水青山就是金山银山的发展理念，把经济活动、人的行为限制在自然资源和生态环境能够承受的限度内，有效防止在开发利用自然上走弯路。

威海市华夏城位于里口山脉南端的龙山区域，曾绿树成荫，风光秀丽，生态环境良好。20 世纪 70 年代末，随着城市建设步伐的加快，这里成为建筑石材集中开采区，30 多年间采石矿坑多达 44 个，被毁山体 3767 亩，森林植被损毁、粉尘和噪声污染、水土流失、地质灾害等问题突出，区域自然生态系统退化和受损严重。

2003 年开始，威海市对龙山区域开展生态修复治理。其中，华夏集团先后投资 51.6 亿元，持续开展矿坑生态修复和生态景区建设，克服种种困难，经过十几年接续努力，将龙山区域的矿坑废墟转变为生态良好、风光旖旎的 5A 级景区，带动了周边发展，实现了生态效益、经济效益和社会效益的良性循环。截至 2019 年底，华夏城累计接待游客近 2000 万人次，年收入达到 2.3 亿元。生态旅游产业的发展带动了周边地区人员的充分就业和配套服务产业的繁荣，共新增酒店客房约 4170 间，新增餐饮等店铺约 2000 家，吸纳周边居民创业就业 1 万余人，吸纳周边就业居民 1000 余人，人均年收入约 4 万元，周边 13 个村的村集体经济收入年均增长率达到了 14.8%。2018 年 6 月 12 日，习近平总书记对华夏集团利用生态修复变矿坑废墟为绿水青山，将绿水青山变金山银山，带动周边村民就业致富的做法，给予了充分的肯定。

二、建立绿色发展经济体系

建立绿色发展经济体系的实质是将习近平总书记绿水青山就是金山银山的理念落到实处，核心是全面提高资源产出率和改善生态环境质量。建立绿色发展的经济体系是贯彻落实习近平经济思想和习近平生态文明思想的必然要求，是推进我国经济高质量发展的关键举措，是建设美丽中国的根本途径，是为全球生态文明建设做贡献的重要手段。

（一）建立绿色发展经济体系是推进经济高质量发展的关键举措

我国经济已由高速增长阶段转向高质量发展阶段。习近平总书记指出，“推进高质量发展，就是要建设现代化经济体系，这是中国发展的战略目标”。习近平总书记 2021 年 3 月 7 日参加十三届全国人大四次会议青海代表团审议时强调，高质量发展是“十四五”乃至更长时期我国经济社会发展的主题，关系我国社会主义现代化建设全局。他强调，高质量发展不只是一个经济要求，而是对经济社会发展方方面面的总要求；不是只对经济发达地区的要求，而是所有地区发展都必须贯彻的要求；不是一时一事的要求，而是必须长期坚持的要求。各地区要结合实际情况，因地制宜、扬长补短，走出适合本地区实际的高质量发展之路。建立健全绿色低碳循环发展的经济体系，提升生产和消费的绿色低碳循环化水平，壮大节能环保、清洁生产、清洁能源产业，培育形成更多的绿色产业市场主体和新的增长点，是推进我国经济高质量发展的必然要求，也是关键举措。

（二）建立绿色发展经济体系的目标

以提高资源产出率和改善生态环境质量为核心促进经济高质量发展，在资源利用、生态环境质量、生产体系、消费体系、空间体系、创新体系、制度体系等方面着力，加快建立健全绿色低碳循环发展的经济体系。

到 2022 年，经济发展质量和效益显著提高，节约资源和保护环境的空间格局、产业结构、生产方式和消费方式初步形成，能源消耗强度持续下降，二氧化碳排放强度明显下降，资源产出率大幅提高，基本构建起布局优化、生产发展、消费绿色、创新驱动、制度健全和保障到位的绿色低碳循环发展的经济体系。

到 2025 年，绿色低碳循环产业体系初步健全，绿色低碳循环的消费方式基本形成，生产系统和生活系统循环链接的共生体系基本确立，经济发展质量和生态环境质量进一步提高，主要资源产出率大幅度提高，绿色低碳循环发展的经济体系基本形成。

到 2035 年，实现资源产出率倍增，绿色低碳循环发展的空间体系、生产体系、消费体系、创新体系、法律标准体系、考评体系、政策体系全面建成，建立起与基本实现现代化相适应的绿色低碳循环发展的经济体系。

（三）健全绿色低碳循环发展的生产体系

深化供给侧结构性改革，扩大优质增量供给，探索产业发展与生态环境保护协调共进的新产业、新业态、新模式，推动绿色低碳循环新兴产业加速崛起、扩容倍增，把生态环境优势转化为生态农业、生态工业、生态旅游等生态经济优势，大幅提高经济绿色低碳循环化程度，形成经济发展的新增长点。

第一，发展新一代信息技术产业。实施网络强国战略，加快建设“数字中国”，推动物联网、云计算和人工智能等技术向各行业全面融合渗透，构建万物互联、融合创新、智能协同、安全可控的新一代信息技术产业体系。深入推进“宽带中国”战略，加快构建高速、移动、安全、泛在的新一代信息基础设施。促进新一代信息技术与经济社会各领域融合发展，培育“互联网 +”生态体系。落实大数据发展行动纲要，全面推进重点领域大数据高效采集、有效整合、公开共享和应用拓展，完善监督管理制度，强化安全保障，推动相关产业创新发展。培育人工智能产业生态，促进人工智能在经济社会重点领域推广应用，打造国际领先的技术体系。

第二，发展高端装备制造产业。顺应制造业绿色化、智能化、服务化、国际化发展趋势，围绕“中国制造 2025”战略实施，加快突破关键技术与核心部件，推进重大装备与系统的工程应用和产业化，促进产业链协调发展，塑造中国制造新形象，带动制造业水平全面提升。着力提高智能制造核心装备与部件的性能和质量，打造智能制造体系，强化基础支撑，积极开展示范应用，形成若干国际知名品牌，推动智能制造装备迈上新台阶。加快推动新一代信息技术与制造技术的深度融合，大力发展智能制造系统。

第三，发展新材料产业。顺应新材料绿色化、高性能化、多功能化发展趋势，推动特色资源新材料可持续发展，加强前沿材料布局，以战略性新兴产业和重大工程建设需求为导向，推进新材料产业化及优化应用环境，加强新材料标准体系建设，提高新材料应用水平，推进新材料融入高端制造供应链。围绕新一代信息技术、高端装备制造、节能环保等产业需求，加强新材料产品标准与下游行业设计规范的衔接配套。推动优势新材料企业“走出去”，加强与国内外知名高端制造企业的供应链协作，开展研发设计、生产贸易、标准制定等全方位合作。力争使若干新材料品种进入全球供应链，重大关键材料自给率达到 70% 以上，初步实现我国从材料大国向材料强国的战略性转变。

第四，发展生物产业。把握生命科学纵深发展、生物新技术广泛应用和融合创新的新趋势，以基因技术快速发展为契机，推动医疗向精准医疗和个性化医疗发展，加快农业育种向高效精准育种升级转化，拓展海洋生物资源新领域、促进生物工艺和产品在更广泛领域替代应用，以新的发展模式助力生物质能源大规模应用，培育高品质专业化生物服务新业态，将生物经济加速打造成为继信息经济后的重要新经济形态，为健康中国、美丽中国建设提供新支撑，形成一批具有较强国际竞争力的新型生物技术企业和生物经济集群。加速生物农业产业化发展，创制生物农业新品种，开发动植物营养和绿色植保新产品，为加快农业发展方式转变提供新途径、新支撑。着力发展新一代生物质液体和气体燃料，开发高性能生物质能源转化系统解决方案，拓展生物能源应用空间，创新生物能源发展模式。

第五，发展新能源汽车产业。强化技术创新，完善产业链，优化配套环境，落实和完善扶持政策，提升纯电动汽车和插电式混合动力汽车产业化水平，推进燃料电池汽车产业化，形成一批具有国际竞争力的新能源汽车整车和关键零部件企业。全面提升电动汽车整车品质与性能，加快推进电动汽车系统集成技术创新与应用，重点开展整车安全性、可靠性研究和结构轻量化设计。大力推进动力电池技术研发，建设具有全球竞争力的动力电池产业链。系统推进燃料电池汽车研发与产业化，加速构建规范便捷的基础设施体系。

第六，大力发展新能源产业。加快发展先进核电、高效光电光热、大型风电、高效储能、分布式能源等，加速提升新能源产品经济性，加快构建适应新能源高比例发展的电力体制机制、新型电网和创新支撑体系，促进多能互补和协同优化，引领能源生产与消费革命。推动能源生产与消费革命，实施能源开发清洁替代行动和能源消费电能替代行动，提高电能在终端能源消费中的比重。重点突破风能光能互补、先进燃料电池、高效储能与海洋能发电等新能源电力技术瓶颈。综合推广利用氢能源，鼓励氢能源汽车的开发利用，探索风能、光能制氢模式，加快打造一批氢能源综合利用示范区。加快发展生物质供气供热、生物质与燃煤耦合发电、地热能供热、空气能供热、生物液体燃料、海洋能供热制冷等，推进新能源多产品联产联供技术产业化、规模化发展。

第七，发展节能环保产业。着眼生态文明建设和应对气候变化，以绿色低碳技术创新和应用为重点，引导绿色消费，推广绿色产品，全面推进高效节能、先进环保和资源循环利用产业体系建设。大力发展高效节能产业，全面推进能源节约，提升高效节能装备技术及产品应用水平，推进节能技术系统集成和示范应用，支持节能服务产业做大做强，促进高效节能产业快速发展。加快发展先进环保产业，促进环保装备产业发展，推动主要污染物监测防治技术装备能力提升，加强先进适用环保技术装备推广应用和集成创新，积极推广应用先进环保产品，促进环境服务业发展，全面提升环保产业发展水平。深入推进资源循环利用，树立节约集约循环利用的资源观，大力推动共伴生矿和尾矿综合利用、“城市矿产”开发、农林废弃物回收利用和新品种废弃物回收利用，发展再制造产业，完善资源循环利用基础设施，提高政策保障水平，推动资源循环利用产业发展壮大。

（四）完善绿色发展的消费体系

第一，增加政府绿色采购。建立健全政府绿色采购的法律法规，明确政府绿色采购的法律地位，规定政府绿色采购的执行人、组织程序和执行标准。制定绿色采购执行计划和补贴计划，落实执行效果报告，促进该项工作逐步走向标准化、规范化和法制化。采购单位要严格执行政府绿色采购政策，建立健全采购管理制度，对部分节能效果、性能等达到要求的高效低碳产品，实行强制采购，不断提升绿色产品的采购比值，增强执行制度的自觉性。

政府绿色采购的范围应覆盖产品全生命周期，包括供应商的物料选择、能源消耗、生产流程以及节能减排工程等多个方面。细化明确绿色评标政策及绿色技术标准，由政府为采购人提供标准而非固定的产品清单。根据一类产品的特性，进行系统的技术分析，对环境友好关键因素制定科学的指向标准，在政府采购行为中加以强制执行。

适当增加财政预算，增加政府绿色采购数量，提高政府绿色采购比例，通过政府采购扶持绿色生产企业。允许采购代理机构以高于市场平均价格购买绿色产品，对生产绿色产品的企业实施价格补贴。通过税收优惠、绿色保险、碳交易、绿色金融等政策，降低绿色产品的成本与价格，提高绿色产品的潜在收益，促进绿色产品在政府采购中形成较强的价格竞争优势和金融支撑优势，推动绿色产品在政府采购竞标中脱颖而出。

建设全国性的绿色采购信息平台，不断更新国内最新的绿色产品信息和技术信息，定期公布符合绿色采购的品牌清单和进行绿色采购的机构名单，规范供应商、采购人员、消费者之间的信息沟通方式，对绿色采购相关的信息进行管理和监督，建立绿色采购诚信档案。

第二，支持企业绿色消费。完善企业绿色消费法律责任。建立多层次、全方位的绿色消费立法体系，为企业绿色消费的发展提供立法保障。建立完善的企业绿色消费责任制度，规范企业绿色消费责任的范围，其范围包括采购、制造、包装、运输、销售、回收等企业绿色经营的全过程。企业不仅要在产品的生产过程中对环境负责，而且要对其生产的产品在使用期间以及报废之后对环境造成的影响负责，并承担产品废弃后的回收、利用、处置等责任。

制定企业绿色消费政策激励。建立企业绿色消费信用档案及企业绿色消费数据库，记录企业绿色消费行为，建立企业绿色消费的评估体系，按照企业规模划分不同标准，对于累计达到一定金额的绿色消费行为给予奖励，对于污染浪费严重的企业进行警告以及罚款。鼓励企业进行绿色生产，增加绿色科技投入，采购易于回收的低污染材料，不用或少用有毒有害材料。鼓励企业采用先进技术改进工艺与设备，减少生产中的各种废弃物。对进行绿色生产消费的民营企业给予税收优惠等补贴，对于采购的绿色产品给予减免优惠，对企业环保设备实行加速折旧，对企业的环保投资进行财政支持。

明确企业绿色消费的技术标准。明确企业绿色消费产品标识，完善绿色消费产品标识制度，制订绿色消费评价办法。逐步将目前分头设立的环保、节能、节水、循环、低碳、再生、有机等产品统一整合为绿色产品，建立统一的绿色产品认证、标识等体系，加强绿色产品质量监管。明确绿色建筑的评价标准，完善产品能效标准体系，并强制企业贯彻实施。

鼓励企业回收利用资源和产品。通过贷款贴息、直接补贴等方式支持企业回收利用资源和产品。加强对企业的技术支持，组织环保专家有针对性地对再生资源回收利用进行可行性研究，帮助企业通过技术手段达到环保标准。鼓励企业之间和产业之间建立物质流、信息流、资金流、产品链紧密结合的循环经济联合体，延伸再生资源产业链条，提升再生资源产品附加值，实现跨企业、跨行业、跨产业、跨区域的资源循环利用水平。

第三，鼓励居民绿色消费。提高居民绿色消费意识，将绿色消费观念融入家庭教育、学校教育、社区活动，促进绿色消费观念深入人心，加快推动生活方式绿色化。通过新闻媒体对绿色消费的重要性和紧迫性进行宣传，普及绿色消费的理念、经验和做法。加强舆论监督，曝光奢侈浪费行为，营造良好社会氛围。

加大居民绿色消费激励。对生产绿色产品的企业，给予适当的税收减免和财政补贴，降低其生产成本，提高绿色产品的市场竞争力，进而吸引消费者购买。对支持和践行绿色消费的先进个人、集体进行表彰，对购买的绿色产品进行补贴，在扩大绿色消费影响力的同时，为大众产生良好的示范效应。支持发展共享经济，鼓励个人闲置资源有效利用，鼓励推广中小学校试点校服、课本循环利用。

不断提供绿色消费产品。以市场为导向，调整产品结构，提高市场准入标准，大力发展具有市场潜力的绿色产品，特别是高新技术含量、高市场容量、高附加值、高效益、低消耗的绿色产品，鼓励企业加大绿色产品研发、设计和制造投入，增加绿色消费市场的有效供给，满足我国居民日益增长的绿色消费需求，引导和促进人们的绿色消费行为。

拓展居民绿色消费渠道。建立绿色商品采购、物流配送、市场销售及废品回收体系。如建立专门的绿色专卖店、大型超市的绿色专区等特殊营销渠道，通过电商平台提供面向农村地区的绿色产品，为绿色产品提供方便、快捷的市场途径。畅通高效智能产品流通和销售渠道，与大型商超、电商等合作推广高效智能产品，推动优惠宣传活动。

改善居民绿色消费环境。规范绿色产品销售市场，在大力推广绿色产品的同时，严格监督检测绿色产品，完善绿色产品标识认证制度，严惩假冒伪劣产品的生产销售商，营造公平竞争的绿色产品市场环境。加快建立产品质量追溯制度以及公众监督举报制度，维护消费者的合法权益。

三、完善法律制度和政策导向

当前，我国已经到了加快推进生态文明制度建设的关键期。用最严密的制度保护生态环境的严密法治观正是基于对国情的基本判断，坚持问题导向，总揽全局，统筹兼顾，在推进国家治理体系和治理能力现代化进程中逐步形成的，体现了以习近平同志为核心的党中央对生态文明制度建设作出的顶层设计。

（一）党的十八大以来我国生态文明建设制度不断完善

党的十八大以来我国大力推进生态文明制度建设。相继出台了《大气污染防治行动计划》《关于加快推进生态文明建设的意见》《生态文明体制改革总体方案》《水污染防治行动计划》《自然资源资产离任审计试点方案》《全国生态保护“十三五”规划纲要》《“十三五”生态环境保护规划》《关于全面推行河长制的意见》等一系列生态环保制度，形成系统完备、科学规范、运行有效的制度体系，各方面的制度更加成熟更加定型。

党的十八大报告提出“生态文明制度建设”的概念，明确提出生态文明建设的主要任务：“要把资源消耗、环境损害、生态效益纳入经济社会发展评价体系，建立体现生态文明要求的目标体系、考核办法、奖惩机制。建立国土空间开发保护制度，完善最严格的耕地保护制度、水资源管理制度、环境保护制度。深化资源性产品价格和税费改革，建立反映市场供求和资源稀缺程度、体现生态价值和代际补偿的资源有偿使用制度和生态补偿制度。”

党的十八届三中全会强调，全面推进社会主义经济建设、政治建设、文化建设、社会建设、生态文明建设。全会指出，全面深化改革的总目标是完善和发展中国特色社会主义制度，推进国家治理体系和治理能力现代化。必须更加注重改革的系统性、整体性、协同性，加快发展社会主义市场经济、民主政治、先进文化、和谐社会、生态文明。紧紧围绕建设美丽中国深化生态文明体制改革，加快建立生态文明制度，健全国土空间开发、资源节约利用、生态环境保护的体制机制，推动形成人与自然和谐发展现代化建设新格局。要健全自然资源资产产权制度和用途管制制度，划定生态保护红线，实行资源有偿使用制度和生态补偿制度，改革生态环境保护管理体制。

党的十八届四中全会强调用法制保护生态环境。全会提出，用严格的法律制度保护生态环境，加快建立有效约束开发行为和促进绿色发展、循环发展、低碳发展的生态文明法律制度，强化生产者环境保护的法律责任，大幅度提高违法成本。建立健全自然资源产权法律制度，完善国土空间开发保护方面的法律制度，制定完善的生态补偿和土壤、水、大气污染防治及海洋生态环境保护等法律法规，促进生态文明建设。实现立法和改革决策相衔接，做到重大改革于法有据、立法主动适应改革和经济社会发展需要。实践证明行之有效的，要及时上升为法律。实践条件还不成熟、需要先行先试的，要按照法定程序作出授权。对不适应改革要求的法律法规，要及时修改和废止。

2015 年 4 月，中共中央、国务院印发《关于加快推进生态文明建设的意见》，该意见以近三分之一的篇幅阐述了生态文明制度建设问题，把健全生态文明制度体系作为重点，凸显建立长效机制在推进生态文明建设中的基础地位。2015 年 7 月，习近平总书记主持召开的中央全面深化改革领导小组第十四次会议，审议通过生态文明体制“1+6”改革方案，构建了生态文明体制改革的“四梁八柱”。“1”就是《生态文明体制改革总体方案》，提出生态文明体制改革总体目标，到 2020 年，要构建起由八项制度构成的产权清晰、多元参与、激励约束并重、系统完整的生态文明制度体系，推进生态文明领域国家治理体系和治理能力现代化。“6”分别是《环境保护督察方案（试行）》《生态环境监测网络建设方案》《生态环境损害赔偿制度改革试点方案》《党政领导干部环境损害责任追究办法（试行）》《编制自然资源资产负债表试点方案》《开展领导干部自然资源资产离任审计试点方案》，推动生态环境保护“一岗双责”等制度落到实处。

2015 年 9 月，《生态文明体制改革总体方案》（以下简称《方案》）正式印发，《方案》提出：到 2020 年，构建起八项重要制度：第一，健全自然资源资产产权制度，着力解决自然资源所有者不到位、所有者边界模糊等问题。第二，建立国土空间开发保护制度，解决因无序、过度、分散开发导致的优质耕地和生态空间占用过多、生态破坏、环境污染等问题。第三，建立空间规划体系，解决空间性规划重叠冲突、部门职责交叉重复、地方规划朝令夕改等问题。第四，完善资源总量管理和全面节约制度，解决资源使用浪费严重、利用效率不高等问题。第五，健全资源有偿使用和生态补偿制度，解决自然资源及其产品价格偏低、保护生态得不到合理回报等问题。第六，建立健全环境治理体系，重点完善污染物排放许可制、污染防治区域联动机制、农村环境治理体制机制和环境信息公开制度，解决污染防治能力弱、监管职能交叉、权责不一致、违法成本过低等问题。第七，健全环境治理和生态保护市场体系，建立绿色金融体系，解决市场主体和市场体系发育滞后、社会参与度不高等问题。第八，完善生态文明绩效评价考核和责任追究制度，重点是建立生态文明目标体系和生态环境损害责任终身追究制度，解决发展绩效评价不全面、责任落实不到位、损害责任追究缺失等问题。

党的十八届五中全会强调加大环境治理力度，以提高环境质量为核心，实行最严格的环境保护制度，深入实施大气、水、土壤污染防治行动计划，实行省以下环保机构监测监察执法垂直管理制度。

提升生态文明治理现代化水平，需要实行最严格的生态环境保护制度，全面建立资源高效利用制度，健全生态保护和修复制度，严明生态环境保护责任制度，完善生态文明法律体系。党的十九大以来，中共中央办公厅、国务院办公厅印发了《关于统筹推进自然资源资产产权制度改革的指导意见》《关于建立国土空间规划体系并监督实施的若干意见》。党的十九届四中全会审议通过了《中共中央关于坚持和完善中国特色社会主义制度、推进国家治理体系和治理能力现代化若干重大问题的决定》，从政治上、全局上、战略上统筹，从各领域各方面制度建设的系统性、整体性、协同性考虑，立足建设美丽中国目标，对建立和完善生态文明制度体系、促进人与自然和谐共生作出系统安排部署。至此，生态文明制度体系的“四梁八柱”更加完备、更加充实。

2021 年 10 月《中共中央 国务院关于完整准确全面贯彻新发展理念做好碳达峰碳中和工作的意见》《2030 年前碳达峰行动方案》等文件相继出台，2021 年 11 月 2 日《中共中央 国务院关于深入打好污染防治攻坚战的意见》出台，我国生态文明制度体系日臻完善。

（二）健全法律标准，加快建立绿色低碳循环发展的监管考评体系

第一，完善法律标准。加快法律法规建设。制定完善自然资源资产产权、国土空间开发保护、国家公园、空间规划、海洋、能源、应对气候变化、耕地质量保护、节水和地下水管理、草原保护、湿地保护、排污许可、生态环境损害赔偿等方面的法律法规，清理修订阻碍绿色低碳循环发展的法律法规，为绿色低碳循环发展提供法制保障。建立健全标准体系。建立统一的绿色产品体系，将目前分头设立的环保、节能、节水、循环、低碳、再生、有机等产品统一整合为绿色产品，建立统一的绿色产品标准等体系。建立健全系统规范的清洁生产技术指标体系、大宗工业固体废物为重点的综合利用标准体系，分类别制定工业副产品、资源综合利用产品等产品技术标准。建立符合中国国情的绿色产品认证与标识体系，统一制定认证实施规则和认证标识，并发布认证标识使用管理办法。

第二，培育市场体系。建立权责明确的自然资源产权体系。制定权利清单，明确各类自然资源产权主体权利。处理好所有权与使用权的关系，创新自然资源全民所有权和集体所有权的实现形式，除生态功能重要以外，可推动所有权和使用权相分离，明确占有、使用、收益、处分等权利归属关系和权责，适度扩大使用权的出让、转让、出租、抵押、担保、入股等权能。全面建立覆盖各类全民所有自然资源资产的有偿出让制度，严禁无偿或低价出让。培育环境治理和生态保护市场主体。从市场准入、营商环境等方面入手，培育环境治理市场主体，规范市场健康发展。充分发挥市场在资源配置中的决定性作用，以污染治理“市场化、专业化、产业化”为导向，吸引和扩大社会资本投入环境污染治理。

第三，健全监管体制。完善生态环境监管体制。整合分散的生态环境保护职责，强化生态保护修复和污染防治统一监管，建立健全生态环境保护领导和管理体制、激励约束并举的制度体系、政府企业公众共治体系。全面完成省以下生态环境机构监测监察执法垂直管理制度改革，推进综合执法队伍特别是基层队伍的能力建设。建立独立权威高效的生态环境监测体系，构建天地一体化的生态环境监测网络。环境监管机构应制定合理的环境标准，激励企业绿色创新，提高绿色竞争力。进一步完善自然资源监管体制。在相关部门职能整合后，充分发挥用途管制作用。完善生态环境领域市场监管体制。在环境服务市场健全政府、投资者、公众等共同参与的监督机制，实行准入、运营、退出全过程监管，探索综合监管模式。在环境服务市场探索实施黑名单制度，将技术服务能力弱、运营管理水平低、综合信用差的环境服务公司列入黑名单，定期向社会公布。

第四，加强评价考核。优先建立绿色低碳循环发展统计制度。研究并制定涵盖空间、生产、消费、创新等多领域的绿色低碳循环发展统计指标体系，更加全面反映绿色低碳循环发展的经济体系的建立情况。发布国家层面资源产出率指标。建立并完善评价考核体系。统筹生态文明、绿色、低碳、循环考核评价指标体系。健全绿色低碳循环经济统计指标体系，完善统计核算方法，建立统计核算制度和数据发布制度。建立健全循环经济统计调查制度，做好数据采集和分析工作。开展区域层面资源产出率统计试点。完善促进绿色低碳循环发展的奖惩体系。统筹绿色低碳循环发展的相关考核制度。创新督查检查考核方式，充分运用信息化手段，实现信息资源共享，优化第三方评估，提高督查检查考核的质量和效率。

（三）健全绿色低碳循环发展的政策体系

第一，完善绿色低碳循环财税政策。

完善税收政策。增强增值税“绿色”导向作用。将机器设备、厂房等固定资产和环保设备纳入增值税抵扣范围，同时减免征收资源综合利用、防治大气污染和从事环境保护的企业所应缴纳的增值税。拓展企业所得税的生态属性。针对生产节能环保产品、从事环保技术研发和成果转化、促进节能减排和资源综合利用的企业，在企业所得税上给予优惠。强化资源税的环保引导作用。根据开采资源的环境成本，提高部分资源税品目税率，特别是对于稀缺性、非再生、不可替代的资源课以重税。进一步完善环保税。

完善预算政策。统筹有关资金，推动各级财政支出向资源节约和循环利用、新能源和可再生能源开发利用、环境基础设施建设、生态修复与建设、先进适用技术研发示范等有利于提高资源环境生产率的方向倾斜，逐步建立常态化、稳定的预算内资金投入机制。适当增加财政预算，用于提高政府绿色采购的比例、扶持绿色创新主体发展、绿色产业引进、绿色技术研发。为进一步加强和规范绿色低碳循环领域专项中央预算内投资项目管理，提高中央资金使用效益，推进中央预算内投资管理制度化、规范化、科学化，加强绩效管理。

优化投资政策。采取直接投资、投资补助、运营补贴、资本金注入、财政贴息、以奖代补等多种方式支持绿色低碳循环产业及项目的发展，以充分发挥政府投资的引导和撬动作用。对于具有资源优势的地区，以国家投资为导向，鼓励与当地资源禀赋契合的深加工产业的发展，加速形成产业集群和特色资源型产品的品牌效应。鼓励地方政府和社会资本设立绿色发展投资基金，推动有限的要素资源向优质的绿色项目集中配置。

健全绿色债券政策。加强对绿色债券的信息披露的监管，实现对绿色债券的规范化评级，落实地方政府对绿色债券贴息等财政政策，出台更多激励政策，以应对变化的经济和金融环境，进一步鼓励绿色债券的发行和投资，促进绿色债券的发展。通过鼓励中小企业发展绿色集合债等方式推动绿色债券市场创新。建立规范的地方政府举债融资机制，推动地方融资平台转型改制和市场化融资，重点向绿色发展倾斜。积极参与国际绿色债券标准的制定。

第二，健全绿色低碳循环金融政策。

完善绿色信贷政策。各银行类金融机构要严格控制对高耗能、高污染行业的信贷投入，加快对落后产能和工艺的信贷退出步伐。人民银行各分支机构要加强对金融机构支持节能减排、循环经济发展的政策引导和信息服务。指导金融机构对贷款实行差别定价，加大对节能环保企业和项目的信贷支持 。

优化证券政策。对符合条件的第三方治理企业，上市融资、发行企业债券实行优先审批；支持发行中小企业集合债券、公司债、中期票据等债务融资工具；支持适度发展融资租赁业务，引入低成本外资。选择综合信用好的环境服务公司，开展非公开发行企业债券试点。

探索建立绿色保险政策。鼓励和支持保险机构创新绿色保险产品和服务。建立完善与气候变化相关的巨灾保险制度。鼓励保险机构研发环保技术装备保险、针对低碳环保类消费品的产品质量安全责任保险、船舶污染损害责任保险、森林保险和农牧业灾害保险等产品。选择环境风险较高、环境污染事件较为集中的领域，将相关企业纳入应当投保环境污染强制责任保险的范围。鼓励和支持保险机构参与环境风险治理体系建设。

完善信托政策。在现有信托法律法规体系下，结合信托行业特色和优势，制定行之有效的绿色信托业务实施细则及监管制度，从而更好地指导绿色信托发展。鼓励信托企业将绿色信托战略规划列入发展战略，同时应通过政策指引，明确开展绿色信托业务的附加意义，如降低绿色信托业务的风险资本占用，降低或减免信保基金的缴纳，差异化给予监管评级指标等，有效激发信托公司不断创新绿色信托工具。

支持设立各类绿色发展基金。中央财政整合现有节能环保等专项资金设立国家绿色发展基金，投资绿色产业。鼓励有条件的地方政府和社会资本共同发起区域性绿色发展基金，支持地方绿色产业发展。支持社会资本和国际资本设立各类民间绿色投资基金。出台绿色发展基金的税收减免等优惠政策。鼓励地方政府通过放宽市场准入、完善公共服务定价、实施特许经营模式、落实财税和土地政策等措施，完善收益和成本风险共担机制，支持绿色发展基金所投资的项目。

第三，落实绿色低碳循环发展价格政策。

完善资源价格政策。政府应当完善生态补偿价格和收费机制。按照“受益者付费、保护者得到合理补偿”原则，科学设计生态补偿价格和收费机制。深化资源性产品价格改革，进一步发挥市场机制在资源性产品价格形成中的作用。完善资源有偿使用制度和生态补偿制度。加快自然资源及其产品价格和财税制度改革，全面反映市场供求、资源稀缺程度、生态环境损害成本和修复效益。

优化能源价格政策。按照“管住中间、放开两头”总体思路，推进电力、天然气等能源价格改革，促进市场主体多元化竞争，稳妥处理和逐步减少交叉补贴，还原能源商品属性。择机放开成品油价格，尽快全面理顺天然气价格，加快放开天然气气源和销售价格，有序放开上网电价和公益性以外的销售电价，建立主要由市场决定能源价格的机制。

第四，实施绿色低碳循环发展产业政策。

修订产业准入政策。各地应完成生态保护红线、环境质量底线、资源利用上线、环境准入清单编制工作，明确禁止和限制发展的行业、生产工艺和产业目录。修订完善高耗能、高污染和资源型行业准入条件，对环境空气质量未达标城市制订更严格的产业准入门槛。

进一步确立竞争政策的基础地位。各地区、各部门要按照确立竞争政策基础性地位的要求，有针对性地制定政策措施，及时研究新经济领域市场监管问题，不断完善市场竞争规则，加快形成统一开放、竞争有序的市场体系。

优化产业投资政策。充分利用产业投资基金支持先进制造业等绿色产业的发展。实施新一轮技术改造升级重大工程，支持关键领域和瓶颈环节技术改造。加快发展天使投资，鼓励有条件的地方出台促进天使投资发展的政策措施，培育和壮大天使投资人群体。完善政府出资产业投资基金信用信息登记，开展政府出资产业投资基金绩效评价和公共信用综合评价。

调整产业补贴政策。进一步完善需求侧绿色产业政策，通过绿色技术和绿色装备支持政策、消费者补贴等方式，使绿色产品迅速市场化和扩大生产消费规模，完善和提升产品质量。除风电、光伏、光热等新能源领域外，加大对电动汽车等面临突破的重要新产业领域的支持力度。促进产业补贴政策与其他公共政策之间的配套和协同。

第五，推出绿色低碳循环发展贸易政策。

改进产品出口政策。研究完善鼓励资源性产品进口的关税政策。修订《环境保护综合名录》。完善禁止洋垃圾入境推进固体废物进口管理制度政策。研究完善鼓励资源性产品进口的关税政策。推动再制造产品进入国际市场，实施对标行动，保障再制造产品的性能稳定性、质量可靠性等达到欧美国家标准，培育以增材再制造技术为特点的装备现场修复技术，提高运营维护水平。

完善商品进口政策。完善绿色关税制度。对某些影响生态环境的进口产品、资源等生产投入品除征收一般正常关税外，加征额外的环境附加税，或者限制、禁止其进口。对企业为生产国家支持发展的大型环保及资源综合利用设备而进口的关键零部件及原材料，在现行政策规定范围内，免征关税和进口环节增值税。

优化对外投资政策。加强投资政策引导，优化企业的对外投资环境。进一步细化我国企业境外投资的鼓励方向、限制方向和禁止方向，遏制部分民营企业存在的违规经营和恶性竞争等不良投资行为。在“一带一路”沿线国家建成一批环保产业合作示范基地、环境技术交流与转移基地、技术示范推广基地和科技园区，形成生态环保合作良好格局。鼓励企业在新兴领域布局全球产业生态体系，积极融入全球产业分工合作，更好地利用全球资源和市场，加强产业全球布局和国际交流合作。

第八章 建设多元平衡、安全高效的全面开放体系

习近平总书记要求，发展更高层次开放型经济，推动开放朝着优化结构、拓展深度、提高效益方向转变。互利共赢是完善开放型经济体系必须始终秉持的时代理念。经过40多年改革开放，我国同世界的关系发生了历史性变化。互利共赢是引领我国扩大开放的重大理论创新，必须在实践中不断丰富其内涵。多元平衡是完善开放型经济体系必须始终把握的内在特征。不仅要重视出口市场多元化，也要强调进口市场多元化；不仅要重视引资来源多元化，也要强调走出去市场多元化。安全高效是完善开放型经济体系必须始终坚持的根本要求。维护经济安全，最根本的是要牢牢把握我国经济发展的主导权。促进对外开放从注重规模速度向讲求质量效益转型，从依赖外源动力向立足内生动力转变，从扩展市场广度向挖掘市场深度跨越，从发挥低端要素优势向形成高端要素新优势提升。

一、互利共赢是引领我国扩大开放的重大理论创新

互利共赢是指在对外开放中必须坚持共同发展的原则，必须坚持以合作推动世界经济的强劲、持续和平衡增长。既要关注自身利益，又要尊重、支持彼此利益，尽可能找到利益交汇点。互利共赢，是中国和平发展的战略选择。在建设开放型经济的进程中，我们必须更自觉地将互利共赢的理念贯彻到实处，站在国家全局与长远利益的高度，坚持以开换开的原则，不断开拓经济发展的外部空间与有利的国际环境。

（一）互利共赢推动中国改革开放大踏步前进

2005 年，党的十六届五中全会通过的《中共中央关于制定国民经济和社会发展第十一个五年规划的建议》中，首次明确提出“要实施互利共赢的开放战略”。2018 年，宪法修正案将“坚持互利共赢的开放战略”写入序言。

党的十八大以来，党中央推动对外开放理论与实践创新、树立新的开放发展理念、落实共建“一带一路”倡议、加快建设开放型经济新体制、主张发展开放型世界经济、主动参与全球经济治理，使得较高层次开放格局逐步形成。当今世界正处在大变革大调整时期，把“坚持互利共赢开放战略”写进《宪法》，表明中国深刻认识到合作共赢是国际社会的共同心愿，表明中国反对保护主义，不玩零和博弈，表明中国是世界和平建设者、全球发展贡献者、国际秩序维护者等进步形象；党的二十大把“推动构建人类命运共同体”明确为中国式现代化的本质要求之一，表明中国式现代化是走和平发展道路的现代化，中国式现代化进程中将致力于推动建设持

久和平、普遍安全、共同繁荣、开放包容、清洁美丽的世界。中国始终是维护世界和平、促进共同发展的重要力量。中国旗帜鲜明地向全世界表明坚持开放互利共赢的坚定立场，着力以开放发展引领经济全球化步入新时代。

互利共赢是较高层次开放型经济新体制一大特点，本着开放、合作、共赢的精神与其他国家共谋发展才有可能带动开放型世界的经济建设，在对外开放中向更高层次和质量的社会主义迈进。在经济全球化之初，以美国为代表的西方国家成为主要推动者，而如今，中国被视为促进贸易与投资自由化便利化最有力的旗手。历时40余年的改革开放，中国已经完成了由“赶上时代”向“引领时代”的重大飞跃。在全面开放新格局确立并不断推进的过程中，中国扮演的角色正在由经济全球化发展的“追随者”变为“引领者”，从而达到为中国人民谋福利、为中华民族求振兴、为人类求和平求发展之目的。中国越来越接近世界舞台的中心，积极为世界的发展贡献中国智慧与方案。互利共赢作为实现中华民族复兴富强的基本国策，是我们党在科学总结我国社会主义现代化建设经验和把握当今世界发展大趋势的基础上作出的重大战略决策。这一战略的提出，既是对过去一系列对外开放基本方针、政策的传承和发扬，也显示出我国进一步扩大全方位主动开放、实现与世界各国长期合作的战略意志。

综观中国对外开放的历史进程，可以大致分为4个时期，互利共赢这一开放原则既贯穿其中，也是中国改革开放能够取得成功的至关重要的原因。1978—1991年，是对外开放的起步时期。1978年12月召开的党的十一届三中全会，正式拉开了中国改革开放的历史帷幕。1980年在深圳、珠海、汕头、厦门试办特区，1982年对外开放政策被写入新修订的《宪法》，1984年，十二届三中全会把实行对外开放列为基本国策，并在大连、秦皇岛、天津等设立了14个开放城市和海南特区。中国以经济特区为载体，通过相关制度与法律的建立与完善，形成吸引外国资本的投资气氛，形成了良好的窗口示范效果。1992—2001年是对外开放的深化阶段。1992年邓小平同志的“南方谈话”掀开了我国对外开放的新篇章。我国以浦东开发为抓手，加大外资吸收利用力度，抓住国际产业转移机遇，在制造业、基础设施建设、服务业等方面实现了进一步对外开放。2002—2012年是局部开放向全面开放的过渡阶段。2001年12月，我国正式加入世界贸易组织，为了全面提高对外开放水平，中国坚持“引进来”和“走出去”相结合，积极主动地履行入世承诺。为衔接世贸组织规则，我国在健全市场经济体制、进行关税减让、消除非关税贸易壁垒、健全国内贸易法律体系等问题上进行了系统性变革。一系列的变革增强了我国对全球投资的吸引力，深化了中国同世界各国贸易往来。2009年中国成为世界第一大出口国、第一大进口国，2010年成为第一大外资引进国。2013年至今是对外开放制度的自主创新阶段。中国设立了当今世界上开放程度最高的中国特色自由贸易试验区——上海自由贸易试验区，并且以自贸区为引领，从投资、金融、政府管理等层面多层次多维度寻求制度创新，将自由贸易区建设打造成为全面对外开放制度创新平台。2013年十八届三中全会明确指出要建立“对内对外开放相互促进”的开放型经济新体制。同时，“一带一路”建设正式列入决定，办好国际进口博览会，积极主动地向世界开放市场，由“要素开放”走向“制度开放”，利用中国超大规模市场优势发展全球伙伴关系反对保护主义，用实际行动促进共享发展开放型世界经济的形成。

改革开放40多年来，中国成功地实现了7亿多贫困人口脱贫，占同期世界减贫总人口的二分之一，为世界经济增长做出了连续多年超过世界人口增长贡献率的贡献，成为世界第二经济大国、第一工业国、货物贸易大国、外汇储备大国。而中国矢志不渝地追求互利共赢开放战略，其特征之一是促进商品与要素流动型向包括规则规制在内的制度型转变。中国立足实际国情，不断完善涉外经贸的法律、规则等制度，打造一流的国际营商环境，将中国对外开放引向更深的层次。商务部研究院国际市场研究所副所长白明说："外商外资不仅能'进得来'，还能'活得好'，产生示范效应，中国开放的空间就会越来越大。"①

开放过程中，中国积极主动地与全球经济发展接轨，与世界其他国家的利益交汇点不断扩大，达到了最大公约数。融入世界经济体系后，中国将低成本的生产要素融入全球分工体系和产业链中，为全球经济的发展提供了"中国红利"，进而有效推动了全球经济的发展与繁荣，引领了全球产业链、供应链和价值链的整合。实践表明，开放中谋求共同发展，符合历史前进的逻辑与时代发展的潮流。互相尊重、平等互利、开放共赢，让世界很多国家得益于中国的发展。互利共赢不仅推动了中国改革开放大跨步前进，也使得中国的对外开放越来越被世界所承认。

（二）互利共赢是双边多边长期合作的基本原则

国与国之间利益才是合作之本，合作的根本原因是趋利避害，也就是为了谋求自身利益最大化，确保自身利益免受侵犯。显然，如果双边、多边合作无法使合作方获得非合作以外的利益，有些国家就会在主观上缺乏推动合作持续的积极性。作为避害的本能，难以通过现行合作受益的国家为避免既得利益的流失和合作可能造成的风险，就会想方设法终止合作。没有共同利益的支撑，双边合作就成了无本之木，无源之水，即使趋于强势方压力，终究也难以长

① 吕德胜，宫其芳．互利共赢，中国开放启新篇［EB/OL］．中国军网，2020-12-30.

久。这也正是殖民体系的瓦解和美国主导下的世界秩序正面临多边主义挑战的原因所在。

在经济全球化浪潮的推动下，世界上绝大多数国家迈向了全球大市场。很少有国家能在整个产业链条中保持全面优势，且不同国家在海外投资中常常呈现出差异性优势，这就为开展双边、多边合作提供了现实可能和广阔空间。以互利共赢为基本原则的合作方式，对于推动经济全球化、创新全球经济合作模式、构建开放型世界经济、丰富高质量共建“一带一路”内涵具有多重意义。然而国家利益的内涵、实现手段、渠道、方式、方法等都随之发生了巨大的变化，加之国际规则、国际组织日益发达，使得成员之间的相互联系与相互依赖得到加强，各方利益的互动关系也发生了很大的变化。各国都在政策与战略的层面上进行着深入的调整。过去处理国际政治、经济、外交关系的“丛林法则”更多让位于“互利共赢”的新法则。它是通过协商、政治经济、外交层面的互动来最大限度地保护自己国家的利益。在当前这种形势下，协作只能以互利共赢为前提，片面强调自身利益是不可能实现长期有效协作的。

参考博弈论分析，国际关系中囚徒困境博弈的大量存在提出了互利共赢作为多边合作原则的必要性。在囚徒困境博弈中，追求自身利益最大化的理性行为追求者追求自身利益的结果却是最差的。因此要实现各自利益最大化就需要双方放弃背叛战略，转而实行合作，国家之间也是一样。①

百年变局与世纪疫情的叠加共振，使得经济发展赤字已经呈现出全球性特征，无论是发达国家还是发展中国家，在发展经济过程中都遇到了难以解决的难题：产业空心化，海外市场需求不充分，劳动力成本太高困扰了发达国家市场的扩张，他们的先进技术

① 张永胜．互利共赢的博弈论分析［J］．理论月刊，2008（12）：41–44．

与经验很难得到充分发挥，相当一部分发展中国家经济发展处于困境。在这种情况下，双边互惠合作向多边互惠合作延伸就成了促进各国共同发展的多方共赢选择，既能促进优势资源整合，联结优质资本、技术、劳动力和市场等要素，促使国际生产要素良性互动形成，为经济增长增加新动能，也能促进合作国创造更大的利益融合点进而带动区域内经济深度融合和共同发展。也可以创造出一种互利共赢、注重产业链深度融合的合作关系，适应全球相互依存日益深化、区域经济务实协作的发展趋势，帮助打破当前双边投资机制的限制，帮助更多的国家实现经济全球化，促进经济全球化朝着更加优质的方向发展。

互利共赢合作机制的根本目的是以互动机制为枢纽，通过整合政治、经济资源提升自身实力与影响，实现本国利益最大化。其主要意义体现在经济层面的合作共赢、政治层面的积极互动和军事层面的适度干预；其最本质的特征体现在合作的顶层设计和国际秩序的引领上。即实现互利共赢合作机制中经济、政治和社会良性互动，推动双边多边国家经济金融、投资、货物贸易、服务贸易、知识产权、环境保护相互促进共赢；通过优势互补、利益共享、差异化竞争、协同式合作，达到发展双赢；以共赢性的合作机制让各国在政治上、经济上和社会上形成一种良性的互动关系。进而为全球经济发展提供正能量，帮助金融危机后国际经济秩序的恢复和重建。

对于我国而言，互利共赢是指要统筹国内发展和对外开放，不断提高对外开放水平、实施互利共赢开放战略、把既符合中国利益又有利于共同发展作为处理同世界各国经贸关系的基本方针。一是加快转变对外贸易增长方式、积极发展外贸、完善进出口商品结构、努力实现进出口基本平衡；二是继续积极有效利用外资、着力提高利用外资质量；三是加强对产业和地区投向的引导；四是扶持有条件企业“走出去”；五是按照国际通行规则开展对外投资等。在继续扩大对外开放的同时，还需进一步深化涉外经济体制改革，完善促进生产要素跨境流动和优化配置的体制和政策，以切实维护国家的经济安全。以共赢性为支点，建构发展中国家在全球政经格局中的未来落脚点，在国家利益、大国责任和全球发展之间取得均衡，通过设计不同的合作互动机制，达到制衡和均衡，最终实现真正意义上的双赢。以负责任大国姿态参与处理国际事务，坚定不移地奉行互利共赢开放战略，积极参与全球治理体系改革和建设，为世界持续出台中国方案、中国举措，把中国智慧和力量贡献给促进经济全球化惠及更多国家和民族，是中国为实现长期发展义不容辞的责任和使命。

互利共赢的合作实质是提倡公正、和谐、包容，不提倡冲突、排斥的合作。新时期对外开放并非此消彼长的零和博弈，而应是各国美美与共。要做到这一点，就必须在维护我国发展利益的同时，促进世界各国的经济社会发展。我们要在合作开放的过程中不断健全完善有关制度与机制，推动世界共同多边贸易繁荣，使开放真正走向繁荣。我们国家实行的互利共赢开放战略，使扩大开放造福于中国，更使得中国的发展真正造福于他国和世界人民。互惠互利作为双边和多边合作中的一项基本方针，坚持把互利共赢作为中国推进对外开放的出发点和落脚点，致力让中国发展的成果惠及世界所有民族，夯实多边合作的基础。

（三）要用不同方式与处于不同发展阶段的国家合作，实现互利共赢

面对世界经济增长动力不足的现状，许多国家在努力寻求经济结构调整和产业转型突破。中国应大力参与全球公共产品供给，积极承担国际责任和义务，在发达国家和发展中国家面前，需要通过不同的途径达到互利双赢。

对发达经济体开放的政策重点应该是持续引进先进技术和设备、引进高端产业资本，同时将引资与引智、引技相结合；继续通过衔接以引资为先导的新全球化高标准规则倒逼国内体制机制改革进一步深化。面向发达国家，应健全经济高层对话和其他合作机制、扩大合作领域、加强开放互信。充分考虑到其拥有先进的技术和核心装备，但限于国内产能不足成本过高，生产要素的边际回报出现递减现象，即面临的经济增长内生动力不足的核心需求。如果其企业在自己国内进一步扩充生产规模，将会出现“规模不经济”的问题。发达国家的企业虽拥有先进技术和管理经验，但其高昂的成本也会导致产品、服务价格过高，发展中国家不易负担。因此，西方发达国家需要将其生产要素向发展中国家转移，以此产生扩散效应，但在大国主导型贸易规则中，尽管很多条款都给发展中国家以优惠待遇，但是它们也为发达国家以贸易保护条款来约束发展中国家贸易留有很大余地。我国作为迅速崛起的发展中国家，在对外贸易中贸易壁垒频繁发生。出口增长过快、贸易顺差大、加工贸易比重大、产品质量偏低、国内出口企业参与国际市场价格竞争，且我国与西方发达国家制度差异、产业及企业对贸易壁垒缺乏反应等诸多因素综合构成我国贸易摩擦加剧。由于我国生产技术水平有所欠缺，质量标准相对较为低下，发达国家往往以安全标准、健康标准、环境标准等为依据来制约我国出口。劳动力成本较低决定我国劳动密集型产品价格较低，但是发达国家可采取反倾销政策来排斥价格较低的产品：所涉货物既包括劳动密集型货物，也包括高科技产品。因此，在发达国家面前，按照国际规则积极保护本国合法权益，并不断增强我国参与国际规则制定与适用的能力，以促进平衡、共赢，注重发展多边经贸体制的构建。同时，借助我国在世界贸易组织中的核心成员地位，加强同发展中大国的协调配合，积极促进各方面务实地参加谈判，促进贸易投资自由化、便利化，充分发挥多边贸易体制在稳定国际贸易中的作用，抑制贸易保护主义的错误发展风潮。

对发展中国家实行开放政策，其着力点应放在发挥我国商品、资金、技术和市场优势及实践改革开放成功经验上，以扩大机械设备等资本品出口为手段，加大走出去力度，帮助其改善基础设施、完善体制机制、推进工业化和城镇化进程，同时更多更好地充分利用其丰富的自然资源、足够的劳动力和日益增长的市场需求，推动中国经济结构升级。在发展中国家面前，应充分考虑到其处于工业化初期阶段，工业化水平较低，技术较为落后，对基础设施建设和工业发展有强烈需求，但缺乏资金、技术、产能的发展现状，坚持优势互补和错位竞争，促进双边市场开放和扩大彼此投资规模，寻求更加丰富和高效的合作途径。为发展中国家提供高水平、高性价比的产品和服务，促进世界不同发展阶段国家供给和需求的衔接。通过加强全产业链合作推动形成了合理高效的产业分工格局，来推动我国产业迈向更高水平、促进发展中国家工业化和经济发展。中国可以继续在力所能及范围内对发展中国家和最不发达国家给予减免关税待遇等措施，促进受援国改善产业体系，提高技术水平和自主发展能力。还可以研究真正有利于双方的商业规则，并作为发展中国家代表，积极推动各国平等参与决策、享受权利、履行义务、让新兴市场国家和发展中国家拥有更多代表性和发言权、推动现有体系“朝着更公平、更合理方向发展”。发挥新设立的国家国际发展合作署的作用，加强对外援助战略谋划和统筹协调，更好推动对外援助平等互助、无偿共赢发展，继续增加对最不发达国家的投资。

考虑到全球公共产品特别是发展中国家基础设施，如电力、交通等供给不足，大大制约了世界经济的发展。中国可以尝试突破双边合作传统模式，推动第三方市场合作的发展，统筹发达国家和发展中国家的互惠互利合作方式。将中国的优势产能、发达国家的先进技术和广大发展中国家的发展需求有效对接，将中国强大的制造能力同发达国家的高端技术结合起来，为发展中国家提供高水平、高性价比的产品和服务，促进了世界不同发展阶段国家供给和需求的衔接，通过加强全产业链合作推动形成了合理高效的产业分工格局。西方发达国家的企业与物（产品、服务）美价优的中国企业进行第三方市场合作，则可优势互补、互利共赢、降低成本，为发展中国家带来就业机会和经济增长，发展中国家又可反过来促进各国出口、就业及经济发展，从而形成一个良性循环。世界市场依然有巨大拓展空间，发展中国家市场限于基础设施落后以及制造技术水平有限等约束，并未得到有效开发。第三方市场合作可以深度整合各方资源，相互借力，分享合作国在各自区域的传统优势，合力开拓新市场。这样发展中国家不但可以得到来自中国企业的性价比较高的产品、中高端制造能力，还能得到来自西方跨国企业的技术理念。这种由双边互惠合作延展至多边互惠合作的方式，打造了以产业链深度融合为核心的互利共赢合作关系，顺应了全球相互依存不断加深和区域经济务实合作的趋势，有助于突破现有双边投资机制局限，有利于更多国家在共同发展中推动经济全球化向更高质量发展。从实际效果看，第三方市场合作也满足了这些发展中国家对基础设施建设的投资需求，带动了当地的经济增长，改善了当地的投资和贸易环境，提升了这些国家的经济发展潜力。第三方市场合作项目建设还有利于改善当地的民生状况，为东道国创造大量的就业机会，协同发挥个体差异化优势，可以实现互利共赢，这也是第三方市场合作项目受所在国普遍欢迎的原因。

互利共赢对外开放战略的目的在于通过对外开放来促进我国既能实现自身发展，又能妥善处理他国利益诉求，尤其要处理好发展中国家的理性忧虑问题。互利共赢开放主张无论开放的客体是社会主义国家还是资本主义国家，是强大国家还是弱小国家，均应在追求互利、对等、平等原则中使各国获得收益，主张各国之间应加强磋商和合作，加强多边贸易体制，以开放型的世界经济体制赢得广阔市场，促进经济全球化向合作共赢方向发展，在实现自身发展的同时也兼顾他国的理性关切。不论是在发达国家抑或是在发展中国家面前，秉持公平公正、互利共赢、动态调节的多边关系与贸易规则都是开放型经济体系能够继续发展下去的关键所在。

二、多元平衡是完善开放型经济体系必须始终把握的内在特征

多元平衡是指在对外开放中必须坚持统筹协调和强调良性互动以达到多元发展和平衡发展的原则，以科学发展观统筹对外贸易中几种具有平衡关系的战略和这几种战略之间的平衡。多元平衡发展是促进开放型经济发展最关键的因素。多元平衡既要求对外贸易内部实现平衡发展，又要求对外贸易与国民经济之间实现协调发展，二者共同构建起我国开放型经济体系以及全球经济协调发展的基本框架。提高制造业开放层次还应注重扩大服务业与农业开放，扩大出口吸引外商直接投资还应注重加大进口与外商直接投资合作，巩固发达国家传统市场还应注重开拓发展中国家市场，壮大一般贸易还应注重提高加工贸易附加值，强化自主创新还应注重参与全球化

分工合作，提高沿海开放水平还应注重加快内陆与沿边开放步伐，不断提高开放型经济的平衡、协调与可持续性。

（一）多元平衡是应对国内外形势和任务深刻变化的基本要求

新世纪、新阶段国内外形势和任务都发生了深刻变化。新冠疫情反复对全球经济影响的不确定性、大国博弈加剧、俄乌冲突走向不明以及需求收缩、供给冲击、预期转弱三重压力等多重风险叠加，给我国经济发展带来严峻挑战。国际局势复杂多样，导致我国发展进程中所面临的不确定因素日益增多，也使得当前我国实施对外开放面临着更加复杂多变的国际国内环境。

放眼世界，在如此大发展大变革大调整中，全球治理体系与世界秩序变化不断加速，呈现出新的特征。金融危机后世界面临经济不振、利益分配不均、治理滞后的挑战。政治向多极化方向发展，经济向全球化方向发展，社会向信息化方向发展，文化向多样化方向发展，各国之间既相互联系也相互依赖，各国力量也呈现动态平衡特征。时代主题依然没有改变，和平、发展、合作、共赢仍是时代趋势，且势不可挡。然而，尽管和平与发展的时代主题没有改变，但是影响和平与发展的因素并非一成不变，其影响因素因世情而异。随着原有殖民体系慢慢瓦解和消失，一大批新兴市场国家、发展中国家加速崛起、国际力量对比发生变化、几个力量中心逐渐形成等因素使得世界格局朝着多极化方向发展。经济全球化过程中影响各国经济发展的各种因素依然存在，如贸易保护主义、逆全球化思潮、单边主义等，这些因素都不同程度地影响了经济全球化的进程。在当今世界文化快速融合的潮流中，文化多样性也面临着前所未有的挑战，世界范围内多种思想文化交流交融交锋日益频繁，国际思想文化领域内的斗争依然深刻而复杂，在国际激烈竞争中，国家需要更努力维护自身的文化特性以及不同意识形态间的竞争。

科学技术的繁荣也使得其越来越成为经济社会发展的主要推动力量，人工智能，大数据，量子信息，生物技术等快速发展，科学技术在影响人类生活方式的同时，大大推动了世界经济的发展。新的科技革命直接影响了产业变革和世界经济的动能转换。“逆全球化”和“贸易保护主义”倾向严重损害着全球化进程，原有国际格局和秩序的冲击依然存在，世界依然由西方发达国家主导，美国等西方资本主义国家依然有意遏制中国的发展，阻碍中国经济实力的增长和国际地位的提高，不断打压中国的发展进程，这些都阻碍了中国进一步开放和融入国际。

反观国内，改革开放以来，我国经济高速发展，经济总量已经位列世界第二。但随着要素投入型增长动力不足、人口红利衰减、中等收入陷阱等多重风险叠加，我国除了面临产业结构不够合理，自主创新能力较弱；国内消费需求不旺，对外贸易依存度过高；资产泡沫继续发展，通货膨胀压力越来越大；资源短缺已成“瓶颈”，粗放发展难以持续等问题，经济结构也出现分化，具体表现为：供给质量低下，内需疲软乏力，国内供需错位，内循环动力不足。因此为实现更高质量内循环，需要加快国内经济转型升级，促进供给结构升级和消费结构的多元平衡。面对国内外形势和任务的深刻变化，我国对外开放面临的风险增大，开放的层次、水平和效益亟待提高，开放型经济发展方式转变的任务艰巨。必须切实转变观念，改变单向出口、单纯引资、单一市场的传统模式，更多地注重多元性和平衡性，实施多元平衡的对外开放战略，完善开放型经济体系，在激烈的国际经贸格局变化中争取主动，提升开放型经济水平，为我国经济的持续健康发展创造条件。

因此，面对国内外形势和任务的深刻变化，加快实施多元平衡的对外开放战略，统筹双边、多边、区域、次区域开放合作是当务之急。首先，要平衡第二和第三产业的发展。当今制造业服务化趋势日益明显，二三产业并轨已经成为新一轮全球化的显著特征。高技术产业正在提供更多内容，跨国制造商也开始从单一商品生产向研发、销售领域延伸。通过产业链延伸、附加值增加来增强竞争力，摆脱传统制造业仅靠成本竞争的尴尬局面十分重要。其次，数字贸易等的兴起、互联网的普及不仅让商品和服务在全球的贸易流通变得更容易，也给数字化服务和数字贸易创造了新的平台。跨境宽带通过信息与通信技术传导数据，极大地促进了数字贸易的改革。再次，沿海开放和内陆沿边开放将更趋平衡，出现陆内和陆外联动，东西部双向开放的新格局。努力突破制约内陆沿边开放的体制机制和政策环境困境，加快国际运输通道建设，培育以整机生产、零部件生产、原材料配套、研发结算为主的加工贸易产业集聚区和大通关体制改革，大力发展以服务贸易、跨境电商和市场采购为主的“轻型贸易”，填补中国内陆区位缺陷，提升中国内陆对外开放程度。最后，沿边应着力打造重点开发开放试验区、边境经济协作区、跨境经济协作区等开放平台，对发达经济体开放和对发展中国家开放将相对平衡，形成“两个开放”新态势。

在国际国内形势与任务发生深刻变化的情况下，我国对外开放风险加大，开放层次低，水平与效益亟须提升，转变开放型经济发展方式任务繁重。我们要切实转变思想观念，转变单向出口、单纯引资、单一市场等传统格局，多强调多元性与平衡性，采取多元平衡对外开放策略，不断完善开放型经济体系，才能在国际经贸格局剧烈变动中赢得主动，促进开放型经济发展，从而为中国经济持续健康发展创造条件。

（二）多元平衡是出口、进口、引进外资、对外投资的综合发展

所谓多元平衡，强调的是对外开放的多元性和平衡性，要求实

现多元发展、平衡发展。既有出口的多元性，包括出口商品的多元和出口市场的多元，在巩固发达国家传统市场的同时，也要重视开拓发展中国家市场；也有进口的多元性，包括进口市场的多元和经营主体的多元，以及进口与出口的平衡。既有引进外资的多元性，包括开放领域的多元、开放区域的多元和引资方式的多元，在制造业开放同时，也要扩大服务业开放，在提升沿海开放水平的同时，也要重视加快内陆和沿边开放；也有对外投资的多元性，包括对外投资主体的多元、投资方式的多元和投资市场的多元。当前，我国经济自身发展面临着推动进口和出口平衡、实现国际收支平衡，加快构建扩大内需长效机制、提高经济内生发展动力的迫切需要。

进口与出口均衡发展是实施从贸易大国走向贸易强国的战略基点。伴随着越来越多的国家和地区采取措施抵制贸易失衡，造成了贸易摩擦加剧和制裁强化，想要实现进出口平衡，扩大出口这一单一模式现阶段已难以为继。对外贸易需要从单纯强调扩大出口向追求贸易基本平衡转变，出口应从过去的数量扩张转到质量提升上来。以往对外贸易的高企只注重以扩大出口来谋求贸易的基本平衡，在这一阶段要完成量的扩张进而到质的增长的过渡。加工贸易一直是影响出口的主要因素，稳定发展加工贸易，需要积极完善外贸方式，促进加工贸易的转型和升级；利用一般贸易与国内产业关联度高、带动能力较强的优势，大力发展一般贸易，增加自主知识产权、自主品牌产品出口，重点培育出口品牌，提高出口产品附加值。提高出口贸易质量，还需要以发展服务贸易为着力点，完善贸易结构。鼓励企业出口由以生产成本为主的传统优势转变为以技术、品牌、品质、服务为主的新优势，促进服务贸易和货物贸易协调发展，实现由“中国制造”到“中国创造”“中国服务”的跨越。同时调整出口商品结构和市场结构，通过优势要素的培育与整合来创造参与国际分工的新格局，以达到稳定出口规模，激发经济增长的目的。以开发发展中国家和其他新兴市场为重点，实施市场多元化战略也是方法之一。在注重出口的同时，发掘进口在国民经济发展中的积极效应也是谋求进口与出口平衡的关键。坚持把推动对外贸易平衡发展作为重要目标，也应该采取适度的进口促进政策，毕竟在出口综合利益逐渐呈弱化之势下，进口对国民经济增长的积极作用在制度层面存在扩张空间。首先，外汇储备规模不能作为对外贸易追求的目标，这才能为满足自身进口需求提供必要的执行条件。其次，需设计组合政策手段，健全技术贸易体制，调整技术创新观念，鼓励适用技术引进，提升我国制造业整体基础技术水平。最后，要适应内需增长由规模向质量跃升的要求，适当降低奢侈品进口门槛与监管力度，重点引进国内无法提供的高档或名牌消费品，为消费资金进入生产经营循环开辟新路径。利用国内市场的巨大吸引力和影响力来提升中国对外贸易的地位和影响力，健全产业损害预警和进口贸易救济体系，确保重点产业安全。

从引进外资和对外投资的角度来看，关键是要在进一步扩大开放空间和领域的前提下，妥善处理好综合优势和总体效益的关系，这实际上是向开放和利用外资提出了更高要求。走出去也面临着模式的创新，我们应该在避免高风险的前提下实现跨国公司在中国的发展模式，使海外投资效益最大化，为外向型经济拓展更广阔的发展空间。而在上述不同的对外经济发展格局中，特别需要以崭新的理念和创新的方式方法，保持多边和双边、区域和次区域间的友好交往，创造良好的外部发展环境。规避国际经济风险，应通过继续扩大对外开放和创新发展模式来提高我国抵御国际经济风险的能力，树立我国在国际市场上的良好形象，保持我国经济长期持续健康的发展，最终实现我国国民经济全面发展的目标。想要达到引进外资和对外投资的平衡，需要通过延伸产业链、增加国内采购比重、引导外商投资企业向中西部转移、拓展加工贸易区域分布等方式，开拓新的发展模式。进一步开放基础设施，引进外资。优化利用外资领域和地域，发挥综合优势和总体效益。引导外资流入现代农业、高新技术、先进制造、节能环保、新能源等领域。加强对中西部地区吸引外商直接投资的政策支持。引导东部地区劳动密集型外资向中西部地区转移，并从税收优惠、开发区共建、人才培养等方面积极作为，对中西部地区承接产业转移提供更多支持。还要促进利用外资形式的多元化，引资、引技、引智相结合。鼓励外资投资科技中介、创新孵化器、生产力中心、技术交易市场等公共科技服务平台。重点引进技术研发人才和经营管理人才，使其成为提高利用外资综合效益的重要载体。建立利用外资的科学评价体系，引导利用外资从重视规模向提高质量和综合效益相结合转变。鼓励跨国公司在华设立地区总部、研发中心、采购中心、财务管理中心等功能性机构，联合国内科研机构和企业开展技术研发和产业化推广。再次是扶持对外投资方式的多样化和企业国际化经营能力的提高。鼓励国内企业采取新建、兼并、合并、股权置换、对外设立生产基地、营销网络等多种手段，整合资源与价值链，实现研发、制造与营销的国际化，提升跨国经营管理水平。重视利用民营企业、中小企业的优势，扶持它们共同对外投资。企业应对海外投资环境进行审慎研判，特别要熟悉地方法律，尊重地方文化，加强应对海外投资合作中的风险与突发事件，提高风险管理能力，从而实现对海外投资风险的有效预防与化解，全面维护海外投资企业及其员工的正当利益。最后是拓展对外投资的合作，有效提升投资效益。创新境外经贸合作区的发展方式，带动国内企业集群式走出国门。发挥中国轻纺、服装、机械和家电产业的相对优势，激励企业对外投资建厂并将能力有序向外转移。深化能源资源开发与加工的国际互利合作，增加对境外能源资源的投资，鼓励重化工业在境外能源资源产地兴办生产基地。应扩大对外承包工程的途径和范围，鼓励企业承包附加值较高、影响较大的交通、能源、电力、通信等基础设施项目。支持具备条件的企业积极在境外进行基础设施建设与投资，增加在周边国家的交通、通信和能源投资。改革境外投资外汇管理体制和投融资管理体制，健全财税、信贷和外汇、外贸以及人员进出境有关配套政策，促进企业境外投资便利化。

（三）多元平衡是国内深化改革与营商活动规则日益国际化之间的平衡

着力平衡国内深化改革与营商活动规则日益国际化之间的关系，是我国改革成功十分重要的一环。好的营商环境就是生产力和竞争力，打好深化“放管服”改革的攻坚战、优化营商环境的持久战，对我国坚持系统观念并先立后破，完善体制机制具有极其重要的作用。

坚持多元平衡开放战略，我国在推动深化改革的同时，还要积极推动营商活动规则的国际化，以创造对外开放公平竞争内外资环境，有效保障外国投资在华合法权益，从而增强外资企业在华长期投资与发展的信心。习近平主席非常重视创造公平竞争的内外资环境问题，他强调要“注重保障外资企业合法权益，注重知识产权保护，对内外资企业平等、公平对待”。只有有效地保护外国投资在华的正当利益，才能够增强外资企业在华长期有效投资发展的信心。此外，习主席还建议：“加大放宽外商投资准入力度，提高便利化程度，促进公平开放竞争，着力营造优良营商环境。”在维护国家重点行业和领域控制力与发展主导权前提下，通过并购、参股、再投资等方式引导外资参与国内企业改组改造。健全利用外资的法律法规、深化外商投资管理体制改革、简化审批程序等。强化知识产权保护、完善市场信用体系等措施有效维护了投资者的合法权益。健全外资并购的安全审查机制和反垄断审查法律制度。

着力优化政务环境、市场环境、要素环境、法治环境，既是深化改革的方向，也是使营商活动规则与国际接轨的必要条件。在良好的营商环境中，政府与市场界限清晰、市场机制运行有效、调控监管有度、办事流程规范，这些都有利于降低市场主体的制度性交易成本，提升市场准入的便利化水平，让市场主体留下来、稳得住、发展好；在良好的营商环境中，提升法治化水平可以让各类市场主体合法权益得到平等保护，为企业提供公正、稳定、可预期的重要保障，以法治的力量护航经济社会的稳定发展；在良好的营商环境中，坚持以开放促改革，主动对标国际先进水平，可以加强与国际通行经贸规则的对接，推动规则、规制、管理、标准的制度型开放。①

以推进营商活动规则国际化及发挥外资综合优势和总体效益为目标，以引资、引技、引智为抓手，规范国际贸易市场并通过制度化管理在世界各参与国形成一个被广泛接受的交易平台，同时应吸取他国的开放经验并消除不必要的监管及准入机制，以进一步改善资本自由高效流动的国际投融资机制和股权结构。也能增强企业国际化经营，培育一批世界水平跨国公司。要促进营商活动规则国际化发展，必须先要切实消除某些开放领域的“玻璃门”“弹簧门”，加快形成同国际通行做法趋同的制度规则和标准。抓紧完善利用外资法律法规，深化外资管理体制改革，简化审批程序。加强知识产权保护，健全市场信用体系，切实保障投资者合法权益。完

① 本报评论员．着力打造市场化法治化国际化营商环境［N］．云南日报，2022-06-05（1）.

善外资并购安全审查机制，完善反垄断审查法律制度。扩大服务领域开放，增加服务多样化供给，提高服务业市场化、国际化水平。健全外商投资法律法规、深化外商投资管理体制改革、强化知识产权保护、持续改善投资环境、稳步推进金融、物流和节能环保服务领域对外开放、给予外商更广泛市场准入等是多元平衡发展的必然保证。

奋力推动市场化营商环境建设实现新突破，我们要围绕保护和激发市场主体活力，加大行政权力的大幅“瘦身”，进一步降低市场准入门槛，深化商事制度改革，深化投资项目审批、工程建设项目审批制度改革，推动实体经济实实在在降成本，着力打通市场化梗阻，为市场主体充分松绑。奋力推动法治化营商环境迈出新步伐，我们要以推进《优化营商环境条例》落地实施为重点，推进行动计划落实，加快建立健全优化营商环境法规政策体系，完善贯穿市场主体全生命周期的监管机制，不断强化知识产权的行政执法保护，努力营造公平公正的法治化营商环境。奋力推动国际化营商环境取得新进展，我们要进一步加强与相关国际通行规则的对接，在贸易投资自由化便利化、知识产权保护、电子商务、政府采购等方面实行更高标准规则；要加快推进自贸试验区投资自由化便利化建设，进一步提升外资管理和服务水平，优化外贸发展环境。注重营造公开透明的法治环境，适当放宽外商投资的准入标准，提高便利化程度，推动建设开放平台，努力营造良好营商环境。

我国同某些国家或地区结成的区域经济合作关系对良好管理全球经济起了促进作用，中国应该积极改变被动局面、赢得国内经济体制改革的时间、弱化美国另辟国际贸易投资新规则之企图、给中国经济发展带来新的活力。

三、安全高效是完善开放型经济体系必须始终坚持的根本要求

安全高效，就是对外开放中要坚持转变对外经济发展方式，培育开放型经济发展新优势，提高开放型经济的综合效益，增强抵御外部冲击和国际风险的能力。按照完善社会主义市场经济体制的要求，加快改革涉外经济管理体制，建立统一高效的对外开放决策、协调、管理和评估机制，完善开放条件下的对外经贸促进体系和风险防范机制，提高开放型经济对国民经济的贡献，增强风险防控水平。加强战略谋划，促进外交与经济紧密互动，全力维护国家和产业核心利益，切实保障经济安全。

（一）经济安全是开放型经济体系的基础和依托

统筹发展与安全，可以决定开放型经济体系行稳致远的程度。面对复杂而多变的现实世界，在进行对外投资及业务时会遇到各种风险及不确定因素，既有政治风险也有商业及信用风险，同时还可能发生其他不可抗力。

经济安全是指一国经济的安全和重大利益不受侵害或威胁的状态，包括经济主权安全、资源能源安全、金融安全、粮食安全、科技安全、产业与贸易安全等。经济安全是国家安全体系的重要组成部分，是国家安全的基础。经济安全不仅是我们党长期执政的重要保障，还是实现国防和军队建设现代化的重要基础，更是保障其他领域安全的重要依托。

近年来，我国经济增长传统红利相对减弱，经济安全面临多种风险挑战。例如：人口红利有所衰减，经济增长动力趋缓；技术红

利开始减弱，产业链升级压力加大；实体经济发展放缓，产业空心化须警惕；全球能源危机显现，保障能源安全任务艰巨；防范化解金融风险责任重大等。而且我国开放型经济始终存在着对外依存度居高不下，产业结构有待优化和国际竞争力还比较弱的隐患。党的二十大对“以中国式现代化推进中华民族伟大复兴”给予了历史定位和充分的分析，归结起来就是在“将强未强”的时候，安全问题最突出，风险最大。离目标越近，问题越多，矛盾也在扩大，而我们应对矛盾、风险的能力“将强未强”，与矛盾上升的速度和压力提高的等级存在一定的不适应。现代化进程的基础是经济社会发展，经济社会发展中的安全问题在总体安全观中具有十分重要的地位。因此，伴随着对外开放程度的进一步加大，对于经济安全问题的研究，无论是时代意义还是发展意义都是突出的。如何正确处理开放与安全之间的关系，保护开放中国家的经济安全与利益，是当前我国需要严肃面对、积极探索和重点研究的课题，更是一个贯穿于开放型经济新体制各个方面的课题。

想要保障国家经济安全，就需防范重点领域风险，坚守经济安全底线。维护中国经济安全说到底就是化解风险、保持经济的长期平稳发展、为全面建成社会主义现代化强国的奋斗目标提供战略支撑。稳定发展实体经济保障经济基础扎实，必须夯实实体经济基础性作用。实体经济是经济增长动力源泉和一国经济健康发展立身之本。加强国家经济安全保障的重点是增强粮食、能源和金融等领域的安全发展能力。就粮食安全而言，必须牢牢坚守 18 亿亩耕地红线、稳定提高粮食产量、进一步提高粮食储备调控能力、强化种子库建设、保障种源安全。就能源安全而言，应加强能源的持续稳定供应与风险管控能力建设，加快能源技术创新，加快构建清洁低碳安全高效的能源体系以切实促进碳中和。强化国际合作，把握经济安全的国际主动权。积极推进经济全球化，果断反制别国对我国贸易制裁、科技制裁。不断改善中国出口商品结构和提高高附加值产品的出口比重。不断加强同“一带一路”国家的经贸合作，互惠共赢。持续推动人民币国际化战略的实施，持续提升人民币的国际影响力。维护汇率稳定和促进外汇储备结构的持续改善。发挥亚投行、APEC 等国际组织的平台作用，持续推动加入《全面与进步跨太平洋伙伴关系协定》进程，持续提升我国国际经济影响力与话语权。

保障经济安全的关键在于提升开放型经济的治理能力，厘清安全责任主体并建构完整的风险评估，预防与应对体系以维护经济安全。其中外商投资国家安全，走出去安全，经贸安全，金融安全为着重关注的四个方面。扩大外资准入时，可以从明确审查范围，设定消危措施和为“安全港”提供保障等方面来完善外商投资国家安全审查机制。在推进走出去工作中，要加快双边投资保护协定商签、完善领事保护机制、健全对外投资保险市场、提高走出去企业或个人的抗风险能力，同时要规范走出去秩序，尤其要加强对国有及国有控股企业走出国门经营的监督管理、防止国有资产损失、防止打着走出国门的幌子侵占国有资产等。在增强外贸竞争力时，要加快出口管制立法步伐，建设并落实设计科学，运行有序，落实有力的出口管制体系，强化进口影响评估并进一步健全产业安全预警制。扩大金融开放时，要着力完善系统性风险的监测预警，评估处置与市场稳定等机制，强化短期投机性资本流动与跨境金融衍生品交易监控，更谨慎地推动资本项目开放以防范化解国际国内金融市场波动性加剧时的金融风险。

中国经济安全具有相对性和动态性。中国经济安全风险的根源和表现领域同样具有复杂性和密切的联系。预防和控制传染病疫情，仍然是一项很长一段时间内的工作。疫情造成的高昂的防控成本和供给端与需求端同步真空，导致财富萎缩消失。从外在安全的层面上，又可分为如下几方面进行探讨。首先是金融开放与经济全球化的影响，如国际投机资本可能对我国金融安全构成的威胁以及其他国家金融经济危机传导。其次是地缘政治风险如美国和日本等是中国对外经济的重要合作伙伴，但是因为它们超强的经济实力，各自的战略定位和历史原因往往会给中国经济安全造成极大的威胁。最后是国与国间“过度侵犯”，如美国泛化经济安全概念和使用长臂管辖、紧急状态和关税壁垒来侵犯他国经济利益。

想要有效保障我国经济安全，审计手段、制度手段和市场手段都是行之有效的方法。运用审计手段对经济安全政策执行可以有效地进行监督，通过信息的及时监控与反馈来警示国家经济安全。合理运用审计手段，能够有效地监督经济安全政策执行的成效，抵制金融开放与逆全球化层面上的影响，为经济不安全状态提供预警。运用制度手段建立国家经济安全审查有关法律制度，健全保障国家经济安全组织架构。深度改革经济制度对于保障国家经济安全具有重要意义，国家经济安全监测预警体系要建设和完善，以体系化、制度化和组织化为辅助，可以有效提升中国经济韧性。运用市场手段来维护市场秩序，在保持良好国际经济环境的同时，还要建设一个有经济安全保证的国内循环体系。要不断完善市场体系和机制，理性运用市场力量应对外部冲击。

（二）把握我国经济发展的主导权是保障开放型经济正常发展的核心

牢牢把握我国经济发展的主导权和主动权，是新时代中国共产党保障开放型经济正常发展的核心，彰显中国在世界进入变革动荡期对建设开放型经济与保障经济自主性的战略自信，为开放型经济的发展指明了方向。

改革开放初期，中国通过外循环发展方式融入了世界生产体系。但由于外循环模式[①]具有典型的依附发展属性，使得中国产业发展以发达国家主导的产业体系为中心。随着世界经济发展形势变化，逆全球化趋势加剧，国际大循环动能明显减弱，外循环发展模式下的生产过剩及国际市场供需失衡诱发的大国博弈，给中国经济的可持续发展和产业安全都带来了严峻挑战。同时，国内大循环活力日益强劲，必须根据新的形势提出引领发展的新思路。我国作为一个人口众多和超大市场规模的社会主义国家，在迈向现代化的历史进程中，必将改变世界现代化发展格局，承受其他国家都不曾遇到的各种压力和严峻挑战，因此，我们这个超大规模经济体可以也必须内部可循环，必须把发展的主导权牢牢掌握在自己手中。

确保经济发展主导权，首先必须树立国内市场的主体性与主导性，让市场机制对国内生产要素的配置起决定作用。国内产业成长和扩张是建立在国内市场需求的基础上的，它使社会再生产的各个环节顺畅而有序地循环流转。增强对关键产业与核心技术领域控制力同样具有重要作用，它改变了中国发展依赖的内外部市场主次关系，并通过产业链主导权的构建最终达到以国内市场为主、关键产业链环节或者技术域为辅产业分工外延性扩张。在此基础上，对产业链组织机制进行优化，以减少地区与国别政治风险为出发点，对海外产业链网络关系进行再整合与优化，促进关键行业或者产业领域产业链本地化与区域化发展，减少因产业链太长而带来生产流程不确定的风险。

世界经济具有国际政治属性，大国参与世界市场不仅关乎分工

① 王玉柱，刘振坤．依附发展、分工“规锁”与产业链主导权塑造：新发展格局下实现国际分工关系重构的机制［J］．国际展望，2021，13（6）：105–123.

效率，还涉及经济安全的重大发展问题。针对中国超大规模经济体参与世界经济分工的发展困局，需要通过有效的需求侧管理推动高质量供给侧结构性改革；重构区域化产业体系，形成以国内市场为中心、邻近区域为依托的稳定的产业链地理空间；积极发挥市场主体作用，通过“链主”企业整合上下游产业链，提升产业链体系整体稳定性。同时注重关键产业环节重构，保障核心技术和产业领域的产业链主导权建设，这也是提升中国产业发展安全水平的必要条件。

把我国在经济发展中的主导权作为开放型经济新体制构建的核心，更积极主动地构建开放型经济新体制。还可以主动参与国际经贸规则制定，促使国际经济秩序在更有利的制度环境中更加公正合理。更积极主动地走出国门，通过对外投资与工程承包、国际产能合作来解决钢铁、水泥、船舶等行业严重过剩产能问题，提高轨道交通、工程机械等中高端装备制造业的国际竞争力，促进产业结构转型升级，提高以中国企业为主体的分工链条价值以及提高协调国际国内两大市场、两大资源之间的能力。下一步要切实从战略层面加强对“走出去”工作的统筹谋划与引导，把企业、个人自发性地“走出去”同国家对外战略密切结合起来，破解无序投资和恶性竞争难题，构建“三位一体”的管理、推动、服务新体制，增强“走出去”的自由便利程度、全球布局能力以及风险防范能力。

通过建立面向全球高标准自贸区网络来稳步推动人民币国际化进程，并依托亚洲基础设施投资银行等机构创建以中国为主体的国际开发性金融制度，逐步建立新兴市场与发展中国家共同主导，中国扮演更重要角色的全球经济治理“第二轨”。与此同时，我们要在应对气候变化、防治重大传染病、保障能源安全和粮食安全方面担当更大的责任，扮演更重要的角色。新发展格局下还需强化产业链主导权建设的政策逻辑。打破依附发展形成的产业链和经济安全困局是新发展格局下中国开放型制度设计的重要政策逻辑。塑造产业链主导权的长远意义在于改变中国国内产业发展对发达国家既有的依附发展关系，降低国际政治及其他不确定因素对国家经济安全的冲击。阻止发达国家试图继续获得的既有分工模式下的垄断收益，通过供应链的控制或阻断对中国的相关中下游产业实施制衡的企图。在新发展格局下突出国内市场产业链的主导性，进而实现社会经济再生产全环节循环流转的畅通有序，扩张我国产业体系，从而保障我国经济发展的主导权。

（三）防范经济金融风险是我国开放型经济体系必须具备的安全阀

金融安全是一国能够抵御各种内外冲击、保持金融制度和金融体系正常运行的能力，且金融必定同风险相伴。金融安全的行业风险可根据经济规律加以自我调节或者依靠行业监管加以防范。而对国家安全构成威胁的金融风险具有强烈政治属性，难以通过市场或者行业自身化解，需要国家力量干预。因此各国均非常重视防范金融系统性风险。

随着世界百年大变局加速演进，国际格局正在发生重大深刻变化，大国地缘博弈对和平发展合作共赢时代主题形成越来越强烈的干扰，金融工具政治化、武器化的趋势愈加明显。国际金融体系已处于高度全球化的状态，一些国家借助自身在国际金融体系的优势地位，利用对手的金融脆弱性而胁迫、制裁对手。因此，大国越来越倾向于从国家安全角度认识和处理金融风险。中国应当主动参与制度建设并进行合理化改革以促进制度内部的权力平衡而不是游离于制度之外另立一套以形塑安全。与此同时，还要积极推进国际金融体系改革来增强话语权。要积极构建新型多边金融体制，使之成为补充体系活力的新型健康力量。要通过人民币国际化带动国际金融体系更稳定和国际金融秩序更公平合理。要坚决反对单边制裁和长臂管辖，抑制金融政治化、武器化和滥用倾向。立足底线思维，建立反制裁体制机制十分重要。稳步扩大人民币国际使用，力推人民币国际地位提升，争取更大自主。完善国家金融安全战略。以防范化解金融风险、推动实现高质量发展为目标，以构建内循环为主体的内外双循环新格局为基础，以对内深化金融改革、对外提高金融开放水平为主要内容，以统筹金融发展与安全为路径，不断提升国家金融安全能力水平，助力形成与新发展格局相适应的新安全格局。

现代金融对于经济发展的作用不言而喻，然而我国金融监管体系相对滞后，日益复杂的外部金融环境和较为脆弱的金融基础放大了市场流动性和币值稳定性，也使得市场流动性失衡、资产价格波动和币值不稳等金融问题频发，金融风险难以得到有效化解。利率市场化问题也逐渐成为我国经济发展中一个掣肘。因此在策略上要加快多方面建设，降低来自美元霸权的风险。评估储备货币和资产多元化的新标准。放宽视野，从美元、欧元等主流货币向黄金等贵金属和稀缺物资、关键战略物资等方向拓展，加强建设国家储备能力。宽松的宏观金融环境是开放型经济发展的一个很重要的保障。我们需要完善国家金融安全战略，以防范化解金融风险、推动实现高质量发展。以构建内循环为主体的内外双循环新格局为基础，以对内深化金融改革、对外提高金融开放水平为主要内容，以统筹金融发展与安全为路径，不断提升国家金融安全能力水平，助力形成与新发展格局相适应的新安全格局。金融安全必须置于全球视野下去应对，大国金融稳定与全球金融稳定是相互促进关系，而封闭的系统最不安全。所以坚持扩大金融高水平对外开放、加快加强国内金融基础设施建设、增强金融国际竞争力，不断提高并完善监管水平是必要的，这不仅是推动高质量发展的需要，也是打造国际合作和竞争新优势、保障金融安全的需要。

面对我国经济体量不断增大，经济安全风险点多面广的现状，健全风险预警防控机制，有效应对各类挑战是当务之急。由于我国经济安全风险预警、防控机制尚不健全，亟待补齐短板、堵上漏洞、增强能力。应重点构建经济安全风险防控体系，充分利用大数据、云计算等先进技术完善风险指标收集，对经济运行过程实施动态监控。一旦出现风险苗头，就快速发出动态预警，为监管部门的快速决策提供参考。

随着中国金融业在由传统金融向新金融转型进程中的不断开放，国家金融安全状况与日益复杂的国内外金融、经济和政治环境的联系更加紧密。在系统性金融风险和金融安全的冲击研究方面，“金融加速器”机制使得债务风险和金融风险相互强化，股票市场和外汇市场分别是风险的主要输出方和接受者，美国资本市场和经济政策的不确定性是引发全球金融市场震荡的重要因素。同时，资本账户开放对系统性金融风险的影响具有时变特征，而短期资本流动则展现出持续的危害性。在金融服务业对外开放、主权货币国际化、金融深化等长期改革和国际贸易争端、金融制裁、金融危机等骤发性冲突事件中，我们可以明显看到外部金融势力对一国宏观金融状况的冲击影响。

防范金融风险，我们应积极应对发达国家宏观政策与法律的外溢性影响、稳妥防控和化解中小金融机构风险、努力防范杠杆率反弹带来的风险、着力促进国民经济实现良性循环，还要持续深化银行业保险业改革开放，积极引导金融领域资本健康发展。想要达到目的，就需要加强金融合作，通过金融一体化实现区域一体化。尤其对身处转型升级阶段的中国来说，可以更好借助新旧动能转换的有利时机扩大金融对外开放。其间需要不断强化国际金融的安全稳定性，提升识别、化解、预防国际金融风险的能力。具体做法包括：不断创新国际金融运作和合作方式，在多个渠道、多种方式上吸引外资；不断创新金融交易媒介与支付方式，强化人民币的国际地位，并提升其信用水平；不断创新中国企业的投融资模式，提升其金融服务能力，助力构建起相对完善、相对稳定、更加有效的金融监管体系，以此规范国际金融市场，提升市场透明度，创造便利化条件服务全面开放型经济体系。促进现代金融体系形成，也能够使金融更好地为实体经济服务。稳定房地产市场和继续完善金融市场监管机制。实行审慎的货币政策和财政政策，强化地方政府投融资平台的监管，逐步减少地方政府债务杠杆，对违规现象必须零容忍，对中小金融机构和企业信用贷款业务进行规范，对逃废债进行严厉处罚。

作为我国开放型经济体系必须具备的安全阀，防范金融风险，特别是防止发生系统性金融风险，是金融工作的根本性任务，也是金融工作的永恒主题。坚持推进金融监管能力和治理水平现代化，把握好金融安全阀，我们永远在路上。

第九章　建设充分发挥市场作用、更好发挥政府作用的经济体制

党的十九大报告提出“着力构建市场机制有效、微观主体有活力、宏观调控有度的经济体制”的目标。市场决定资源配置的本质要求，就是在经济活动中遵循和贯彻价值规律、竞争和供求规律。我国经济体制改革总体上是遵循这一规律不断深化的，因而推动经济社会发展取得了举世瞩目的辉煌成就。实践证明，社会主义和市场经济能够有机结合。市场经济为社会主义注入蓬勃生机和发展活力，社会主义为市场经济提供崭新境界与制度优势。

使市场在资源配置中起决定性作用并不是无边界的，更不是说市场是万能的，政府可以撒手不管。发展社会主义市场经济，既要发挥市场作用，也要发挥政府作用，但市场作用和政府作用的功能是不同的。政府的职责和作用主要是保持宏观经济稳定，加强和优化公共服务，保障公平竞争，加强市场监管，维护市场秩序，推动可持续发展，促进共同富裕，弥补市场失灵。特别是随着社会主义市场经济体制改革的全面深化，有效的政府治理不仅不能削弱，还要进一步加强。这是由社会主义市场经济体制决定的。因为坚持与充分发挥中国特色社会主义制度的优越性、发挥党和政府

的积极作用，这是一个基本原则，在任何时候、任何情况下都不能动摇。[①]

一、社会主义和市场经济的有机结合

（一）社会主义制度和市场经济相结合是我国重大的制度创新

中国经济奇迹是如何取得的？一个关键因素，就是大力发展社会主义市场经济，既发挥市场经济的长处，又发挥社会主义制度的优越性。

社会主义的根本任务是发展生产力。社会主义基本制度确立以后，要通过不断改革改变束缚生产力发展的体制机制，完善社会主义经济制度，不断解放发展生产力。那么，什么样的经济体制能够解放和发展生产力呢？这是经济体制改革需要解决的核心问题。邓小平同志曾说过："没有现成的经验可学。我们只能在干中学，在实践中摸索。"他鲜明地指出："为什么一谈市场就说是资本主义，只有计划才是社会主义呢？计划和市场都是方法嘛。只要对发展生产力有好处，就可以利用。它为社会主义服务，就是社会主义的；为资本主义服务，就是资本主义的。"[②]

市场经济作为一种资源配置方式，可以与不同制度相结合：与资本主义制度相结合，形成资本主义市场经济；与社会主义制度相结合，形成社会主义市场经济。资本主义市场经济在历史上发挥了

---

① 王克群．建设现代化经济体系是推动我国经济发展迈上新台阶的必由之路——学习习近平总书记在中央政治局第三次集体学习时的讲话［EB/OL］．中工网，2018-02-06．

② 韩保江．我国基本经济制度的重大创新［EB/OL］．求是网，2019-12-17．

积极作用，创造过巨大的生产力。在当代发达资本主义国家，有以美国为代表的自由市场经济模式、以德国为代表的社会市场经济模式、以日本为代表的法人垄断资本主义模式、以瑞典为代表的福利市场模式等。实践证明，这些不同市场经济模式虽然各有短长，但是，都存在两极分化、经济危机、资本垄断、发展失衡等深刻的矛盾和弊病。2008 年严重的世界经济金融危机，资本主义市场经济模式黯然失色。那些实行资本主义市场经济的众多发展中国家，经济社会的发展长期处于落后状态，资本主义市场经济的矛盾和弊病更加突出。只有克服这些矛盾和弊病，才能更好地促进生产力解放和社会全面发展。因此，问题的关键不仅在于要不要实行市场经济，更在于实行什么样的市场经济。①

把社会主义与市场经济结合起来，建立和完善社会主义市场经济体制，这是前无古人的，是中国共产党和中国人民的伟大创造。党的十一届三中全会提出，要重视价值规律的作用。党的十二大提出“计划经济为主、市场经济为辅”，十二届三中全会提出“有计划的商品经济”。党的十三大提出“国家调节市场，市场引导企业”的运行机制，党的十四大明确提出建立社会主义市场经济体制的目标模式。十六届三中全会提出进一步完善社会主义市场经济体制，十八届三中全会提出使市场在资源配置中起决定性作用和更好发挥政府作用。党的十九大提出建立“市场机制有效、微观主体有活力、宏观调控有度”的新经济体制。十九届四中全会强调，坚持公有制为主体、多种所有制经济共同发展和按劳分配为主体、多种分配方式并存，把社会主义制度和市场经济有机结合起来，不断解放和发展社会生产力，是我国国家制度和国家治理体系的一个显著优

① 刘凤义．社会主义市场经济的制度优势［EB/OL］．环球网，2019-09-21．

势，这是我们对社会主义市场经济体制的认识不断深化，实践不断深入的重要成果，标志着社会主义市场经济体制更加完善和成熟。

社会主义市场经济是社会主义基本制度与市场经济相结合的市场经济，具有鲜明的制度属性。习近平总书记指出："我们是在中国共产党领导和社会主义制度的大前提下发展市场经济，什么时候都不能忘了'社会主义'这个定语。之所以说是社会主义市场经济，就是要坚持我们的制度优越性，有效防范资本主义市场经济的弊端。"①

把社会主义与市场经济结合起来是我国重大的制度创新，保证了社会主义公平和效率的实现。社会主义公平和效率的统一并不是自发实现的，而是需要制度保证。制度是为实现一定的目标制定的一种具有法律意义的规范。从经济制度创新来看，为保证社会主义公平和效率相统一的目标的实现，我们通过改革，确立了公有制为主体、多种所有制共同发展的基本经济制度，确立了按劳分配为主体、多种分配方式并存的个人收入分配制度。并在实践中对基本经济制度不断加以完善，提出了毫不动摇地巩固和发展公有制经济，毫不动摇地鼓励、支持、引导非公有制经济发展，坚持平等保护物权，形成各种所有制经济平等竞争、相互促进的基本原则。实践证明，这样的基本经济制度是能够充分调动一切积极因素，有效地利用一切社会资源，保证生产力和经济高效率的发展。同时，社会主义公有制经济成分居于主体地位，国有经济在国民经济发展中发挥主导作用，保证了社会主义公平原则的贯彻具有坚实的经济基础。社会主义基本经济制度的不断创新和完善，是社会主义实现公平和效率相统一的基本制度条件。社会主义公平和效率的实现不仅依存

---

① 韩保江．我国基本经济制度的重大创新［EB/OL］．求是网，2019-12-17．

于基本经济制度，同时也离不开运行制度的保证。为保证社会主义经济高效率地运行，通过对我国社会主义经济发展历史经验的总结和实践的探索，我们选择了走市场经济发展道路，创立了社会主义市场经济理论，建立了社会主义市场经济的运行制度。这一制度的确立，使经济活动遵循价值规律的要求，不断解放和发展社会生产力，不断提高经济活动的效率，同时也为在更高层次上实现社会主义公平的目标打下了坚实的基础。可以说，坚持走市场经济发展道路，是从经济运行层次上为实现社会主义公平和效率相统一奠定了制度条件。坚持社会主义基本经济制度，坚持走市场经济发展道路，是从中国实际出发，能够实现公平与效率相统一的制度选择。在现阶段条件下，离开了社会主义基本经济制度，就谈不上实现社会主义公平，也不可能持续地实现经济活动高效率的发展。同样，离开了市场经济这一经济形式，就谈不上经济运行的高效率，也不可能在真正意义上实现社会主义公平目标。因此，坚持把社会主义基本制度同发展市场经济结合起来，是实现社会主义公平和效率统一的宏观制度保证。①

改革开放 40 多年来，中国共产党和中国人民通过不懈探索建立并逐步完善起来的社会主义市场经济体制，不仅极大地解放和发展了我国社会生产力，不断形成经济发展的生机勃勃局面，“让一切劳动、知识、技术、管理、资本的活力竞相迸发，让一切创造社会财富的源泉充分涌流”。同时，社会主义市场经济体制极大地提高了人民生活水平，推动我国在实现共同富裕的道路上稳健

① 顾钰民. 社会主义同市场经济结合的观念与制度创新［J］. 马克思主义研究，2008（4）：5-9.

前行。①

我国 GDP 总量，1978 年仅有 3678.7 亿元，2022 年达到 1210000.02 亿元。货物进出口总额 1978 年仅有 355 亿元，2022 年达到 420000.07 亿元。私营企业户数从 2010 年的 846 万户增长到 2022 年的 4700 万户，私营工业企业资产总计从 2010 年的 116867.8 亿元增长到 2022 年的 443000.0 亿元。得益于社会主义制度和市场经济有机结合的制度优势，通过市场经济的发展迅速改变了我国一穷二白的落后面貌，经济发展不断迈上新台阶。

表 1　1978 年以来我国 GDP、一般公共预算收入、货物进出口总额发展情况

年份	GDP（亿元）	一般公共预算收入（亿元）	货物进出口总额（亿元）
1978 年	3678.7	1132.26	355.0
1988 年	15180.4	2357.24	3821.7
1998 年	85195.5	9875.95	26857.7
2000 年	100280.1	13395.23	39274.2
2010 年	412119.3	83101.51	201722.1
2015 年	688858.2	152269.23	245502.9
2016 年	746395.1	159604.97	243386.5
2017 年	832035.9	172592.77	278099.2
2018 年	919281.1	183359.84	305008.1
2019 年	986515.2	190390.08	315627.3
2020 年	1015986.2	182913.88	322215.2

① 韩保江. 我国基本经济制度的重大创新［EB/OL］. 求是网，2019-12-17.

续表

年份	GDP（亿元）	一般公共预算收入（亿元）	货物进出口总额（亿元）
2021 年	1143669.70	202554.64	390921.70
2022 年	1210000.02	203600.00	420700.00

数据来源：国家统计年鉴

表 2 2010 年以来我国私营企业发展情况

	私营企业户数（万户）	私营工业企业单位数（万个）	私营工业企业资产总计（亿元）	私营工业企业平均用工人数（万人）
2010 年	846	27.3259	116867.8	3312.1
2011 年	968	18.0612	127749.9	2956.4
2012 年	1086	18.9289	152548.1	3121.3
2013 年	1254	20.8409	187704.4	3359.4
2014 年	1546	21.3789	213114.4	3505.3
2015 年	1908	21.6506	229006.5	3464.0
2016 年	2309	21.4309	239542.7	3397.8
2017 年	2726	21.5138	242636.7	3230.0
2018 年	3143	23.5424	263450.6	3318.6
2019 年	3516	24.3640	282829.6	3245.4
2020 年	4150	28.6430	345022.8	3574.4
2021 年	4457	32.5752	409303.1	3824.0
2022 年	4700	33.3617	443000.0	3730.3

数据来源：国家统计局官网：https://data.stats.gov.cn

（二）政府和市场要有机结合协同发力

对于我们这样的仍然处于社会主义初级阶段发展中国家来说，发展仍然是硬道理。推动发展理应是政府的重要职能。但长期以来政府推动发展的效率和质量不高，究其原因，主要就在于对各级政府的单一的 GDP 考核和片面追求 GDP 的增长，促使政府利用行政手段配置资源，没有充分发挥甚至压制了市场在配置资源方面的效率功能。现在国家明确纠正单纯以经济增长速度评定政绩的偏向，同时要求取消优惠政策，大幅度减少审批项目，这就为各级政府摆脱原有发展方式的束缚，充分发挥市场配置资源的决定性作用提供了空间。在此前提下，各级政府还需要承担必要的推动发展的任务。例如：推动城乡发展一体化和城镇化，发展创新驱动型经济，经济结构调整，生态和环境建设，发展开放型经济，等等。

在推动发展方面，政府作用不能孤立进行，需要同市场机制结合作用。现阶段的经济发展突出在两个方面，一是结构调整，二是创新驱动。经济结构尤其是产业结构调整主要依靠市场来调节。市场有效配置资源的重要机制是优胜劣汰。只要打破地方保护，利用市场机制调节产业结构就能有效淘汰落后的和过剩的产能。但是对我们这样的发展中大国来说，经济结构的调整不能只是靠市场，产业结构的转型升级需要国家的产业政策来引导，尤其是前瞻性培育战略性新兴产业还是需要政府的引导性投资。再就创新驱动来说，市场竞争能够提供创新的压力，技术创新也需要市场导向。但市场配置的是已有资源的问题，而创新驱动需要驱动非物质资源的创新要素，需要创造新的要素，仅仅靠市场不能完全解决创新驱动问题，因此需要国家推动创新驱动，一是国家实施重大科学创新计划，二是国家要对技术创新与知识创新两大创新系统进行集成，三是国家要对孵化新技术提供引导性投资，四是国家要建立激励创新的体制和机制。所有这些政府推动行为固然由世界科技发展方向为导向，但在每个发展阶段都必须重视市场导向。

（三）在克服市场失灵过程中，政府要充分尊重市场在资源配置中的决定性作用

在克服市场失灵方面，政府作用要尊重市场决定的方向。市场决定资源配置必然是资源流向高效率的地区、高效率的部门、高效率的企业。坚持公平竞争的市场规则运行能够保证结果的效率，但不能保证结果的公平。由此产生的贫富分化反映市场失灵。社会主义市场经济的运行既有效率目标又有公平目标，政府有责任促进社会公平正义，克服这种市场失灵，以体现社会主义的要求。为了保证市场配置资源的效率，政府贯彻公平目标的作用不是进入同一个层面，也就是不进入资源配置领域，而是进入收入分配领域，依法规范企业初次分配行为，更多地通过再分配和主导社会保障解决公平问题。即使要协调区域发展，政府也是在不改变资源在市场决定下的流向的前提下利用自己掌握的财政资源和公共资源按公平原则进行转移支付，或者进行重大基础设施建设，为吸引发达地区企业进入不发达地区创造外部条件。[①]

（四）以有为政府推动有效市场建设

有为政府是指政府正确履行好基本职能，为市场经济发展铺路。它应当具备三个方面的特征：一是尊重市场规律，政府职能要有统有分、有收有放、有退有进，改变传统政府大包大揽、边界模糊的弊端，向市场合理放权以期激发市场活力；二是维护市场秩序，加强宏观经济管理，稳住经济发展的基本盘，以严密的监管体系确保市场的公平公正，为市场的稳定运行创造良好发展环境；三

① 洪银兴. 关于市场决定资源配置和更好发挥政府作用的理论说明［J］. 经济理论与经济管理，2014（10）：5-13.

是有效调配资源，强化顶层设计与统筹，正确引导市场预期，适当调节供求关系，调动各方资源提供公共服务，兼顾资源配置的效率与公平。全面实施市场准入负面清单制度，清理废除妨碍统一市场和公平竞争的各种规定和做法，支持民营企业发展，激发各类市场主体活力。深化商事制度改革，打破行政性垄断，防止市场垄断。[①]

从国内看，国家当采取宏观调控措施，化解国内经济发展的深层次问题，进行经济政治体制改革，从供需两端优化市场运行机制。有效清除市场有序竞争藩篱。有为政府就应当从自身经济结构中寻找市场失灵因素，从国家内部理顺政府与市场的关系；从国际层面来看，任何国家都将自身利益置于全球化进程中进行考量，国家与国家之间竞争与合作的出发点归根于对国家发展利益最大化的追求，这是国家发展的题中之意。然而，考量国家利益并不是要逆世界潮流而动，而是要通过多边主义来调适自身政策，寻求世界经济发展最大公约数。利用好国际国内两个市场的优势，就是要充分发挥好政府的长处，提升国家经济宏观调控能力。[②]

二、发挥市场在资源配置中的决定性作用

根据新古典经济学的界定，市场机制有效配置资源要以完全市场为基础。完全竞争市场的标准就是经典的阿罗—德布鲁模型假设的：对于任何商品，在任何时间、任何地点、任何自然状态下（任

① 游昭妮．推动有效市场和有为政府更好结合［J］．党政干部论坛，2021（12）：29-31．

② 黄惠．经济全球化进程中的有为政府与有效市场——基于中国特色社会主义政治经济学的分析［J］．经济问题探索，2022（2）：15-25．

何风险状态）都处于完全竞争的市场中，大量的追逐利润（或价值）最大化的厂商与理性的追逐效用最大化的消费者之间相互影响、相互作用。该模型对完全竞争市场有几个最基本的规定：各种商品都要进入市场；各个市场是完全竞争的；市场主体（厂商和消费者）都是理性的追求最大化。这就是说，经济学所认定的市场配置资源最为有效是以这种完全竞争市场为标准的。应该说，在现实中这种完全竞争市场并不存在，但它是建设和完善市场的参照。①

（一）坚持和完善社会主义基本经济制度

第一，坚持“两个毫不动摇”。公有制经济，是与社会化大生产的要求相适应，与社会主义的方向相一致的。只有巩固和发展公有制经济，守住社会主义的底线和国民经济的命脉，才能不断提高人民的生活水平，满足人民的多样化需要。非公有制经济，是与社会主义初级阶段生产力发展要求相适应的，能够推动社会主义市场经济发展。只有鼓励、支持、引导非公有制经济发展，才能活跃市场经济，确保良性的市场秩序和竞争环境，满足人民多层次、个性化的需要。故在基本方向上，“两个毫不动摇”必不可少、不可偏废，不能仅仅坚持“一个毫不动摇”。而在相互关系上，“两个毫不动摇”相互作用、相互促进。其中，第一个“毫不动摇”是最基本的，必须在坚持公有制主体地位的前提下，发展非公有制经济。通过积极鼓励和支持，加上合理引导，第二个“毫不动摇”能够发挥重要作用，与第一个“毫不动摇”一起推动社会主义现代化建设。应继续坚持“两个毫不动摇”，发挥两者各自的作用并注重两者的协同发力。一是在发展趋向上，“两个毫不动摇”不仅应牢牢坚持，而且要长期巩固。“两个毫不动摇”的方针是长期存在的，在社会

---

① 洪银兴. 关键是厘清市场与政府作用的边界——市场对资源配置起决定性作用后政府作用的转型［J］. 红旗文稿，2014（3）：4–9.

主义初级阶段这一相当长且不能逾越的历史阶段，应坚定不移地坚持“两个毫不动摇”，促进公有制经济与非公有制经济共同发展。二是在实现形式上，混合所有制经济能够体现“两个毫不动摇”的统一，应继续发展混合所有制经济。混合所有制经济是公有制经济与非公有制经济有机结合、相互融合、共同发展的重要实现形式。应优化混合所有制经济的资本结构，丰富资本组织形式。三是在企业发展上，国有企业和民营企业并不是挤占对方发展空间的独立发展，而是在坚持“两个毫不动摇”前提下的共同发展。发展国有企业是为了巩固和发展公有制经济，体现先进生产力和共同富裕的发展要求；发展民营企业是为了鼓励、支持、引导非公有制经济发展，体现促进生产力水平提升和效率提高的发展目的，两者并不是相互排斥的，而是能够共存的。应做强做优做大国有资本，壮大民营经济，促进国有经济与民营经济共同进步。四是在实施范围上，“两个毫不动摇”不仅在城市得到贯彻落实，而且在农村得以牢固坚持。农村家庭经营与集体经济的共同发展，既巩固和发展了公有制经济，又发展了非公有制经济。新时代推进乡村振兴，应坚持农村土地集体所有制的底线和家庭经营的基础地位，完善农村基本经营制度，发展新型农村集体经济和新型农业经营主体，逐步实现小农户经营与现代农业发展的有机衔接。

第二，坚持按劳分配为主体、多种分配方式并存。按劳分配为主体、多种分配方式并存的制度，是新时代共享发展和共同富裕的重要保障。习近平总书记指出：“必须坚持发展为了人民、发展依靠人民、发展成果由人民共享，作出更有效的制度安排，使全体人民朝着共同富裕方向稳步前进，绝不能出现‘富者累巨万，而贫者食糟糠’的现象。”坚持和完善这一制度，应从四个方面重点发力。一是在分配取向上，正确处理先富与后富的关系。不仅要顺应市场化发展要求，明确有先富和后富的差别；而且要顺应社会主义发展规律，由先富带动后富。持续推进减贫事业，摆脱和消除贫困，着力解决城乡、地区、行业之间的收入差距较大等问题，创造实现共同富裕的物质条件。二是在分配方式上，坚持按劳分配与按生产要素分配相结合。实行多种分配方式，健全按生产要素分配的机制，有效提高劳动生产率，持续增加人民收入。三是在分配原则上，正确处理效率与公平的关系。充分结合社会主义制度的公平性与市场经济的效率性，建立更加注重公平的收入分配格局，优化收入分配结构，扩大中等收入群体。四是在分配路径上，建立居民增收长效机制。拓展城乡居民增收渠道，确保居民收入和经济同步增长，促进社会财富稳步增加。

第三，完善社会主义市场经济体制。社会主义市场经济与资本主义市场经济的根本区别，在于其既坚持了社会主义基本属性，朝着全体人民共同富裕的方向发展；又顺应了社会化大生产的趋势，持续解放和发展了社会生产力。全面深化改革，应继续坚持社会主义市场经济改革方向，完善社会主义市场经济体制。一是要处理好政府与市场的关系。充分发挥市场在资源配置中的决定性作用，持续扩大市场作用的力度和范围；持续优化政府的宏观调控，不断增强其在弥补市场缺陷与不足等方面的作用。二是要完善现代市场体系。在市场准入上，逐步放开准入限制，确保各类经济主体有更多机会依法平等进入更多领域，赋予和保障其独立自主的经营等权利。在资源配置上，健全生产要素市场化等制度，确保要素能够在市场上自由流动，促进资源优化配置。三是要处理好实体经济与虚拟经济的关系。深化供给侧结构性改革，夯实促进实体经济和现代产业发展的制度基础；加快现代金融体系建设，强化金融风险防控。四是要攻克城乡、区域发展不平衡等难题。健全城乡融合发展体制机制和政策体系，逐步缩小城乡发展差距，切实化解城乡二元结构；健全区域协调发展机制，实施和优化重大区域发展战略，逐步缩小区域发展差距。

第四，注重“三个层面”制度的有机结合。所有制结构、分配方式、经济运行机制“三个层面”的基本经济制度，不是相互割裂的。在社会主义初级阶段，不能仅发挥其各自的作用，而应将三者紧密联系起来，在“三位一体”的制度框架下协同作用，不断巩固社会主义经济制度体系，持续提升我国经济发展质量和效益。一是重视和发挥所有制层面基本经济制度的基础作用。作为社会主义社会发展中的基本问题，所有制的重要性应继续强化。坚持和完善所有制层面的基本经济制度，在坚持公有制为主体的基础上，实行按劳分配，优化政府职能；在促进多种所有制经济共同发展中，实行多种分配方式，强化市场机制作用。二是注重和发挥分配等层面基本经济制度的重要作用。在社会生产中，不仅生产决定交换和分配，而且交换和分配对生产具有反作用。在坚持和完善社会主义基本经济制度的过程中，应重视这些反作用，通过完善按劳分配为主体、多种分配方式并存的基本经济制度，充分体现劳动者的价值和地位，有效调动一切可以调动的积极力量投身社会主义经济建设；通过完善社会主义市场经济体制，遵循市场经济发展规律，丰富公有制经济的实现形式，促进非公有制经济多元化发展。三是加强和深化基本经济制度在社会生产环节中的关键作用。生产、分配、交换、消费是社会生产关系中不可或缺的环节，应完善涉及上述环节的基本经济制度，创建有利于生产、分配、交换、消费的制度环境。在关系交换的价格制度层面，完善市场化的价格决定机制，推动价格机制有效引导资源配置；完善政府价格调控和监管等职能，确保规范有序的价格秩序。在有关消费的制度层面，完善促进消费的体制机制，体现社会主义市场经济的平等性，确保消费者能够自主选择和自由消费；发挥政府在引导和倡导合理消费等方面的作用，确保和谐有度的消费环境。在企业发展层面，深化国有企业改革，建立健全现代企业制度及相关制度，优化企业法人治理结构，不断增强其活力和竞争力；改善民营经济发展环境，着力解决其面临的市场和资金等难题，积极弘扬企业家精神和发挥企业家作用，不断提高其经营管理水平。[①]

（二）构建完备的现代市场体系

党的十九大报告以问题为导向，针对性提出建设现代化经济体系的重点任务之一，是着力构建市场机制有效、微观主体有活力、宏观调控有度的社会主义市场经济体制。建设现代经济体系，必须有与之相称的现代市场体系。

市场体系不仅指商品市场和要素市场、传统市场和新型市场、有形市场和无形市场等各类市场，还包括市场运行中受各种规则约束、组织制衡，包括市场结构合理、平台多样、机制完善的更加立体的社会化、制度化空间。从健全制度来看，完善市场规则、市场结构和市场机制是推动现代市场体系建设的关键。

从更加广义的治理角度来看，市场体系还涉及个人、企业、社会、政府、法律机构等多元主体之间的权利与责任关系，涉及信息不对称、垄断等市场失灵问题，也涉及滥用公权力排除或限制竞争等政府失灵问题，还涉及社会信用缺失、行业失律等问题。传统（或称古典的）市场体系是市场对资源配置和经济活动起主要调节作用，政府起到“守夜人”作用，而现代市场体系则是在政府宏观调控下，由市场对资源配置起决定性作用。就这个层面而言，市场

① 蒋永穆，卢洋．坚持和完善社会主义基本经济制度［J］．学习与探索，2020（6）：87–93.

体系指的是一种多元共治、包容参与、公开透明、可问责的治理体系，由此，强化社会信用和市场监管等基础制度建设也就成为了加快现代市场体系建设的应有之义和重要支撑。

综上，我们认为，与现代经济体系相适应、相匹配的现代市场体系，是适应社会分工深度化要求，不断发展丰富的过程，它要求各类市场更健全、结构更合理、规则更完善、治理更规范，成为使市场的有效性（配置资源效率和公平性）充分发挥的运行体系和制度体系。当前，各类市场之间的关系不协调、不匹配，反映的是市场体制机制、治理体系（权力生态）方面更为深层次的问题。所以，当前加强现代市场体系建设，不仅应关注单个市场培育和发展的问题，更应当关注改革体制机制疏导深层次矛盾等现实问题。

表 3　市场体系的概念

维度	市场体系的内涵	现代市场体系
狭义维度 顾名思义	由相互联系的各类市场组成的有机体	市场类型的拓展，满足社会化分工要求
广义维度 制度空间	包括规则、组织、结构、平台、机制等各类市场之间共性的体制要件	规则、组织、结构、平台、机制的现代化，更富有效率
更广义维度 权力生态	涉及个人、企业、社会、政府、法律机构等多元主体之间的权力责任关系	多元共治、包容参与、透明、可问责的现代治理体系，兼顾效率和公平目标

资料来源：臧跃茹，郭丽岩．新时代亟待加快建设与现代经济体系相适应的现代市场体系［J］．中国物价，2017（12）：3–5.

新时代，建设现代经济体系以提高供给质量为主攻方向，亟待加强现代市场体系建设的有效制度供给，从而为经济持续稳定增长提供不竭的内生动力。一方面，要加快重点领域市场建设，尤其是完善竞争性要素市场体系，加快要素价格市场化改革，理顺上下游价格形成与传导机制，减少不合理的交易摩擦和寻租空间，从而扩大要素供给规模，优化供给结构，着力提高供给质量。另一方面，要改革市场体制机制，削弱信息不对称、负外部性等市场失灵和各类行业垄断、行政垄断引致的负面影响，规范市场竞争秩序，提高市场运行效率，为经济稳定可持续增长夯实基础。

一是全面实施市场准入负面清单制度，确保市场主体平等进入。建立健全负面清单管理体制，需要实现从理念到实践的根本转变，只有负面清单的内容“少而精”，才能真正激发市场主体活力，从而体现供给侧结构性改革的精髓。对于可以发挥市场机制作用的竞争性业务和环节，应尽快移至负面清单之外。对于仍具有网络属性的垄断业务和环节，只要不涉及国家安全和重大公共利益，改革步伐可以迈得更大一些。要加快推出一批鼓励非公资本参与的示范项目，逐步促成垄断业务和环节放开，条件成熟时将其移出负面清单。对于负面清单之外的行业，亟待建立防范已取消或下放审批权变相反弹的长效机制。大幅削减与行政许可相关的前置中介服务事项，废止各种形式的“中介垄断”和“暗桩暗扣”行为，将政府对市场微观主体的干预降至最低程度。

二是建设竞争性要素市场体系，理顺市场化价格形成机制。针对性清理各地阻碍商品和要素自由流动、企业自由迁移的政策。废除围绕籍贯、规模、资产、资质设置的阻碍并购和连锁经营的限制性条款或行为。根据国际发展趋势和国内产业发展水平，加快完善全国统一的商品技术标准体系，防止地方标准构成市场准入与流通的技术壁垒。取消限制企业兼并重组或增加企业重组负担的不合理规定，禁止违背企业意愿的各类行政干预。引导和激励各种所有制企业自主经营、自愿选择参与旨在提高运行效率的兼并重组。支持并鼓励企业根据市场竞争需要跨区域迁移，切实解决跨地区经营企业汇总纳税等一揽子问题。与此同时，继续整合各地分散的工程项目招投标、土地使用权和矿产权出让、国有产权交易、政府采购等公共平台，提升公共资源交易平台的统筹层次和覆盖范围，增强公共交易平台的活跃度与运行效率。吸引更多社会主体尤其是民营主体参与公共资源交易平台建设、运行和维护，加快完善统一交易规则和交易保障机制，切实提高市场平台交易量与使用效率，避免其成为“空转”的摆设。

三是打破行政性垄断，攻克部门或区域分割的“堡垒”。加快建立公平竞争审查及相关制度保障体系。组织第三方开展对市场竞争状况和各类产业政策竞争效果的评估，根据评估报告的结果深化垄断行业的相关改革，及时调整相关部门或地方出台的政策措施。切实降低中小企业参加各地政府采购和公共项目招投标的门槛，纠正招标采购流程不清、保证金管理混乱及串通陪标等违法违规行为。明确规定公共部门采购资金支付时限、支付方式及相应违约条款，规定不得将供应商交纳的投标保证金擅自转为履约保证金，不得挪用或套取保证金，必要时约定保证金返还时限。

四是强化竞争政策和市场监管法治体系建设。清理废除妨碍统一市场和公平竞争的各种规定和做法，加强统一的市场监管。协调分领域设置的监管机构联合开展工作，制定部门间监管决策信息共享准则和联合执法行动方案。以反对地方保护为重点，在全国范围内开展统一的市场监管稽查活动，重点清理各种与市场公平竞争、公共安全目标相违背的地方“土政策”及干扰统一执法的“保护伞”行为，着力强化基层执法的一致性与威慑力。夯实信用体系的基石作用，务求信用评价结果的联合运用取得实效。巩固全国信用信息平台建设成果，培育和发展信用服务市场，充分利用互联网+

大数据的征信体系，对市场主体进行多维度信用评价。将信用评价依据从银行信贷拓展至法院执行、食药安全、环境保护、安全生产、税收征缴等各个领域，鼓励公共部门利用信用评价结果广泛开展跨部门的守信联合激励和失信联合惩戒合作，强化重点领域失信黑名单和禁入名单的互联互通。①

（三）完善中国特色现代企业制度

让企业真正成为市场主体的关键是要建立健全现代企业制度。这是市场发挥决定性作用的微观制度条件。中国特色现代企业制度的建构，是社会主义与市场经济结合的重要任务，是中国式现代化道路探索的重要课题。党的二十大报告提出了“完善中国特色现代企业制度”的重要任务。要在深刻领会中国企业社会主义价值意蕴的前提下，从以下几个方面不断完善中国特色现代企业制度。

首先，要发挥党组织在引导和规范企业治理中的作用。党组织通过发挥引导和规范的作用，切实贯彻以人民为中心的价值原则和社会主义市场经济运行规则，是中国特色现代企业制度的一大特殊优势。其次，要维护工人阶级的主人翁地位。要推动形成广大职工越来越广泛参与民主决策、民主管理，民主监督，切实实现当家作主，进而不断实现人的全面发展。第三，要保障广大人民群众的根本利益。国有企业是我国生产资料公有制的主要实现形式，是社会主义现代化建设的重要支柱。为了更好地保障广大人民群众作为所有者的根本利益，应进一步释放中国特色现代企业制度的监督功能。要加强对企业关键岗位、重要人员特别是主要负责人的监督，强化对权力集中、资金密集、资源富集、资产聚集的重点部门和单位的监督。另一方面，要进一步完善考核监督体系，对企业高管的

---

① 臧跃茹；郭丽岩．新时代亟待加快建设与现代经济体系相适应的现代市场体系［J］．中国物价，2017，(12)：3–5.

工作、晋升进行严格的考评，以更为有效的评价机制解决庸政懒政和形式主义的问题。[①]

（四）构建开放型经济体系和扩大开放

在双循环新发展格局背景下构建开放型经济体系是一项长期的复杂工程，是事关全局的系统性、深层次变革，面临着诸多的挑战和困难。必须以习近平新时代中国特色社会主义思想为指导，立足于新发展阶段，以推动高质量发展为主题，推动新发展格局下构建开放型经济体系。

一是构建互利共赢、多元平衡、安全高效的开放型经济体系。构建互利共赢、多元平衡、安全高效的开放型经济体系应包括以下内容：1．培育参与和引领国际经济竞争新优势。必须推动对内对外开放相互促进、引进来和走出去更好结合，促进国际国内要素有序自由流动、资源高效配置、市场深度融合，加快培育参与和引领国际经济合作竞争新优势，以开放促改革。大力营造竞争有序的市场环境、透明高效的政务环境、公平正义的法治环境和合作共赢的人文环境。2．形成全方位开放新格局。坚持自主开放与对等开放，加强走出去战略谋划，实施更加主动的自由贸易区战略，拓展开放型经济发展新空间。继续实施西部开发、东北振兴、中部崛起、东部率先的区域发展总体战略，重点实施“一带一路”倡议、京津冀协同发展战略和长江经济带战略，推动东西双向开放，促进基础设施互联互通，扩大沿边开发开放，形成全方位开放新格局。3．形成平衡的开放格局。必须更加积极地促进内需和外需平衡、进口和出口平衡、引进外资和对外投资平衡，逐步实现国际收支基本平衡。4．健全开放型经济安全保障体系。要大力加强对外开放的安

---

① 吴波，方莉，陈安妮．中国特色现代企业制度的历史逻辑、基本特点与特殊优势——基于国企党建的视角［J］．探求，2023（5）：33–42．

全工作，在扩大开放的同时，坚决维护我国核心利益，建立系统完备、科学高效的开放型经济安全保障体系，健全体制机制，有效管控风险，切实提升维护国家安全的能力。

二是精准设计构建开放型新经济体系的政策保障体制。首先，构建国际宏观政策交流沟通机制。中国应继续实施积极的财政政策和稳健的货币政策，坚定不移扩大改革开放，为世界经济稳定做出贡献。实际上，在新发展格局背景下，国际宏观经济政策交流沟通机制对于我国构建开放型经济新体系具有深远的影响。中国虽然成为全球第二大经济体，但仍然是发展中国家。与此同时，国际关系的不确定性、不稳定性，逆全球化趋势凸显，复杂的国际经贸局势已然成为全球经济可持续发展的绊脚石。中国作为国际社会的重要成员国，不能脱离也无法脱离其他国家而独自发展，一旦世界经济陷入衰退，没有任何一个国家可以独善其身。为了避免世界经济陷入低谷，我国应在国际宏观政策交流沟通机制中积极作为，继续实施积极的财政政策和稳健的货币政策，推动“一带一路”高质量发展，为我国和全球的贸易、投资开辟更广阔的市场，努力构建开放型经济新体系，进而为全球经济复苏贡献力量。其次，以财政政策与货币政策协同构建开放型经济新体系。建设更高水平开放型经济新体系的重要举措体现在建立市场资源配置新机制、推动产业扩大开放、拓展对外贸易多元化、健全对外投资政策和服务体系等方面，这些都离不开我国财政政策和货币政策更高水平的紧密协调配合。最后，以产业政策与竞争政策协同构建开放型经济新体系。在多边主义原则下构建更加开放包容的产业生态和创新生态是实现合作共赢的必然要求。科技创新为构建开放型经济新体系提供源源不断的动力，从而保障国内国际双循环的顺畅运行。为助力开放型经济新体系的构建，需实现产业政策与竞争政策的有效配合。在控制体量的基础上，推进产业政策转型。开放型经济体系要求划定产业政策的作用边界，严格控制产业政策数量，强调“少而精”和协同配套。我国产业政策应该从选择性向功能性转型。确立并巩固竞争政策的基础地位。开放型经济体系追求广泛深入的市场开放、公平健康的竞争审查制度和完善的知识产权保护制度，这些需要尽快确立竞争政策的基础性地位。在协调产业政策与竞争政策时，有必要明确竞争政策的基础性地位，最大限度地保障竞争政策的覆盖广度和有效性。

三是拓展新时代比较优势理论，积极融入全球价值链并迈向价值链中高端。改革开放以来，中国持续扩大对外开放程度，利用自身土地、自然资源、劳动力等传统要素的比较优势吸引外资，利用低成本的要素资源参与国际分工，中国成为“世界工厂”，创造了中国经济快速发展和社会长期稳定发展的两大奇迹。然而，随着竞争的激烈程度不断加深，一方面，发达国家利用其自身资本、技术、市场渠道等的比较优势占据了价值链的高附加值环节，依靠传统廉价资源和劳动力等比较优势获利的空间日趋缩小；另一方面，中国的超高速发展加剧了要素稀缺，使得要素价格优势逐渐丧失，加之中国人口出生率的持续走低，人口老龄化加剧，人口红利消失，中国对外贸易长期依靠的劳动力资源的比较优势已难以为继。此外，以美国为首的西方发达资本主义国家屡次对中国进行关键技术的“卡脖子”，提高贸易标准等行为极大地影响了中国的对外贸易。经济理论和发展现实都揭示着中国应形成新的动态可持续比较优势。可持续的动态比较优势是基于技术和知识等要素禀赋的比较优势，是一个国家的核心竞争力。在经济全球化日益加速的今天，国际分工深入推进，全球价值链和产业链加速演化，中国只有将自身的科技实力提升上去，依托超大规模市场优势，才能充分参与国际分工，提升自己在全球价值链中的地位，迈向全球价值链中高端。[①]

三、持续推进有为政府建设

（一）政府在“有为”领域发挥积极作用

1. 保持宏观经济稳定

着力稳定宏观经济大盘，保持经济运行在合理区间。继续做好“六稳”“六保”工作。宏观政策有空间有手段，要强化跨周期和逆周期调节，为经济平稳运行提供有力支撑。

一是提升积极的财政政策效能。合理确定财政赤字率确保有利于增强财政可持续性。新增财力要下沉基层，扩大中央对地方转移支付规模，中央财政将更多资金纳入直达范围。二是要用好政府投资资金，带动扩大有效投资。合理安排地方政府专项债券，强化绩效导向，坚持“资金、要素跟着项目走”，合理扩大使用范围，支持在建项目后续融资，开工一批具备条件的重大工程、新型基础设施、老旧公用设施改造等建设项目。要发挥重大项目牵引和政府投资撬动作用，完善相关支持政策，充分调动民间投资积极性。三是要坚持政府过紧日子，更好节用裕民。大力优化支出结构，保障重点支出，严控一般性支出。盘活财政存量资金和闲置资产。各级政府必须艰苦奋斗、勤俭节约，中央政府和省级政府要带头。加强收支管理，严禁铺张浪费，不得违规新建楼堂馆所，不得搞形象工程，对违反财经纪律、肆意挥霍公款的要严查重处。四是加大稳健的货币政策实施力度。发挥货币政策工具的总量和结构双重功能，

① 倪红福. 新发展格局下构建开放型经济体系：一个逻辑框架［J］. 经济体制改革，2022（3）：5-15.

为实体经济提供更有力支持。扩大新增贷款规模。保持人民币汇率在合理均衡水平上的基本稳定。进一步疏通货币政策传导机制。推动金融机构降低实际贷款利率、减少收费，让广大市场主体切身感受到融资便利度提升、综合融资成本实实在在下降。五是强化就业优先政策。大力拓宽就业渠道，注重通过稳市场主体来稳就业，增强创业带动就业作用。财税、金融等政策都要围绕就业优先实施，加大对企业稳岗扩岗的支持力度。各类专项促就业政策要强化优化，对就业创业的不合理限制要坚决清理取消。各地都要千方百计稳定和扩大就业。六是确保粮食能源安全。保障粮食等重要农产品供应，保障民生和企业正常生产经营用电。实施全面节约战略。增强国内资源生产保障能力，加快油气、矿产等资源勘探开发，完善国家战略物资储备制度，保障初级产品供给。保持物价水平基本稳定。七是防范化解重大风险。继续按照稳定大局、统筹协调、分类施策、精准拆弹的基本方针，做好经济金融领域风险处置工作。压实地方属地责任、部门监管责任和企业主体责任，加强风险预警、防控机制和能力建设，设立金融稳定保障基金，运用市场化、法治化方式化解风险隐患，牢牢守住不发生系统性风险的底线。①

2. 加强和优化公共服务

立足经济社会长远发展，对整个公共服务体系进行系统谋划。着力解决人民群众最关心最直接最现实的利益问题，不断提高公共服务均衡化、优质化水平。要看到，我国社会主要矛盾已经转化为人民日益增长的美好生活需要和不平衡不充分的发展之间的矛盾，广大人民群众期盼有更好的教育、更稳定的工作、更满意的收入、更可靠的社会保障、更高水平的医疗卫生服务、更舒适的居住条

① 李克强．十三届全国人民代表大会第五次会议政府工作报告［EB/OL］．中国政府网，2022-03-05．

件、更优美的环境、更丰富的精神文化生活。人民群众的公共服务需要呈现多样化多层次多方面的特点。紧扣幼有所育、学有所教、劳有所得、病有所医、老有所养、住有所居、弱有所扶、优军服务和文体服务等民生需求，区分基本和非基本公共服务以及生活服务，分类提出发展重点和政策举措。

以政府在基本和非基本公共服务供给上的不同权责作为逻辑主线进行谋篇布局。基本公共服务是为保障社会全体成员基本权利、基础性的福利水平，向全体成员提供的公共服务，其供给主体以政府为主，强调服务均等化。非基本公共服务是为保障社会整体福利水平所必需的、同时又可以引入市场机制提供或运营的，尚需政府采取多种措施给以支持的公共服务，其供给需要充分发挥市场和社会组织等各种社会力量的广泛参与，强调服务的普惠性。通过基本和非基本公共服务的区分，可以明晰政府和社会、个人的权责，把有限的财政资金用在民生保障最急需、最迫切的领域，争取更多的社会资源投入到公共服务领域。在推进基本公共服务标准体系建设的基础上，针对义务教育、就业社保、医疗卫生、养老服务、住房保障、文化体育、社会服务等重点领域，采取针对性更强、覆盖面更广、作用更直接、效果更明显的举措，促进公共服务资源向基层延伸、向农村覆盖、向边远地区和生活困难群众倾斜，加快补齐基本公共服务的软硬件短板弱项，逐步缩小区域、城乡、人群间的基本公共服务差距。

发展高品质生活服务，满足群众多样化的民生需求。将与公共服务密切配合、有序衔接的生活服务同步纳入，作为公共服务体系的有益补充。生活服务完全可以通过市场配置资源，满足人民群众多样化、个性化、高品质的健康、养老、托育、文化、旅游、广电、体育、家政等服务需求。政府不直接提供这类服务，而是通过开放市场并加强监管，营造公平竞争的市场环境，鼓励和引导社会力量举办和经营，培育壮大市场主体，增加服务供给，强化服务标准，做大服务品牌，引导相关行业规范、可持续发展。

健全公共服务要素保障，优化公共服务设施布局。资金、人才、土地是保障公共服务发展的关键要素，对公共服务体系发展起着至关重要的作用。要完善财力保障制度，落实公共服务领域中央与地方财政事权和支出责任划分改革要求，加大中央和省级财政对基层政府提供基本公共服务的财力支持力度。强化人才队伍建设，进一步完善统一开放、竞争有序的人才资源市场，积极探索人才服务新模式，促进公共服务人才有序流动和合理配置。保障设施用地需求，根据多层次多样化公共服务需求，优化土地供应调控机制，有效保障公共服务用地供给。将公共服务机构和设施用地纳入国土空间规划和年度用地计划，并优先予以保障。优化资源配置机制，细化完善公共资源与常住人口挂钩、与服务半径挂钩的制度安排，提高公共服务的有效覆盖。公共服务设施布局既要考虑到设施的可及性，又要考虑经济发展状况和财政负担能力，充分体现尽力而为、量力而行的原则。要科学设定服务半径和服务人口，公共服务设施建设选址应贴近服务对象，与服务半径和服务对象数量、年龄结构等因素有机衔接。合理控制公共服务设施规模，公共服务设施建设坚持功能优先、经济适用的原则，不宜盲目追求大规模的综合性设施。加强跨地区统筹协调，鼓励毗邻地区打破行政区划限制，共建共享公共服务设施，为城乡居民就近享有公共服务提供便利条件。①

---

① 中华人民共和国国家发展和改革委员会.《“十四五”公共服务规划》解读丨推动公共服务高质量发展，增强人民群众获得感、幸福感、安全感［EB/OL］. 中华人民共和国国家发展和改革委员会网站，2022-01-21.

3. 促进共同富裕

新发展阶段促进共同富裕既需要“做大蛋糕”和“分好蛋糕”，又需要统筹好“做大蛋糕”和“分好蛋糕”两者的关系。从理论上看，“做大蛋糕”是共同富裕的物质基础，是“分好蛋糕”的物质前提；“分好蛋糕”也是进一步“做大蛋糕”的激励基础。共同富裕就是要统筹处理“做大蛋糕”和“分好蛋糕”的两者关系，通过“分好蛋糕”进一步“做大蛋糕”，实现二者动态兼顾、相互兼容，实现共同富裕的良性发展。从实践上看，我国不仅要构建“做大蛋糕”制度体系，而且要建立“分好蛋糕”制度体系，还需进一步完善相关配套制度体系。

一是构建“做大蛋糕”的制度体系。我国要构建“做大蛋糕”的制度体系，必须完善公有制为主体、多种所有制经济共同发展的基本经济制度，同时要健全社会主义市场经济体制，坚持做大做强公有制经济，充分激发劳动、技术、资本、数据等生产要素，从而形成经济高质量发展的有效制度体系。第一，健全社会主义公有制为主体、多种所有制经济共同发展基本经济制度。我国以公有制为主体、多种所有制共同发展的社会主义基本经济制度是共同富裕的基础制度。一方面，它有助于发挥社会主义公有制优势，在宏观层面从国家整体和全局的战略高度最大限度地增强国家综合实力和人民收入；另一方面，在微观层面发挥市场机制能够实现最优化配置资源的长处，最大程度激发各类市场主体活力，最大限度地释放社会主义生产力的生机活力。健全壮大国有经济和集体经济制度体系，能够有效发挥国有经济再纠正市场失灵、弥补市场缺陷上的功能；而完善鼓励、支持多种所有制经济共同发展的制度体系，能够最大限度地发挥人的潜力，为促进共同富裕提供有益的补充。第二，进一步健全社会主义市场经济体制。健全社会主义市场经济体制，能够实现市场机制和政府调控机制有机结合，实现“有形之手”和“无形之手”的有效配合。在新发展阶段，需要构建以国内大循环为主、国内与国外循环相互贯通的新发展格局。适应新发展格局，通过构建更高水平的有效市场和有为政府，构建完善的要素市场和产品市场的市场化配置体制机制，构建科学规则高度统一的国内市场体系，以破除阻碍市场发展和要素流动的各种障碍，形成能够充分发挥各地区的比较优势，保障不同市场主体公正平等地获取生产要素，让需求更好地引领优化供给，让供给更好地服务扩大需求。第三，形成经济高质量发展的有效制度体系。这为促进共同富裕提供根本保障。以高质量发展解决好三大差别，缩小东中西部收入差距、缩小城乡收入差距和缩小行业收入差距。通过科技创新、制度创新和管理创新“做大蛋糕”，进一步夯实共同富裕的生产力基础。优化资源配置中推动城乡融合，打破行业壁垒和垄断，以有效竞争推动行业收入差距缩小。总之，实现共同富裕，要先从生产力第一线，从供给侧结构性的制度安排，从区域资源优化配置，从城乡要素循环和行业协调平衡上去解决，从基础上推进共同富裕。

二是构建“分好蛋糕”的制度体系。共同富裕不仅仅是“做大蛋糕”问题，更重要的是“分好蛋糕”问题。从理论上讲，“分好蛋糕”是国家对市场经济引起的收入差距进行纠偏和矫正，通过推行制度性社会再分配弥补“市场缺失”，通过“分好蛋糕”进一步“做大蛋糕”，促进共同富裕目标实现。从实践上讲，在新发展阶段，为适应全体人民对美好生活的向往，我国必须构建“分好蛋糕”的制度体系，形成三次分配协调配套的基础性制度体系，为“分好蛋糕”奠定制度基础。第一，构建三次分配协调配套的基础性制度。初次分配是基础，要在公平竞争的条件下追求效率；第二次分配是关键，是政府主导的矫正性调节，是一种具有明显调节功能的分配；第三次分配是补充，是基于自愿原则的补充性分配，主要包括捐赠、慈善和志愿服务等。需要协同发挥三种分配制度和政策的功能作用，形成有助于实现共同富裕的分配格局。其一，构建“有效市场”主导的初次分配制度。第一次分配主要通过有效市场初次分配，由市场机制主导的要素分配，注重的是效率，主要根据国家的法律和市场的机制来运行。通过市场化发展进一步拓展共同富裕的主体覆盖性，发挥市场规律的功能和效用，进一步提高生产效率和劳动效率，创造更多全体人民共同富裕的物质条件。其二，构建“有为政府”主导的第二次分配制度。第二次分配主要是由有为政府对初次分配的结果进行矫正性调节，注重的是公平原则。第二次分配着眼于起点和结果不公平、着眼于机会不公平的局限性，通过税收、基本公共服务和转移支付等多种手段对初次分配进行矫正和调节。其三，构建“有爱社会”主导的分配制度。第三次分配讲自愿捐赠，主要是指基于道德信念的自愿性质捐赠。其核心是调动社会参与实现共同富裕的积极性，形成有效的激励制度安排，建立健全回报社会的激励机制以鼓励市场主体、社会组织和个人有效地参与民间捐赠、慈善事业、志愿行动。第二，形成科学合理、促进共同富裕的分配制度。共同富裕不是要把高收入者的收入拉下来，而是要把低收入群体的收入提上去。其一，构建低收入群体收入合理增长机制。要巩固脱贫攻坚成果，防止因病致贫返贫；构建常态化扶持困难群体、低收入群体制度，增加低收入群体的收入水平，做好托底的文章，并逐步把托底的“底”抬高，实现资本性收入和劳动收入之间的平衡。其二，构建中等收入群体合理扩容制度。大力实施产学研制度，关注高校毕业生的就业状况，做到术业有专攻、书本知识与社会实践相结合，构建实习、见习和顶岗制度，使之尽早适应社会需要；构建技术工人常态化的培训制度，形成技术工人薪酬待遇逐步提升制度，增加技术工人队伍的吸引力；改进政府治理模式，推进“放管服”改革，提升个体工商户和中小企业主的营商生态；深化户籍制度改革，推行常住地管理制度改革，解决进城务工人员的安家落户问题。其三，构建对过高收入群体进行合理调节机制。坚决取缔非法收入；阻止资本野蛮生长，为资本设置负面清单和“红绿灯”，有效规范资本性收入的管理。第三，深化“分好蛋糕”制度改革。面对贫富差距日益加大的趋势，“分好蛋糕”制度改革要坚持破立并重、循序渐进的原则，分轻重缓急推进。其一，规范高收入群体制度。深化改革房产税和个人收入调节税，优化国有资本收益上缴国家分配制度改革，加大对国有资本和公有资源收益调节力度，严格取缔非法收入。其二，实施中等收入群体倍增计划。深化技术要素按贡献参与收入分配制度改革，深化增加居民的财产性收入制度改革，增加中等收入群体的财产性收益。其三，构建积极从事公益慈善的制度体系。在财政、金融和税收政策等方面鼓励企业家、社会成功人士，一部分先富起来的人更多参与社会捐赠，回馈社会。①

（二）提高政府治理水平

党的十八届三中全会以来，明确了治理现代化目标和市场在资源配置中的决定性作用，逐渐由管理转向治理。在持续的改革过程中，我国走出了一条具有中国特色的政府治理改革之路，为推进治理能力和治理体系现代化积累了丰富经验。

1. 提高依法行政水平

习近平总书记强调：“要更加注重治理能力建设，增强按制度

---

① 赵志勋．新发展阶段促进共同富裕的战略擘画［J］．石河子大学学报（哲学社会科学版），2022，36（3）：16–24.

办事、依法办事意识，善于运用制度和法律治理国家，把各方面制度优势转化为管理国家的效能。”具体而言，就是要适应时代变化，既改革不适应实践发展要求的体制机制、法律法规，又不断构建新的体制机制、法律法规，建设运行和行为都受法律规范和制约的法治政府。

一方面，通过立法界定政府职能，处理好政府与市场、政府与企业、政府与社会、政府与公民的关系；另一方面，处理好中央政府与地方政府的关系、不同层级地方政府的关系，采用列举方式界定政府职能，使之尽可能详尽、全面、准确，提高政府治理的制度化、规范化、法制化水平，为更好发挥政府作用提供法律保障。此外，还应加强对行政执法行为的约束和限制，防止权力滥用，提高各级政府运用法治思维和法治方式的工作能力，推动政府真正实现从“管理”向“治理”转变。①

2. 建设机构精干、服务高效的政府

政府职能的发挥需要借助一定的机构，而政府机构是否精干，则直接影响和制约着政府的效率和能力。加快转变政府职能，进一步积极简政放权，建立精干的政府机构，提高政府的办事效率和能力，就成为我国市场经济条件下深化行政管理体制改革的重要内容。作为行政管理体制和经济管理体制载体的政府机构，应当根据行使政府职能的需要加以设置，做到每个机构和部门都要有自己特定的和明确的职责，且各自任务饱和、运转高效。否则，必然导致职能重叠、职责不明、机构臃肿和人浮于事等消极现象的产生。

建立精干高效的政府机构，需要从以下几个方面着力：一是加强集中统一领导，改变目前存在的领导多头、管理分散的状况，凡

① 樊继达．更好发挥政府作用的理论思考——学习习近平总书记关于“政府与市场关系”的重要论述［J］．经济研究参考，2014（24）：5-9.

是由某个政府机构负责的事情，其他机构就不能介入其中。二是按照重叠的机构撤销、业务相近的机构合并原则，对现有的政府机构进行精简整合，撤并某些职能重叠或任务不足的机构，凡是一个机构能够办理的事项，就不设置多个机构办理。三是按照扁平的要求建立组织结构，减少指挥链条和信息传递的环节，凡是一级机构可以办理的事情，就不要设置多级机构来办理。四是按照因事用人，而不是因人设事的原则，确定和配备机构员额，凡是一个人能够办理的事情，就不配备多个人办理。五是改革现行行政审批和行政许可制度，最大限度地减少中央政府对微观事务的管理，凡是不涉及国家安全和社会稳定大局，市场机制能有效调节的经济活动，一律取消审批、许可和核准。

政府职能最终都要由人来行使，人员素质的高低直接影响和制约着精干高效政府的建立。为此，就需要选贤任能，配备和建设好领导班子；充分引入竞争机制，提高政府人员素质，不断激发政府人员的工作动力和活力；切实加强干部的培养和锻炼工作，不断提高整个干部队伍的整体素养。

改革政府管理体制，建立服务高效的政府，是当前我国转变政府职能的重要内容。为此：一是要牢固确立政府是社会公共服务责无旁贷的供给者理念，政府应把工作效率、服务质量、公共责任和市场主体的满意度作为政绩效果的评价指标，积极为经济社会发展创造公平竞争的市场环境，主动提供高效廉洁的服务。二是要改革行政管理方式和审批方式，简化办事程序，提高政府的办事服务效率。凡涉及两个以上政府部门或机构的审批事项，要积极推行联合审批制度或定期会签制度，实行多项合一，一次收文，联合审查，一次审批的办法，如项目审批、准入资格审查和许可证的颁发等；对审批事项较多的部门，广泛推行“窗口式办文”制度，实行“一口对外”“一窗办理”，提高现场办结率；积极推行专家审查咨询制度，提高政府决策和服务的科学性。另外，政府还需建立和完善信息交流和服务平台，努力解决由于信息不畅、信息不对称或信息不完全给社会公众所带来的各种不便问题。①

3. 形成多方参与促进政府职能转变的新机制

人民群众对转变政府职能，更好发挥政府作用，实现国家治理体系和治理能力现代化寄予厚望。提高政府治理水平不可或缺的一点是了解群众所思所想，尊重群众的首创精神，调动群众参与政府改革的积极性，形成多方参与促进政府职能转变的新机制。一是建立政府改革的公共参与机制。广泛听取群众的意见与建议，及时总结来自于一线群众创造的新鲜经验，确保政府转变职能与群众的期待相适应。二是建立利益协调机制。改革已经进入深水区，政府职能的调整必然伴随巨大的利益格局调整。通过畅通利益表达渠道，完善听证会制度、构建对话平台等举措，处理好关系复杂、难以权衡的利益问题。三是建立理论研究、宣传引导机制。习近平总书记在《关于〈中共中央关于全面深化改革若干重大问题的决定〉的说明》中指出：“全面深化改革需要加强顶层设计和整体谋划，加强各项改革的关联性、系统性、可行性研究。”提高政府治理水平同样需要理论攻关，需要推进智库建设，通过理性、科学的、符合国情的研究来增强自信，凝聚共识。通过理论解读和舆论引导，营造良好氛围，使提升政府治理水平成为各方参与、协同推进、利益共享的过程。②

① 杜人淮．更好发挥政府作用需着力转变政府角色［J］．唯实，2014（07）：51-54．

② 樊继达．更好发挥政府作用的理论思考——学习习近平总书记关于“政府与市场关系”的重要论述［J］．经济研究参考，2014（24）：5-9．

（三）健全现代预算制度，不断提升政府绩效

党的二十大报告提出“健全现代预算制度”。预算作为宏观经济治理工具，根据社会主义市场经济体制要求和宏观调控目标，可以不断提升政府绩效，持续推动有为政府建设。

现阶段我国政府预算统筹力度、预算控制和约束、财政资源使用等方面还存在不足，深化和拓展预算制度改革成果，必须坚持社会主义市场经济改革方向，盯住重点领域和关键环节发力，进一步提高宏观经济治理能力，提升政府绩效，为更好理顺政府和市场关系、构建高水平社会主义市场经济体制提供支撑。

首先，要充分发挥中央和地方两个积极性，完善财政转移支付体系。按照与财政事权和支出责任划分相适应的原则，规范转移支付分类设置，厘清边界和功能定位。共同财政事权转移支付具有鲜明中国特色，以保障和改善民生为目标，增强地方基本公共服务保障能力。合理安排共同财政事权转移支付，实行差异化补助政策，推进地区间基本公共服务水平更加均衡。专项转移支付要据实安排，不强调数量多寡。一般性转移支付以均衡区域间基本财力配置为目标，结合财政状况增加规模，并向中西部财力薄弱地区倾斜，向革命老区、民族地区、边疆地区、欠发达地区以及担负国家国防安全、粮食安全、能源安全、生态安全等职责的功能区域倾斜，促进财力分布更加均衡。要严格转移支付设立程序，健全定期评估和退出机制。对支持同一战略、同一领域、同一行业的转移支付，加强统筹、协同实施。优化分配方式，完善支出成本差异、财政困难程度评价方法等工具，探索建立区域均衡度评估机制及指标体系，逐步加大常住人口权重。

其次，要增强重大决策部署财力保障，健全财政资源统筹机制。要强化“四本”预算统筹。全面落实取消一般公共预算中以收

定支的规定，应当由政府统筹使用的政府性基金项目转列一般公共预算，合理确定国有资本收益上交比例，稳步提高社会保险基金统筹层次。逐步统一预算分配权，减少交叉重复安排。强化增量与存量资源统筹。完善结余资金收回使用机制，存量资金与下年预算安排紧密挂钩。将依托行政权力、国有资源资产获取的收入等全面纳入预算管理，推动长期低效运转、闲置资产调剂使用。在强化收入统筹基础上，优化支出结构保障“国之大者”。加大对教育、科技、就业和社会保障、卫生健康、农业农村、生态环保等重点领域的保障力度，确保重大决策部署落地见效。

再者，要进一步加强绩效评价，深化预算绩效管理。深化预算绩效管理，要扩大重点绩效评价范围，提高绩效评价质量。推进部门和单位整体支出绩效评价，探索开展政府收入绩效管理。用好绩效评价结果，形成评价、反馈、整改、提升良性循环。推进支出标准化。完善基本支出标准，加快项目支出标准建设，健全基本公共服务保障制度和标准。健全预算执行管理体系。严格预算控制、核算、决算，完整反映预算资金流向和预算项目全生命周期情况。优化政府采购需求管理和交易制度，强化政府采购政策功能。完善国债收益率曲线，进一步发挥政府债券金融工具作用。完善财政资金直达机制。优化直达资金范围，保持规模合理适度。压实地方主体责任，增强地方分配资金自主性。实施资金分类管理，完善全过程监管机制。全面推进预算管理一体化。推动中央和地方财政系统信息贯通，动态反映各级预算安排和执行情况。加强财政与行业部门信息互联共享，实现一体化系统在各级财政部门和预算单位全面运行。加强预决算公开。进一步扩大范围，细化内容，改进方式，提升公开的及时性、完整性、规范性和可获得性。

最后，要强化财经纪律约束，优化财会监督体系。履行财会监督主责，发挥财会监督在党和国家监督体系中的重要作用。健全监督机制。推动出台进一步加强财会监督工作的意见，形成财政部门主责监督、有关部门依责监督、各单位内部监督、相关中介机构执业监督、行业协会自律监督的财会监督体系，完善各监督主体横向协同、中央与地方纵向联动的工作机制。突出监督重点。强化重大财税政策落实情况监督，加强部门预算闭环监管，对转移支付实施全链条监督，做好对地方政府债务、财政运行、“三保”等方面的持续监控。加强会计信息质量和中介机构执业质量监督，严肃查处财务舞弊、会计造假等案件。提高监督效能。做好财会监督与各类监督贯通协同，实现信息共享、成果共用，推动实施联合惩戒。加强财会监督队伍建设，探索运用“互联网 + 监管”、大数据等现代信息技术手段。对监督发现的问题严格追责，让财经纪律成为不可触碰的“高压线”。①

---

① 刘昆．健全现代预算制度［EB/OL］．人民网，2022-12-12.

后 记

党的十九大报告首次提出“建设现代化经济体系”。党的十九届四中全会提出，要“坚持和完善中国特色社会主义制度、推进国家治理体系和治理能力现代化”。党的十九届五中全会明确指出要在2035年“建成现代化经济体系”。在党的二十大报告中，习近平总书记明确指出：“高质量发展是全面建设社会主义现代化国家的首要任务。”在进入新发展阶段，我国已实现第一个百年奋斗目标，要乘势而上开启全面建设社会主义现代化国家新征程、向第二个百年奋斗目标进军的关键历史时刻，研究习近平治国理政和现代化经济体系建设思想，对于顺应现代化发展潮流，赢得国际竞争主动，推进中国特色社会主义经济行稳致远，确保全面建设社会主义现代化国家目标如期实现，具有十分重要的战略意义。

作者感谢国家出版基金资助、感谢中国工人出版社信任，使得本书能够成为“中国国家治理现代化研究丛书”的组成部分。为完成这一重要任务，我们组建了由中央党校、首都经济贸易大学、中国人民大学、呼伦贝尔学院相关专家和政府相关部门工作人员组成的写作团队。中央党校杨英杰教授负责整体思路和大纲设计，撰写了序言，并总纂书稿。其余各章分工如下：第一章由中央党校曹立教授和博士研究生阳扬撰写；第二章由首都经济贸易大学杨全社教授和李一卓同学撰写；第三章由中央党校博士研究生王艺琳撰写；第四章由中央党校硕士研究生肖岚支撰写；第五章由首都经济贸易大学杨全社教授和北京市顺义区牛栏山镇人民政府陈立扬硕士撰写；第六章由呼伦贝尔学院法经学院教师、中国人民大学博士研究生乌云图撰写；第七章由中央党校李宏伟教授撰写；第八章由首都经济贸易大学杨全社教授和硕士研究生陈佩佳撰写；第九章由首都经济贸易大学杨全社教授和硕士研究生林悦华撰写。

在本书撰写过程中，我们查阅了国内外大量文献，吸取了相关专家的研究成果，在此向各位著者表示感谢！在本书出版过程中，中国工人出版社的傅嫂老师以极其认真负责的态度做了大量的编辑工作。我们向傅老师表示真挚的谢意！

治国理政与经济体系建设是一个国家跨越时代的重要命题，需要我们持之以恒地加以研究。本书的出版，仅仅是我们形成的初步研究成果。由于作者水平有限，再加上时间紧、任务重，书中难免有偏颇和不足之处，还望各位专家和读者批评指正，提出宝贵意见，以便在未来的研究中不断加以改进。

作者

2023 年 8 月于北京

参考文献

第二章

［1］程霖，赵昊．中国古代经济思想的基本结构与内在逻辑：基于权力与伦理视角的孔子经济思想考察［J］．财经研究，2019，45（8）：72-83.

［2］钟祥财．从养民论看中国古代经济思想方法论形成及近代特点［J］．贵州社会科学，2013（10）：40-46.

［3］曹钦白．论中国古代经济思想中的"国不与民争利"［J］．财政监督，2016（22）：25-29.

［4］李景凤．论王符的经济思想［J］．社科纵横，2009，24（10）：129-130.

［5］陈勇，张媛媛，靳皓媛．从傅玄、亚当·斯密赋税原则看中西古典经济思想的契合［J］．青海社会科学，2014（5）：27-34.

［6］杨蕤．北宋时期经济思想的转型［J］．青海民族学院学报（社会科学版），2007（2）：110-114.

［7］叶世昌．论王安石的经济思想［J］．经济问题探索，1982（5）：75-79.

［8］方遥．朱熹的社会经济思想及其实践［J］．中国经济史研究，2019（2）：22-34.

［9］陈绍闻，叶世昌，徐培华．论墨翟的经济思想［J］．经济研究，

1978（6）：58–64.

［10］吴桂美．论司马迁对董仲舒经济思想的继承和超越：读《史记·货殖列传》［J］．荆楚理工学院学报，2016，31（3）：20–24.

［11］叶坦．宋代浙东实学经济思想研究：以叶适为中心［J］．中国经济史研究，2000（4）：102–113.

［12］尤吾兵，陈保同．朱熹经济伦理思想及其现代价值［J］．中南大学学报（社会科学版），2009，15（2）：175–178.

［13］景维民，王婷．中国古代国家经济治理思想对当代的启示［J］．理论与现代化，2020（1）：21–27.

［14］胡荣涛．习近平新时代中国特色社会主义经济思想的文化自信：论习近平新时代中国特色社会主义经济思想与中国古代经济思想的六大渊源［J］．河北经贸大学学报（综合版），2018，18（3）：7–12.

［15］唐任伍，刘立潇．先秦时期民生思想的特征与当代价值［J］．经济与管理评论，2013，29（6）：24–29.

［16］胡柳娟．中国共产党民生思想的百年探索与发展［J］．西南民族大学学报（人文社会科学版），2021，42（2）：190–196.

［17］叶世昌．中国古代的富民、富国和理财思想［J］．财经研究，1987（6）：52–55.

［18］田学斌．中国人的经济学：《管子》中的民生思想［J］．中国文化，2015（1）：155–168.

［19］刘文鹏．权力与经济之间：论黄宗羲对中国传统经济思想的突破［J］．衡水学院学报，2022，24（3）：102–107.

［20］戴卫东．中国共产党民生思想的实践逻辑与治理特征：以社会主要矛盾变化为视角的考察［J］．社会保障研究，2021（3）：3–14.

［21］中华人民共和国教育部发展规划司．2020 年全国教育事业统计主要结果发布［EB/OL］．中华人民共和国教育部网站，2021–03–01.

［22］国家统计局．中华人民共和国 2020 年国民经济和社会发展统计公报［EB/OL］．中华人民共和国国家统计局网站，2021-02-28．

［23］叶行昆．论商鞅变法和制度创新［J］．财经研究，1999（2）：58-62．

［24］童超．论曹魏屯田的广泛推行与经营管理［J］．中国经济社会史研究，1988（1）：12-19．

［25］万安娜．《管子》强国思想研究［D］．河北：河北师范大学硕士学位论文，2018．

［26］钟祥财．从《商君书》看法家经济思想的方法［J］．社会科学，2017（5）：133-142．

［27］于飞．兼论桑弘羊的经济思想［J］．湖南社会科学，2001（3）：57-58．

［28］曹端波，梁宏志．西汉经济政策的大辩论：从《盐铁论》看中国古代两种不同的经济思想［J］．学术探索，2005（2）：116-120．

［29］李瑞记．论习近平新时代经济强国思想［J］．佳木斯大学社会科学学报，2020，38（2）：1-16．

第三章

［1］金碚．关于“高质量发展”的经济学研究［J］．中国工业经济，2018（4）：5-18．

［2］李金昌，史龙梅，徐蔼婷．高质量发展评价指标体系探讨［J］．统计研究，2019，36（1）：4-14．

［3］付保宗，盛朝迅，徐建伟，周劲，任继球．加快建设实体经济、科技创新、现代金融、人力资源协同发展的产业体系研究［J］．宏观经济研究，2019（4）：41-52+97．

［4］王一鸣．加快建设新时期现代化经济体系［J］．中国金融，2017（21）：14-16．

［5］关斐，高星，李麦收．数字普惠金融、创新驱动与区域绿色经济增长［J/OL］．征信，2022（8）：63–74.

［6］王延涛．我国海外人才引进体系研究［J］．现代管理科学，2018（12）：100–102.

［7］吴桐．地方政府高端人才引进政策的绩效评价研究［D］．东南大学，2016.

［8］江珊，刘少雪．我国高校高层次人才聘任的运行机制研究［J］．中国高教研究，2017（7）：87–93.

［9］中华人民共和国国民经济和社会发展第十四个五年规划和 2035 年远景目标纲要［N］．人民日报，2021–03–13（001）.

［10］滕磊，马德功．数字金融能够促进高质量发展吗［J］．统计研究，2020，37（11）：80–92.

［11］张明哲．现代产业体系的特征与发展趋势研究［J］．当代经济管理，2010，32（1）：42–46.

［12］芮明杰．构建现代产业体系的战略思路、目标与路径［J］．中国工业经济，2018（9）：24–40.

第四章

［1］何立峰主编．建设现代化经济体系［M］．北京：人民出版社，2019：73.

［2］李昌麒．经济法学［M］．北京：法律出版社，2007.

［3］李翃楠．我国市场准入制度中的所有制歧视分析［J］．当代财经，2016（4）：14.

［4］三中全会以来重要文献选编（上）［M］．北京：中央文献出版社，2011：62–64.

［5］十一届三中全会以来党和国家重要文献选编［M］．北京：中共中央

党校出版社，2015：137.

［6］盛世豪. 试论我国市场准入制度的现状与改革取向［J］. 中共浙江省委党校学报，2001（3）：35.

［7］十六大以来重要文献选编（上）［M］. 北京：中央文献出版社，2011：466.

［8］十九大以来重要文献选编（上）［M］. 北京：中央文献出版社，2019：24.

［9］林刚. 深圳商事登记制度研究［D］. 武汉：华中师范大学公共管理学院，2015：1.

［10］黄爱学. 我国商事登记制度的改革、创新与发展——评深圳和珠海商事登记立法［J］. 法治研究，2013，83（11）：79–84.

［11］十八大以来重要文献选编（上）［M］. 北京：中央文献出版社，2014：517.

［12］十八大以来重要文献选编（上）［M］. 北京：中央文献出版社，2014：781.

［13］国家市场监督管理总局. 商事登记制度改革一年大事记［EB/OL］. 中华人民共和国中央人民政府网站，2015–03–04.

［14］同［13］.

［15］十八大以来重要文献选编（中）［M］. 北京：中央文献出版社，2016：567.

［16］十九大以来重要文献选编（上）［M］. 北京：中央文献出版社，2019：24.

［17］叶学平. 新时代中国现代化经济体系建设［M］. 武汉：武汉大学出版社，2018：159.

［18］国家市场监督管理总局. 市场监管总局召开 2022 年第一季度例行新闻发布会［EB/OL］. 中华人民共和国国家市场监督管理总局网站，2022–

05–11.

［19］商务部国际贸易经济合作研究院．中国市场主体发展活力研究报告（2022年上半年）［EB/OL］．商务部国际贸易经济合作研究院网站，2022–08–16.

［20］道格拉斯·诺斯，罗伯斯·托马斯．西方世界的兴起［M］．厉以平，蔡磊译．北京：华夏出版社，2014.

［21］宋玉池．论市场主体退出机制的建构与完善［J］．中国工商管理研究，2006（7）：30.

［22］宋玉池．论市场主体退出机制的建构与完善［J］．中国工商管理研究，2006（7）：31.

［23］庞桂婵．完善市场主体退出机制相关问题的思考［J］．消费导刊，2009（3）：57.

［24］经济日报．过去10年数量翻两番，社会贡献不断增大——民营经济创新创造活力迸发［EB/OL］．中华人民共和国中央人民政府网站，2022–07–08.

［25］陶利军．商事制度改革前后市场主体退出机制比较探究［J］．中国工商管理研究，2014（12）：28.

［26］工业和信息化部．2014年中小企业信息化服务信息发布会［EB/OL］．中华人民共和国中央人民政府网站，2014–05–05.

［27］十九大以来重要文献选编（上）［M］．北京：中央文献出版社，2019：849–851.

［28］国务院．刘鹤主持召开国务院促进中小企业发展工作领导小组第一次会议［EB/OL］．中华人民共和国中央人民政府网站，2018–08–20.

［29］中国电子信息产业发展研究院．从2022年《政府工作报告》看财税金融政策热点［EB/OL］．中国经济新闻网站，2022–03–24.

［30］中国社会科学院城市与竞争力研究中心．2020第18次中国城市经

济竞争力报告［EB/OL］. 中国社会科学网站，2020-10-27.

［31］任泽平. 2021 中国中小微企业经营现状研究［EB/OL］. 新浪财经网站，2021-12-20.

［32］同［31］.

［33］张晓波，等. 中国小微经营者调查 2022 年一季度报告（上）［J］. 研究简报，2022(181).

［34］崔吕萍. 统一大市场 畅通大循环［N］. 人民政协报，2022-04-19(6).

［35］习近平. 论把握新发展阶段、贯彻新发展理念、构建新发展格局［M］. 北京：中央文献出版社，2021：13.

［36］国家发展和改革委员会创新和高技术发展司，中国共享经济发展报告——第三章第三节（5）共享经济成为创业投资热点之一［EB/OL］. 中华人民共和国国家发展和改革委员会网站，2019-11-14.

［37］国家信息中心信息化和产业发展部. 中国共享经济发展报告(2022)［EB/OL］. 国家信息中心网站，2022-02-22.

［38］十八大以来重要文献选编（上）［M］. 北京：中央文献出版社，2014：438.

［39］李娣. 我国区域开放合作进展、问题与思考［J］. 全球化，2021(4)：89.

［40］商务部. 保护工业产权巴黎公约［EB/OL］. 中华人民共和国商务部网站，1967-07-14.

［41］中华人民共和国商标法［EB/OL］. 中华人民共和国中央人民政府网站，2020-12-24.

［42］国家信息中心经济预测部. 我国居民消费的历史变迁及新特征分析［EB/OL］. 国家信息中心网站，2016-04-08.

［43］中国经济数据中心. 社会消费品零售总额［EB/OL］. 中国经济数

据中心网站，2015–05–13.

［44］董俊祺. 中国消费市场四十年（1979—2019）［M］. 北京：社会科学文献出版社，2021：163.

［45］新京报. “新消费”的崛起 中国拉动内需和消费升级［EB/OL］. 中国产业经济信息网站，2019–12–19.

第五章

［1］郑尚植，张茜. 基本经济制度内涵拓展的三重逻辑与新时代意蕴［J］. 西安财经大学学报，2021，34（6）：5–15.

［2］王朝科. 分配制度上升为基本经济制度的理论必然和实践必然［J］. 上海经济研究，2020（1）：11–15.

［3］吴振磊，夏鑫雨. 中国特色社会主义扶贫道路的特征与展望［J］. 西安财经大学学报，2020，33（4）：45–52.

［4］程恩富，张福军. 要注重研究社会主义基本经济制度［J］. 上海经济研究，2020（10）：17–23.

［5］元晋秋. 坚持和完善我国基本分配制度要重视发挥第三次分配作用［J］. 现代经济探讨，2020（9）：9–14.

［6］蒋永穆，卢洋. 坚持和完善社会主义基本经济制度［J］. 学习与探索，2020（6）：87–93+192+2.

［7］李松龄. 新时代新发展理念的辩证分析与制度安排：基于劳动价值论的深化认识［J］. 现代财经（天津财经大学学报），2018，38（11）：3–13.

［8］张巍，张奎. 体现效率促进公平的收入分配体系测度评价［J］. 调研世界，2019（10）：48–52.

［9］李清彬. 建设体现效率、促进公平的收入分配体系［J］. 宏观经济管理，2019（5）：17–23.

［10］王阳，谭永生，李璐. 收入分配评价指标体系重构研究：基于体现

效率、促进公平的视角［J］. 经济纵横，2019（3）：80–92.

［11］蒋永穆，谢强. 在高质量发展中促进共同富裕［J/OL］. 社会科学辑刊：1–9［2022–07–03］.

［12］师博. 在高质量发展中推进共同富裕的理论逻辑、实践基础与路径选择［J/OL］. 社会科学辑刊：1–10［2022–07–03］.

［13］雷琼. 乡村实现共同富裕的现实内涵、困境与制度创新：基于乡村治理视角［J/OL］. 广东财经大学学报，2022（4）：44–55［2022–07–03］.

［14］计金标，庞淑芬. 关于发挥税收促进社会公平功能的思考［J］. 税务研究，2017（4）：3–8.

［15］陈彦斌. 中国特色宏观调控如何更好发挥政府与市场作用［J］. 财经问题研究，2020（3）：10–18.

［16］徐政，郑霖豪. 高质量发展促进共同富裕的内在逻辑与路径选择［J/OL］. 重庆大学学报（社会科学版）：1–14［2022–07–03］.

［17］郁建兴，任杰. 共同富裕的理论内涵与政策议程［J］. 政治学研究，2021（3）：13–25+159–160.

［18］］韩文龙，晏宇翔. 构建高水平社会主义市场经济体制的重大理论与实践问题研究［J］. 政治经济学评论，2022，13（2）：44–68.

［19］黄姝菡，张奎，谭永生. 新发展格局下构建高质量收入分配体系的路径研究［J］. 经济问题探索，2022（2）：58–66.

［20］罗婧. 三次分配的制度化体系构建：基于“个人—公共—文化”分析视角［J］. 中国特色社会主义研究，2021（6）：84–90+109.

［21］李海舰，杜爽. 推进共同富裕若干问题探析［J］. 改革，2021（12）：1–15.

［22］朱青. 论优化我国税制结构的方向［J］. 税务研究，2021（10）：5–9.

［23］卢倩倩，许光建，许坤，等. 中国居民收入分配体系：演变、特征

与展望［J］. 宏观经济研究，2021（7）：5–15+160.

［24］任保平，巩羽浩. 新发展格局构建中我国新经济发展的政策支持体系构建［J］. 湘潭大学学报（哲学社会科学版），2021，45（4）：41–48.

第六章

［1］薛晴，任左菲. 美国城乡一体化发展经验及借鉴［J］. 世界农业，2014（1）：13–16.

［2］Chang TaiHsieh and Peter J. Klenow.Misallocation and Manufacturing TFP in China and India［J］. The Quarterly Journal of Economics, 2009, 124（4）: 1403–1448.

［3］向宽虎，陆铭. 发展速度与质量的冲突：为什么开发区政策的区域分散倾向是不可持续的［J］. 财经研究，2015（4）：4–17.

［4］陆铭. 大国大城：当代中国的统一、发展与平衡［M］. 上海：上海人民出版社，2016.

［5］陆铭. 中国经济的症结是空间错配［J］. 深圳大学学报（人文社会科学版），2019，36（1）：79–85.

［6］余泳泽，张少辉. 城市房价、限购政策与技术创新［J］. 中国工业经济，2017.

［7］李静，楠玉，刘霞辉. 中国经济稳增长难题：人力资本错配及其解决途径［J］. 经济研究，2017，52（3）：14.

［8］Helpman E.R&D and Productivity：The International Connection.National Bureau of Economic Research, Inc, 1998.

［9］陆铭. 中国经济的症结是空间错配［J］. 深圳大学学报（人文社会科学版），2019，36（1）：77–85.

［10］孙久文，康佳丰. 建立区域协调发展新机制［N］. 中国社会科学报，2018–01–12.

［11］茶洪旺，明崧磊．缩小城乡居民收入差距的国际经验比较与启示［J］．中州学刊，2012（6）：30–35.

［12］何雄浪，胡运禄，杨林．市场规模、要素禀赋与中国区域经济非均衡发展［J］．财贸研究，2013，24（1）：40–48.

［13］孙久文．从高速度的经济增长到高质量、平衡的区域发展［J］．区域经济评论，2018（1）：1–4.

第七章

［1］中共中央文献研究室编．习近平关于社会主义生态文明建设论述摘编［M］．北京：中央文献出版社，2017.

［2］中共中央宣传部，中华人民共和国生态环境部．习近平生态文明思想学习纲要［M］．北京：学习出版社，人民出版社，2022.

［3］习近平．论坚持人与自然和谐共生［M］．北京：中央文献出版社，2022.

［4］习近平．高举中国特色社会主义伟大旗帜为全面建设社会主义现代化国家而团结奋斗：在中国共产党第二十次全国代表大会上的报告（2022 年 10 月 16 日）［M］．北京：人民出版社，2022.

［5］中共中央关于党的百年奋斗重大成就和历史经验的决议［M］．北京：人民出版社，2021.

［6］“十八大以来生态文明体制改革的进展、问题与建议”课题组．生态文明体制改革进展与建议［M］．北京：中国发展出版社，2018.

［7］李宏伟．绿色发展：走向生态环境治理体系现代化［M］．杭州：浙江大学出版社，2021.

第八章

［1］陈大鹏，吴舒钰，李稻葵．中国构建开放型经济的经验和对新发

展阶段的启示：政府与市场经济学的视角［J］. 国际经济评论，2021（6）：141–160+8.

［2］蔡春林. 金砖国家合作机制化建设的方向与路径［C］//. 新兴经济体发展与广东对外经贸合作新机遇：中国新兴经济体研究会 2013 年会暨新兴经济体合作与发展论坛论文集（上）.［出版者不详］，2013：270–278.

［3］蔡宏波. 开放条件下我国经济安全的基本范畴及其评价［J］. 北京工商大学学报（社会科学版），2022，37（4）：1–10.

［4］陈羲. 内外需均衡化下提升我国外贸竞争力问题研究［D］. 福建师范大学，2014.

［5］冯雷. 开放型经济体系的多元平衡发展战略［J］. 全球化，2013（6）：57–62+126–127.

［6］刘小燕，罗诗婷. 国际金融规则构建中的政府（国家）话语权角力［J］. 广州大学学报（社会科学版），2020，19（3）：47–60.

［7］李形，彭博. 中国在世界秩序中的双重位置：主导权与制衡性主导权的双重复杂性［J］. 教学与研究，2019（2）：35–48.

［8］林盼. 新发展格局中发展与安全的协调效应研究：政治经济学的视角［J］. 上海经济研究，2021（11）：27–34+111.

［9］马永伟，黄茂兴. 中国对外开放战略演进与新时代实践创新［J］. 亚太经济，2018（4）：74–83+151.

［10］倪红福. 新发展格局下构建开放型经济体系：一个逻辑框架［J］. 经济体制改革，2022（3）：5–15.

［11］裴长洪. 中国特色开放型经济理论研究纲要［J］. 经济研究，2016，51（4）：14–29+46.

［12］全毅，胡维. 论开放型经济新体制的基本框架与实现路径［C］//. 新兴经济体创新发展与中国自由贸易试验区建设：中国新兴经济体研究会 2015 年会暨 2015 新兴经济体论坛（国际学术会议）论文集（上）.［出版者不

详], 2015：198–210.

[13] 特木钦，刘宇楷．构建开放型经济新体制的思考 [J]．宏观经济管理，2020 (10)：64–71.

[14] 吴晓琨．论互利共赢的对外开放战略 [J]．党史博采 (理论)，2012 (12)：44–45.

[15] 王熙．中国国家安全战略的国际比较研究：理论、历史与展望 [D]．中共中央党校，2020.

[16] 魏磊，张汉林．互利共赢对外开放战略的理论基础剖析 [J]．亚太经济，2011 (2)：102–107.

[17] 闫兴．我国互利共赢开放战略演进分析 [J]．福建农林大学学报 (哲学社会科学版)，2018，21 (3)：75–80.

[18] 尹艳林．多元平衡：对外开放新战略 [J]．国际贸易，2013 (2)：4–8.

[19] 袁婷．中国互利共赢开放战略 [D]．天津：南开大学，2012.

[20] 严宇珺．建设更高水平开放型经济新体制研究：基本架构、思路及重点 [J]．创新，2022，16 (1)：39–48.

[21] 杨圣明．对互利共赢开放战略的几点认识 [J]．时代经贸，2012 (3)：39–42.

[22] 赵福军．在构建开放经济格局中提升产业链安全 [J]．国际商务财会，2019 (4)：3–6+11.

[23] 郑国姣，杨来科．建设中国新型开放经济的重点方向及对策 [J]．上海商学院学报，2015，16 (5)：1–7+27.

[24] 张艺博，周琪．中国互利共赢的金融开放新战略 [J]．武汉大学学报 (哲学社会科学版)，2009，62 (5)：656–660.

[25] 中国社会科学院财经战略研究院课题组，何德旭 ，赵瑾．“十四五”时期推进中国贸易高质量发展的问题与对策 [J]．财贸经济，2021，42 (10)：

21–35.

第九章

［1］王克群. 建设现代化经济体系是推动我国经济发展迈上新台阶的必由之路——学习习近平总书记在中央政治局第三次集体学习时的讲话［EB/OL］. 中工网，2018-02-06.

［2］韩保江. 我国基本经济制度的重大创新［EB/OL］. 求是网，2019-12-17.

［3］刘凤义. 社会主义市场经济的制度优势［EB/OL］. 环球网，2019-09-21.

［4］顾钰民. 社会主义同市场经济结合的观念与制度创新［J］. 马克思主义研究，2008（4）：5-9.

［5］洪银兴. 关于市场决定资源配置和更好发挥政府作用的理论说明［J］. 经济理论与经济管理，2014（10）：5-13.

［6］游昭妮. 推动有效市场和有为政府更好结合［J］. 党政干部论坛，2021（12）：29-31.

［7］黄惠. 经济全球化进程中的有为政府与有效市场——基于中国特色社会主义政治经济学的分析［J］. 经济问题探索，2022（2）：15-25.

［8］洪银兴. 关键是厘清市场与政府作用的边界——市场对资源配置起决定性作用后政府作用的转型［J］. 红旗文稿，2014（3）：4-9.

［9］蒋永穆，卢洋. 坚持和完善社会主义基本经济制度［J］. 学习与探索，2020（6）：87-93.

［10］臧跃茹，郭丽岩. 新时代亟待加快建设与现代经济体系相适应的现代市场体系［J］. 中国物价，2017（12）：3-5.

［11］吴波，方莉，陈安妮. 中国特色现代企业制度的历史逻辑、基本特点与特殊优势——基于国企党建的视角［J］. 探求，2023（5）：33-42.

[12] 倪红福. 新发展格局下构建开放型经济体系：一个逻辑框架 [J]. 经济体制改革，2022 (3)：5–15.

[13] 李克强. 十三届全国人民代表大会第五次会议政府工作报告 [EB/OL]. 中国政府网，2022–03–05.

[14] 中华人民共和国国家发展和改革委员会.《“十四五”公共服务规划》解读 | 推动公共服务高质量发展，增强人民群众获得感、幸福感、安全感 [EB/OL]. 中华人民共和国国家发展和改革委员会网站，2022–01–21.

[15] 赵志勋. 新发展阶段促进共同富裕的战略擘画 [J]. 石河子大学学报 (哲学社会科学版)，2022，36 (3)：16–24.

[16] 樊继达. 更好发挥政府作用的理论思考——学习习近平总书记关于“政府与市场关系”的重要论述 [J]. 经济研究参考，2014 (24)：5–9.

[17] 杜人淮. 更好发挥政府作用需着力转变政府角色 [J]. 唯实，2014 (7)：51–54.

[18] 刘昆. 健全现代预算制度 [EB/OL]. 人民网，2022–12–12.

图书在版编目（CIP）数据

国家治理现代化与现代化经济体系建设 / 杨英杰，杨全社等著.
—北京：中国工人出版社，2023.11
ISBN 978-7-5008-7991-6

Ⅰ.①国… Ⅱ.①杨… ②杨… Ⅲ.①国家—行政管理—现代化管理—研究—中国 ②中国经济—经济体系—研究 Ⅳ.①D630.1②F123

中国国家版本馆CIP数据核字（2023）第209947号

国家治理现代化与现代化经济体系建设

出 版 人 董 宽
责任编辑 傅 娉
责任校对 张 彦
责任印制 黄 丽
出版发行 中国工人出版社
地　　址 北京市东城区鼓楼外大街45号　邮编：100120
网　　址 http://www.wp-china.com
电　　话 （010）62005043（总编室）
（010）62005039（印制管理中心）
（010）62379038（社科文艺分社）
发行热线 （010）82029051　62383056
经　　销 各地书店
印　　刷 三河市东方印刷有限公司
开　　本 880毫米×1230毫米　1/32
印　　张 9.125
字　　数 240千字
版　　次 2024年1月第1版　2024年1月第1次印刷
定　　价 78.00元

本书如有破损、缺页、装订错误，请与本社印制管理中心联系更换